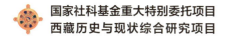

国家社科基金重大特别委托项目
西藏历史与现状综合研究项目

融融和应

民国时期汉藏佛教界文化交流

王海燕　著

社会科学文献出版社
SOCIAL SCIENCES ACADEMIC PRESS (CHINA)

总　序

郝时远

　　中国的西藏自治区，位于青藏高原的主体部分，是一个自然地理、人文社会极具特色的地区。雪域高原、藏传佛教彰显了这种特色的基本格调。西藏地区平均海拔 4000 米，是人类生活距离太阳最近的地方；藏传佛教集中体现了西藏地域文化的历史特点，宗教典籍中所包含的历史、语言、天文、数理、哲学、医学、建筑、绘画、工艺等知识体系之丰富，对社会生活的渗透和影响十分广泛。具有国际性的藏学研究离不开西藏地区的历史和现实，中国理所当然是藏学研究的故乡。

　　藏学研究的历史通常被推溯到 17 世纪西方传教士对西藏地区的记载，其实这是一种误解。事实上，从公元 7 世纪藏文的创制，并以藏文追溯世代口传的历史、翻译佛教典籍、记载社会生活的现实，就是藏学研究的开端。同一时代汉文典籍有关吐蕃的历史、政治、经济、文化、社会生活及其与中原王朝互动关系的记录，就是中国藏学研究的本土基础。现代学术研究体系中的藏学，如同汉学、东方学、蒙古学等国际性的学问一样，曾深受西学理论和方法的影响。但是，西学对中国的研究也只能建立在中国历史资料和学术资源基础之上，因为这些历史资料、学术资源中所蕴含的不仅是史实，而且包括了古代记录者、撰著者所依据的资料、分析、解读和观念。因此，中国现代藏学研究的发展，不仅需要参考、借鉴和吸收西学的成就，而且必须立足本土的传统，光大中国藏学研究的中国特色。

作为一门学问，藏学是一个综合性的学术研究领域，"西藏历史与现状综合研究项目"即是立足藏学研究综合性特点的国家社会科学基金重大特别委托项目。自 2009 年"西藏历史与现状综合研究项目"启动以来，中国社会科学院建立了项目领导小组，组成了专家委员会，制定了《"西藏历史与现状综合研究项目"管理办法》，采取发布年度课题指南和委托的方式，面向全国进行招标申报。几年来，根据年度发布的项目指南，通过专家初审、专家委员会评审的工作机制，逐年批准了一百多项课题，约占申报量的十分之一。这些项目的成果主要为学术专著、档案整理、文献翻译、研究报告、学术论文等类型。

承担这些课题的主持人，既包括长期从事藏学研究的知名学者，也包括致力于从事这方面研究的后生晚辈，他们的学科背景十分多样，包括历史学、政治学、经济学、民族学、人类学、宗教学、社会学、法学、语言学、生态学、心理学、医学、教育学、农学、地理学和国际关系研究等诸多学科，分布于全国 23 个省、自治区、直辖市的各类科学研究机构、高等院校。专家委员会在坚持以选题、论证等质量入选原则的基础上，对西藏自治区、青海、四川、甘肃、云南这些藏族聚居地区的学者和研究机构给予了一定程度的支持。这些地区的科学研究机构、高等院校大都具有藏学研究的实体、团队，是研究西藏历史与现实的重要力量。

"西藏历史与现状综合研究项目"具有时空跨度大、内容覆盖广的特点。在历史研究方面，以断代、区域、专题为主，其中包括一些历史档案的整理，突出了古代西藏与中原地区的政治、经济和文化交流关系；在宗教研究方面，以藏传佛教的政教合一制度及其影响、寺规戒律与寺庙管理、僧人行止和社会责任为重点，突出了藏传佛教与构建和谐社会的关系；在现实研究方面，则涉及政治、经济、文化、社会和生态环境等诸多领域，突出了跨越式发展和长治久安的主题。

在平均海拔 4000 米的雪域高原，实现现代化的发展，是中国改革开放以来推进经济社会发展的重大难题之一，也是没有国际经验可资借鉴的中国实践，其开创性自不待言。同时，以西藏自治区现代化为主题的经济社会发展，不仅面对地理、气候、环境、经济基础、文化特点、社会结构等特殊性，而且面对境外达赖集团和西方一些所谓"援藏"势力制造的"西藏问题"。因此，这一项目的实施也必然包括针对这方面的研究选题。

所谓"西藏问题"是近代大英帝国侵略中国、图谋将西藏地区纳入其殖民统治而制造的一个历史伪案，流毒甚广。虽然在一个世纪之后，英国官方承认以往对中国西藏的政策是"时代错误"，但是西方国家纵容十四世达赖喇嘛四处游说这种"时代错误"的国际环境并未改变。作为"时代错误"的核心内容，即英国殖民势力图谋独占西藏地区，伪造了一个具有"现代国家"特征的"香格里拉"神话，使旧西藏的"人间天堂"印象在西方社会大行其道，并且作为历史参照物来指责 1959 年西藏地区的民主改革、诋毁新西藏日新月异的现实发展。以致从 17 世纪至 20 世纪上半叶，众多西方人（包括英国人）对旧西藏黑暗、愚昧、肮脏、落后、残酷的大量实地记录，在今天的西方社会舆论中变成讳莫如深的话题，进而造成广泛的"集体失忆"现象。

这种外部环境，始终是十四世达赖喇嘛及其集团势力炒作"西藏问题"和分裂中国的动力。自 20 世纪 80 年代末以来，随着苏联国家裂变的进程，达赖集团在西方势力的支持下展开了持续不断、无孔不入的分裂活动。达赖喇嘛以其政教合一的身份，一方面在国际社会中扮演"非暴力"的"和平使者"，另一方面则挑起中国西藏等地区的社会骚乱、街头暴力等分裂活动。2008 年，达赖集团针对中国举办奥运会而组织的大规模破坏活动，在境外形成了抢夺奥运火炬、冲击中国大使馆的恶劣暴行，在境内制造了打、砸、烧、杀的严重罪行，其目的就是要使所谓"西藏问题"弄假成真。而一些西方国家对此视而不见，则大都出于"乐观其成"的"西化""分化"中国的战略意图。其根本原因在于，中国的经济社会发展蒸蒸日上，西藏自治区的现代化进程不断加快，正在彰显中国特色社会主义制度的优越性，而西方世界不能接受中国特色社会主义取得成功，达赖喇嘛不能接受西藏地区彻底铲除政教合一封建农奴制度残存的历史影响。

在美国等西方国家的政治和社会舆论中，有关中国的议题不少，其中所谓"西藏问题"是重点之一。一些西方首脑和政要时不时以会见达赖喇嘛等方式，来表达他们对"西藏问题"的关注，显示其捍卫"人权"的高尚道义。其实，当"西藏问题"成为这些国家政党竞争、舆论炒作的工具性议题后，通过会见达赖喇嘛来向中国施加压力，已经成为西方政治作茧自缚的梦魇。实践证明，只要在事实上固守"时代错误"，所谓"西藏问题"的国际化只能导致搬石砸脚的后果。对中国而言，内因是变化的依据、外因是变化的条件这一哲学原理没有改变，推进"中国特色、西藏特点"现代化建设的时间表是由中国确定的，中国具备抵御任何外部势力破坏国家统一、民族团结、社会稳定的能力。

从这个意义上说，本项目的实施不仅关注了国际事务中的涉藏斗争问题，而且尤其重视西藏经济社会跨越式发展和长治久安的议题。

在"西藏历史与现状综合研究项目"的实施进程中，贯彻中央第五次西藏工作座谈会的精神，落实国家和西藏自治区"十二五"规划的发展要求，是课题立项的重要指向。"中国特色、西藏特点"的发展战略，无论在理论上还是在实践中，都是一个现在进行时的过程。如何把西藏地区建设成为中国"重要的国家安全屏障、重要的生态安全屏障、重要的战略资源储备基地、重要的高原特色农产品基地、重要的中华民族特色文化保护地、重要的世界旅游目的地"，不仅需要脚踏实地的践行发展，而且需要科学研究的智力支持。在这方面，本项目设立了一系列相关的研究课题，诸如西藏跨越式发展目标评估、西藏民生改善的目标与政策、西藏基本公共服务及其管理能力、西藏特色经济发展与发展潜力、西藏交通运输业的发展与国内外贸易、西藏小城镇建设与发展、西藏人口较少民族及其跨越式发展等研究方向，分解出诸多的专题性研究课题。

注重和鼓励调查研究，是实施"西藏历史与现状综合研究项目"的基本原则。对西藏等地区经济社会发展的研究，涉及面甚广，特别是涉及农村、牧区、城镇社区的研究，都需要开展深入的实地调查，课题指南强调实证、课题设计要求具体，也成为这类课题立项的基本条件。在这方面，我们设计了回访性的调查研究项目，即在 20 世纪五六十年代开展的藏区调查基础上，进行经济社会发展变迁的回访性调查，以展现半个多世纪以来这些微观社区的变化。这些现实性的课题，广泛地关注了经济社会的各个领域，其中包括人口、妇女、教育、就业、医疗、社会保障等民生改善问题，宗教信仰、语言文字、传统技艺、风俗习惯等文化传承问题，基础设施、资源开发、农牧业、旅游业、城镇化等经济发展问题，自然保护、退耕还林、退牧还草、生态移民等生态保护问题，等等。我们期望这些陆续付梓的成果，能够从不同侧面反映西藏等地区经济社会发展的面貌，反映藏族人民生活水平不断提高的现实，体现科学研究服务于实践需求的智力支持。

如前所述，藏学研究是中国学术领域的重要组成部分，也是中华民族伟大复兴在学术事业方面的重要支点之一。"西藏历史与现状综合研究项目"的实施涉及的学科众多，它虽然以西藏等藏族聚居地区为主要研究对象，但是从学科视野方面进一步扩展了藏学研究的空间，也扩大了从事藏学研究的学术力量。但是，这一项目的实施及其推出的学术成果，只是当代中国藏学研究发展的一个加油站，它在一定程度上反映了中国藏学研究综合发展的态势，进一步加强了藏学研究服务"中国特色、西藏特点"的发展要求。但是，我们也必须看到，在全面建成小康社会和全面深化改革的进程中，西藏实现跨越式发展和长治久安，无论是理论预期还是实际过程，都面对着诸多具有长期性、复杂性、艰巨性特点的现实问题，其中包括来自国际层面和境外达赖集团的干扰。继续深化这些问题的研究，可谓任重道远。

在"西藏历史与现状综合研究项目"进入结项和出版阶段之际，我代表"西藏历史与现状综合研究项目"专家委员会，对全国哲学社会科学规划办公室、中国社会科学院及其项目领导小组几年来给予的关心、支持和指导致以崇高的敬意！对"西藏历史与现状综合研究项目"办公室在组织实施、协调联络、监督检查、鉴定验收等方面付出的努力表示衷心的感谢！同时，承担

"西藏历史与现状综合研究项目"成果出版事务的社会科学文献
出版社，在课题鉴定环节即介入了这项工作，为这套研究成果的
出版付出了令人感佩的努力，向他们表示诚挚的谢意！

2013 年 12 月于北京

序

一年一度，校园里的玉兰花又开了，莹洁清丽，香气依然，让人对时间的流逝产生幻觉。海燕谈起博士论文的出版，我才想起我们的师生之缘竟然已有 20 年了。我对海燕博士最初的印象还是 20 年前的课堂，认真率性，很有几分学究气。她喜读书，涉猎范围很广，每当读到一本好书，就眉飞色舞，和师友谈论自己的心得，乐于分享，喜于共进。这是一位难得的真心爱读书的人。她攻读硕士学位期间，就一直在旁听我讲授的"近代藏族史研究"和"西藏职官制度研究"课程。2004 年，海燕成为我的第一位博士生。自此，我对这位看似有些纤弱，来自孔孟之乡的山东姑娘的认识也逐渐清晰起来。她是一位在艰辛学术之路上"情""真"意切、热爱学术、追求理想的学人，但印象最深的还是其为人之品，尊师敬友，重情重义的一点一滴。她做事很认真，凡事只争朝夕。入学不久，我们就共同研究确定了她的博士论文选题，最终以《民国时期汉藏佛教界文化交流的历史进程》为题顺利通过博士学位论文答辩。

毕业后，她前往陕西师范大学博士后流动站工作，并留校任教，始终坚持自己的专业方向，勤于思考，笔耕不辍，视学术如生命，初心不改。2010 年，她的"民国时期汉藏佛教界文化交流研究"获得国家社科基金特别委托项目"西藏历史与现状综合研究项目"资助，最终以"优秀"等级结项。

1

海燕是我为数不多的汉族学生，对藏文化的学习追求是那样的痴迷，她是从心底里膜拜那些各族先贤。这是历史的再现，也是继续。实际上，我们在对历史过往书写的同时，也在书写着自己的历史。汉藏一家，情浓意长。我们共同研究源远流长的汉藏文化交流这段历史确实也在续写民族间文化交流的新内容。

　　民国时期，汉藏佛教界之间的交流体现着文化所具有的张力和内聚力，积极寻求推进彼此交往交流交融延续发展的内在维系，是我们的研究重点。"船的力量在帆上，人的力量在心上。"历史告诉我们，各民族彼此间平等、尊重和理解基础上自然流露的真情和热爱，才是开启交流的唯一前提。

　　海燕的这部书稿较为清晰地书写了在世事维艰、命运飘零的20世纪前半叶，那些不畏艰辛跋山涉水往来于汉藏之间的各族僧侣为文化交流"认真、求真、唯真"的奔波，是对民族文化求索之旅的诠释。她追随着笔下的人物，不知多少次在藏地高原行走，多少回与各民族师友促膝长谈，多少夜因高原反应辗转难眠，多少次跌倒再次爬起……只求认真地倾听真实的声音，面对面看到真心的笑容。探真源、求真义、得真知也是她一以贯之的追求。多年来，海燕在学术荆棘蹊径上一路走来，支撑着她的还是对藏族文化的执着与不舍，凝望藏族历史的深情与牵念。

　　这部书稿不仅是海燕对民国时期文献资料细致的梳理探究，更是她字里行间浓郁真情再现汉藏文化交流的心路历程。一页页翻来，足见其以十年磨一剑的毅力，对事业的认真、对研究的严谨、对学术的执着，充分显示了广博的知识储备与深厚的人文底蕴。现书稿即将出版，甚感欣慰。

　　海燕取得今天的进步，与诸多学术前辈的帮扶是分不开的，不过"天雨大，不润无根草"。海燕常戏称自己"佛系"，我理解其实就是

不堕凡尘、不舍岁月的心境。相信她今后的学术研究必将如同汉藏文
化交流之路一样，越走越宽。

　　是为序，以共勉。

喜饶尼玛

2024 年 4 月于北京

目 录

前　言

　　民国时期汉藏佛教界文化交流是信仰文化推进社会群体切近的历史书写，汉藏佛教界超越双方政治关系发展的历史态势，关注民国社会政治发展走向，推动政府层面的宗教文化和边疆政策措施出台，以汉藏同源文化复兴发展的多重路径促进边疆地区的统一与稳定。汉藏佛教界积极奔走于内地和西藏地方之间传法弘道，在不同社会阶层和组织团体间寻求彼此共性所依，助力文化交流绵延不断地发展延伸。在文化交流的过程中，佛教僧众与信仰群体的行为体现出佛教文化在汉藏民族交流中的纽带作用，表明汉藏佛教界以同源信仰重建彼此认同的行动揣思，他们不囿于传承体系的壁垒与文化空间的范围，在文化借鉴融通过程中不断致力于探源拓展共同文化内涵。

　　随着民国时期内地佛教逐步复兴，汉藏佛教界之间的文化交流层面也渐为深入。汉藏佛教界文化交流的历史进程虽与汉藏政治线性发展并不完全吻合，但是汉藏关系发展过程中文化交流所包蕴的社会功用值得从历史的角度予以考量探悉。本书力求较为全面地阐释汉藏佛教界文化交流诸层面的历史要素，认识在特殊历史时期汉藏佛教界基于自身社会地位寻求文化交流渠道的过程，理性剖析文化交流过程中特殊社会群体的责任意识、积极作为与文化肩负。汉藏佛教界作为活动主体的历史选择是社会责任意识与政策理性因素相结合的表征，汉藏佛教文化的共同因素与佛教界自身历史角色的定位成为彼此切近的基础。

民国时期汉藏关系的研究主要侧重于探讨双方政治关系的演进及其蕴含的历史因素，以分析重要事件和人物的视角寻求汉藏关系发展历史过往的解释。学术界较少详细梳理双方文化交流的内在驱动、脉络源流与历史作用。本书以探究汉藏佛教界的交往活动为切入点，从大历史的视角认识民国时期汉藏佛教界文化交流发展的历程及其内涵，期待学术界更多的专家学者关注和研究汉藏在其他文化领域内的交流与发展，以之形成汉藏文化交流的系统性研究，为书写和再现民国时期汉藏文化交流的历史赓续提供点滴参考。

　　本书以民国时期推进文化交流的政策为背景，以主要历史人物的活动为线索，以汉藏双方互鉴内容、交往途径和融通方式为阐释点，再现以佛教文化活动为媒介的多维度、多渠道、不间断的汉藏文化交流历史画面，解读汉藏同源同质佛教文化交流的承继性历史特征。同时，从文化交流与政策依赖之间的关系，探讨民国时期颁布修订的寺庙管理条例、边疆教育文化政策、补助汉藏僧侣游学办法和给予藏传佛教界僧人弘法活动与政治表达空间等措施，进而以汉藏文化交流的历史过往为依据，追寻汉地僧人前往西藏求法的活动轨迹与行动表达、藏传佛教高僧在内地讲经弘法奔走的考量；梳理汉藏高僧经典翻译、佛学研修与僧才培育。解读在政治关系和治理政策呈现弱势的情况下，汉藏佛教界寻求双方文化之间的共同因素，推进彼此交往发展延续的具体活动内容与点滴汇集的意义。

　　汉藏佛教界基于信仰文化所蕴含的共同历史问答与国族思考，从文化维度开辟双方沟通的渠道，以信仰意识维系边疆与内地的关系，在经典译介中寻求共同发展的未来。个体和组织团体共同致力于减少和消除曾经由于陌生形成的彼此漠视与文化壁垒，建立多种形式的文化接触机会和交流平台，追溯交往交融历史、阐释同源经典思想，以稳固边疆形势为出发点，秉持共向拯救国家文化自觉意识推进双方文化交流。汉藏佛教界的文化交流展现在历史所载的宏大法会场面、汉藏佛学研究团体的组建和运作、多版本经典译本和论疏的出版等层面。本书尝试在历史史料和画面中理解汉藏佛教界曾经为汉藏文化复兴、交流发展精进不懈的付出，体会双方为寺庙依法管理、边疆文化教育发展、汉藏关系改善、国家民族命运而奔走背负的历史点滴。

第一章　民国时期汉藏佛教界文化交流的历史因素

　　民国初年，《中华民国临时约法》颁布后，民国政府出台一系列寺庙管理条例与宗教文化发展政策。汉地佛教界寻求自身发展的探索，成为清末"庙产兴学"以来佛教改变毁废态势、复兴重振的内在动力。是时，国内各界对西方文明解读存有疑虑，"知识分子反思宗教的存在价值，进而对佛教运动起了促进作用。再加上印度、欧洲及日本所形成的世界性佛教运动，亦影响着中国对佛教的重新瞩目，民初佛教运动乃由此而顿呈蓬勃之象"①。例如，汉地佛教界著名僧人太虚法师提出"人生佛教"的理念，倡导应开展同民国政体相适应的佛教新运动。

　　民国时期汉地佛教以佛教救国、造就大同世界为发展主旨，注重同亚洲其他国家和地区的佛教界交往，取法各国佛教之长以改良中国丛林制度之流弊。这一时期汉藏佛教界交流是汉地佛教主动拓宽发展空间，超越佛教语言、地域与传承体系的交流，是汉地佛教界从教理传承与僧制重建上寻求可行复兴途径的尝试。他们主动翻译研究、援证引介藏传佛教经论，在交互解读中求证佛教教义与佛教哲学的解释；借鉴次第谨严的藏传佛教僧团修行和寺庙管理制度，整顿汉地寺

---

　　① 钟琼宁：《民初上海居士佛教的发展（1912—1937）》，《圆光佛学学报》1999 年第 3 期，第 169 页。

院凋敝、涣散的局面。留日僧人掀起的学密风潮逐渐转向对密教历史本源的探求，藏传佛教不间断的历史延承性成为汉地僧人溯源探究转向的关键，亦成为民国初年汉藏文化交流不可或缺的缘起。汉藏佛教界通过讲经、翻译和刊印佛经等方式不断深化交融，在共同信仰观念中建立彼此认知的渠道与沟通的媒介。

清末各州县变改寺庙、没收寺产、建立学堂，掀起各地兼并寺产、寺僧霸占拍卖寺产的风潮，直到民国初年，各地掠夺寺产事件仍时有发生。辛亥革命后，佛教不仅遭遇外来基督宗教的竞争，而且"就民初学风思潮言，其影响宗教者，不外是科学主义对宗教神圣性所造成的世俗化冲击。佛教界为因应此时代趋势，其本身遂主张从佛学自身来适应科学主义"①。丛林制度下"中国佛教最大之弱点，则在家族性太深，中国佛教寺亦变成一个一个家产，此为中国僧寺没法整兴之症结处"②，佛教没有建立起全国性的系统组织抵制来自外部的挑战，缺失内部管理、外部回应的自我调适生存路径。在内外困境难以释解的情况下，佛教自身整顿和革新具有剥离既存态势的历史推促意义。受到现代意识影响的太虚法师力图通过内部主动改革方式复兴佛教，依据三民主义思想框架提出"教制、教理、教产"革命，并于1915年发表《整理僧伽制度论》，主张改革僧制，涤除丛林制度的弊端，赋予佛教现代文明和文化精神内涵，以提升佛教在现代社会发展中的自我适应能力，寻求诠释与解决社会问题的可依方式。藏地严格的僧制和修行次第是汉地寺院僧团整顿革新的借鉴，内地佛教在衰败求发展的过程中，僧众与社会形势紧密相依存在，也是佛教自传入汉地以来寻求适应发展的可赖路径。

---

① 钟琼宁：《民初上海居士佛教的发展（1912—1937）》，《圆光佛学学报》1999年第3期，第169页。
② 太虚：《建设现代中国佛教谈》，载于太虚《太虚集》，中国社会科学出版社，1995，第356页。

《中华民国临时约法》规定人民享有宗教信仰自由权利①，成为佛教组织建立的法律依据。1912 年 4 月，中华佛教总会在上海留云寺召开成立大会，本部设在静安寺，在北京②设立机关部。"依各省县原有僧教育会改组为分支部，拥有省支部二十余省，及县分支部四百余起，可说为中国佛教徒从未有的全国统一的团体。"③ 1915 年，改名为中国佛教会。1918 年，北京政府下令取消中国佛教会。全国性的佛教组织解散以后，各地的佛教组织和协会纷纷建立起来，佛教在全国各地开始复苏并蓬勃发展，佛教刊物和地方佛教协会得以重建。华北、西北、江浙、云南等地建立佛教协会，收回庙产，20 世纪 30 年代初期以河南省为中心的中原佛教也逐步建立佛学社、佛学苑和佛教会。各地佛教组织萌生发展成为僧众联合争取条例保护寺院寺产行动的关键。

1912 年 11 月，为保护佛教僧众，熊希龄在致大总统呈文中希望在约法信仰自由的基础上，保护改良佛教，敦进民德，补教所穷，匡正社会秩序，稳固共和。④ 1913 年 6 月，内务部公布《寺院管理暂行规则》⑤，制定"不论何人不得强取寺院财产"⑥ 等保护寺产的规则，其中地方行政长官具有对寺产拍卖、抵押、赠与和接收的审判及办理公用事业拨付寺产的权力。地方行政权力的参与是解决各省寺产纠纷和诉讼的有效手段，但是难以彻底限制庙产兴学和秉公清结多方利益交织的寺产争夺案例。1914 年 1 月，中华佛教总会在致国务院呈文中陈述各地拘逐僧侣、寺产充公等损毁佛教的事实。8 月，内务部

---

① 1912 年 3 月，《中华民国临时约法》颁布，其第二章"人民"第六条规定"人民有信教之自由"。
② 本书所涉及的"北京""北平"的称谓皆依据其当时之名称：1928 年 6 月改称北平，1937 年 10 月改称北京，1945 年抗战胜利后改称北平。
③ 东初：《民国肇兴与佛教新生》，载于张曼涛《现代佛教学术丛刊》（86），《民国佛教篇》，北京图书馆出版社，2005，第 27 页。
④ 张双志：《民国治藏法规全编》第一册，学苑出版社，2008，第 80 页。
⑤ 规则内容详见附录。
⑥ 张双志：《民国治藏法规全编》第一册，学苑出版社，2008，第 81 页。

致文大总统呈请明令保护佛教寺产。1921 年 5 月，颁布《修正管理寺庙条例》①，破坏寺庙和争夺寺产的风潮暂告平息。国民政府建立以后，先后颁布《管理寺庙条例》《寺庙登记条例》《改善蒙藏宗教案》等条例，涉及喇嘛转世、任用、奖惩等一系列问题处理的具体办法，提倡寺庙自行办理包括教育在内的各项公益事业。北京藏文学院（1924）、北京密学院（1924）、汉藏教理院（1932）、上海菩提学会（1935）等以增促汉藏文化交流为目的的僧教育团体逐步建立，注重培养翻译和研究佛经人才，加强同东亚、南亚、欧洲和西藏佛教之间的联系。其中，前往藏地留学僧人在增进汉藏佛教彼此理解方面作用凸显。例如，北京藏文学院组织以大勇法师、持松法师②为代表的"留藏学法团"，以及抗战时期碧松法师③等前往西藏学法，在藏地宣

---

① 条例内容详见附录。

② 持松法师（1894~1972），俗姓张，法名密林，字持松，湖北荆门人。1911 年，在荆州铁牛寺出家。1913 年，在汉阳归元寺受具足戒。1914~1916 年，在华严大学学习贤首宗义。1916 年，在湖北当阳玉泉寺谒见祖印和尚，学习天台教观。1918 年，任虞山兴福寺住持。1922 年，在安庆迎江寺"安徽僧学校"任教。1922 年冬，与大勇法师一起到日本高野山修学密法，获得阿阇黎位。1924 年回到上海，后在杭州菩提寺、武汉等地讲授密法。在武汉出任洪山宝通寺住持，此寺后成为弘传东密的道场。1925 年，作为中华佛教代表团成员参加在东京召开的东亚佛教大会，被选为教义研究部理事，大会结束后留在新潟县从权田雷斧僧正受新义真言宗灌顶。1926 年，在京都比叡山延历寺学习台密仪轨。后到高野山依金山穆昭阿阇黎传授口诀，兼学梵文。1927 年回到上海。1936 年又东渡日本，考察日本佛学，回到上海后驻锡圣贤寺。1947 年，任上海名刹静安寺住持，兼静安佛学院副院长。主要著作有《华严宗教义始末记》《密宗通关》《大日经住心品撰注》《金刚大教王经疏》《金刚界行法记》《真言宗朝暮行法》《密教图印集》《三陀罗释》《摄大乘论义记》《观所缘缘论讲要》《因明入正理论义解》《心经阐秘》《般若理趣经集解》《菩提心论撰注》《释尊一代记》《梵语千字文》《奘师文抄》等（于凌波：《中国近现代佛教人物志》，宗教文化出版社，1995，第 190~192 页）。

③ 碧松法师（1916~2013），俗名邢步有，又名邢肃芝，藏文名洛桑珍珠。1916 年生于南京，9 岁在兴化县安乐寺出家。1933 年，入汉藏教理院藏文专修科学习。1936 年毕业并将贡嘎呼图克图传授的《恒河大手印》法本译成汉文。经太虚法师举荐，蒙藏委员会批准碧松法师作为研究人员入藏的申请。1937 年，途经西康入藏学法。1938 年抵达拉萨，入哲蚌寺学习藏传佛教五部大论。1945 年成为第一个获得拉萨三大寺藏传佛教最高学位拉然巴格西学位的汉人喇嘛。1945 年回到重庆。1945 年底再次入藏，受聘为国立拉萨小学校长。1949 年曾作为国民政府代表参与国民党中央政府驻藏办事处与西藏地方政府的谈判。

扬传释汉地文化。在宪法保障宗教信仰自由框架下系列条例措施出
台，各地组建汉藏佛教或佛学团体培养人才，汉藏佛教交流的组织行
动逐步开展推进。

民国时期，边疆事务划归内务部管理，1912 年，内务部下设蒙藏
事务局（1914 年改为蒙藏院），专司管理佛教事务，委任钟颖和陆兴
祺为西藏办事处行政长官，藏事研究所代表萧剑秋为西藏总调查员[①]，
北京筹备高等学校藏卫科毕业生周文藻等为调查员，前往西藏展开实
地调查[②]。1912 年 10 月 28 日，恢复十三世达赖喇嘛"诚顺赞化西天
大善自在佛"名号。[③] 1913 年 4 月，加封九世班禅"致忠阐化"封号。
1925 年 8 月，加封在内地弘法的九世班禅"宣诚济世"封号，依照历
史旧制封赐达赖喇嘛和九世班禅。肯定十三世达赖喇嘛和九世班禅在
西藏地方的政教首领地位，承认并褒奖他们在维护边地社会稳固中的
积极作为。1929 年 1 月，组织成立蒙藏宗教整理委员会，推土观呼图
克图等为委员。[④] 礼遇来京喇嘛；实施蒙藏教育计划，颁发边疆教育
实施原则；制定实施经费使用和蒙藏学生待遇细则，在国立大学附设
蒙藏班，组建边政研究机构和训练班；在西藏管理机构内部设立专门
的汉藏翻译机构，并选派代表参加国民代表大会，提交相关提案；延
请藏传佛教高僧前往国立大学讲学，开设讲座；调查边疆教育状况，
补助汉藏僧侣游学等一系列文化教育措施付诸实施。边疆宗教文化教
育发展政策的内涵是"佛教与文化"[⑤] 和"佛教与边疆"[⑥]，因为"我
国国内藏族全部为佛教，出家喇嘛与在家信徒，固无论矣……如须确

① 《政府公报》1912 年 9 月 22 日，第 145 号，第 6 页。
② 《政府公报》1912 年 10 月 18 日，第 170 号，第 20 页。
③ 西藏社会科学院、中国社会科学院民族研究所、中央民族学院等：《西藏地方是中国不可
　分割的一部分》（史料选辑），西藏人民出版社，1986，第 456 页。
④ 《蒙藏宗教整委会成立》，《海潮音》1929 年 3 月，第 10 卷，第 1 期，《佛教史料》第 14 页。
⑤ 张双志：《民国治藏法规全编》第二册，学苑出版社，2008，第 417 页。
⑥ 张双志：《民国治藏法规全编》第二册，学苑出版社，2008，第 417 页。

切深入领导边区各地民众，吸引边民内向，固不能不借佛教以资联系"①，借以佛教的积极救世精神在汉藏佛教交流之间完成以共同文化为基础的统一民族国家的建设。另外，在安排驻藏办事处人员和处理西藏重大历史事件时，主要委派尊崇佛教的官员赴藏负责办理政教事务，他们在入藏沿途注重考察各地风土人情，前往寺院布施熬茶，为中央与西藏双方增进理解拓宽文化交流空间，部分冰释汉藏佛教界文化交流中因为陌生与想象形成的心理屏障。

同时，汉地佛教界部分僧人开始逐渐认识到密教与中华佛教复兴的相依关系②，由于日本非法褫夺中国权益引发佛教界反思东密的政治物性，逐渐从单向追随性输入东密③转向对藏密和东密关系的理性再认识，重新定位藏密在密宗复兴中的基础性作用，"学密于日本者，虽成绩可见，但未见全豹，细考察之，则密教最兴胜〔盛〕之地，莫如西藏，因西藏最近印度，其住持经典，较诸地尤多"④。汉地佛教在溯本求源、寻回经典的复兴路径中，将视线从日本东密转向藏密的求法肇端涵括对汉藏佛教传承同源的遵信以及藏传体系完整修持的肯认。内地随之渐次建立研习藏文、翻译藏密的佛学机构和佛教学校。在从语言学习到经典引介的过程中，以勘识释读佛典的方式来认知彼

---

① 张双志：《民国治藏法规全编》第二册，学苑出版社，2008，第417页。

② "夫我中华汉满蒙藏之民族，固皆深受佛化之熏陶，而蒙藏尤注重密教。唯本部各省，则密学久已失传。今欲望汉与蒙藏佛教之切实融洽，尤非研究密教不可，蒙藏皆我中华之领土也，故蒙藏之佛教，皆我中华之佛教也。……所望海内佛教同仁，金注意，研究密教，而融通汉满蒙藏为一气，以扬我中华佛化之光，而展其救世之伟力，关系甚大。"（显荫：《留东随笔》，《海潮音》1924年7月，第5卷，第6期，《附录》第18页）

③ "日僧若演华若觉随之传密者先后来华，而誓志东渡留学者亦日野。先则粤之纸密，蜀之大勇，继则有持松，后则有显荫，又应诸师，接踵东渡，人才济济，绝学有重光之望矣！但考其数人中，于教理素有研究者，只大勇持松显荫诸师耳。"（太虚大师讲，门下迦林记：《中国现时密宗复兴之趋势》，《海潮音》1925年10月，第6卷，第8期，《理论》第14页）

④ 梵灯：《送藏文学院全体留学西藏序》，《世界佛教居士林林刊》1926年10月，第14期，《文苑》第5页。

此教理内容与传承体系的演进过程。信仰体系的重建不仅需要信仰心理的回归和信念价值的实践契合，而且对于他者与自我之间差异的理解与接受是获得他者内在精髓的必要途径。藏传佛教修法传授须依止上师的口传持诵和灌顶仪轨，由活佛讲经开示、举办法会、齐聚共修等方式可以晓彻其脉系的密法含义和传承次第。

第一节　寺庙管理条例和边疆文化教育 政策的颁行

民国时期，由于各省对待佛教和寺院的政策存有差异，褫夺寺院、没收寺产的事件仍多有发生，僧人或被驱逐，或被迫离开原来的寺院。汉地佛教界复兴的历史也是寺院争取生存法律空间、主动回应政府条例的坎坷历程。民国初年，《管理寺庙条例》所列条款内容与寺院发展的实际状况不相吻合，由于授予地方政府强行占用寺产的特殊权力，责任和权利之间非明晰化的责权认定造成管理上的纰漏，寺院在社会转型过程中存在失去法律保护之虞，寺产诉讼案例时有发生。佛教界为修订条例和完善寺院自我管理权利上书请愿，中华佛教总会首任会长寄禅法师为此奔走吁请，太虚法师也多次联合各省佛教界人士上书并撰文指出条例的矛盾缺陷与危害后果。为寺院争取法律保障成为汉地佛教界抵制抢夺庙产、与地方政府行为相抗争的关键，佛教界期待采取诉讼的方式依法加以裁决，恢复寺院的产权与管理权，享有与其他宗教和文化类型同等的权利，在法律空间上的争取显示出佛教界理性的复兴思路和现代权利意识。以法律保障为基础，佛教界才能够维系寺院文化的传承、佛学研究的开展、佛教经典的释读以及佛学期刊的创办等。

边疆文化教育政策是推进社会经济和文化教育相对滞后的边疆地

区发展、建立"五族共和"统一民主国家的重要内容，其中涉及宗教与边疆社会、宗教与文化教育推进、寺院教育模式与世俗教育结合等多方面问题。边疆文化教育政策是触及边疆和中央关系联结底脉的弹性政策，是尊重民族文化和宗教自由、超越经济扶助、赢取边疆民众支持的长期策略，是在政治影响力羸弱、联系趋于疏离的状况下，以文化建设推进边疆政策表达，并进一步在文化政策引导下阐释边疆自治发展政策的内涵的切入口。这些政策在安多、康藏等地区的实施影响到寺院教育的作用体现、喇嘛管理寺庙的权责范围、传统宗教制度的传承发展模式以及寺院自身教育改革的开展，边疆各层面政策的推行是边疆民众认识和理解民国政府施政的参照，逐渐成为民国时期藏传佛教高僧在内地参政弘法和内地藏传佛教寺院得以保护性发展的重要依据。法律和制度需要在不断适应和调整中寻求适用的平衡点，文本的严整性关系到法律自上而下实施的可行性与权威性，其中合理性成分的多寡和佛教界自身权益的争取关乎汉藏佛教界生存交流空间的广狭乃至边疆地区的发展态势。

一　寺庙管理条例颁布与修订

"佛教很早就在中国流传，引起了一种僧院的生活，它在中国的原则里成为一个不可缺少的因素。"[1] 民国初年，在国内思潮和政治变革的冲击下，针对汉地佛教界存在的由寺产所有权不明晰带来的寺院僧道和住持拍卖寺产，以及因庙产兴学而引发的褫夺寺产等佛教界颓势衰败局面和地方秩序乏整问题，中央政府以发展佛教文化、保护寺院的存在为基础，以解决佛教界面临的具体问题为政策基点，决定制定相关的寺庙管理条例，从法律层面赋予权力以助推佛教重建和自救。

---

① 〔德〕黑格尔：《历史哲学》，王造时译，上海书店出版社，2001，第 166 页。

1913 年 6 月,内务部颁布《寺院管理暂行规则》。[①] 其中,"第二条　寺院财产管理由其住持主之。……第五条　不论何人不得强取寺院财产"[②]。将财产变更等争议性问题交由地方行政长官核准许可,依法归于国家之财产亦由所在"省行政长官呈请内务总长、财政总长许可拨用"[③]。所颁行的管理条例是解决寺产冲突、处理寺产纠纷的法律性文件,对于限制地方侵夺寺产的行为具有一定的约束力。但是,在寺院财产管理方面仍沿依既有旧例,寺院财产为地方公有,寺院仅具有管理权,产权界限模糊导致寺院与地方政府之间存在引发潜在纠纷的可能;另外,寺产处理权交由地方政府和内务部共同审核管理,也为各省利用建校办学等名义褫夺寺产留下制度罅隙。寺院在寺产所有权上的缺失,使其不仅难以维持寺院既有的经济状况,也缺少赖以扩充发展的权利保障。

1913 年 10 月,内务部发布咨文,调查寺院概况及其寺产,绘制寺庙调查表,寺院所属项目包括寺院创建、寺院供像、住持及常住人数、附属学校和医院等其他公益慈善事业,寺产则涵盖寺庙的收支状况、管理方式以及对侵占寺产的处罚等。1914 年 1 月,国务院根据中华佛教总会来电"近据各省支分部报称,攘夺庙产,蹂躏僧徒之事,仍复时有所闻,地方官并不实力保护,恳再予通行饬属遵照等语"[④],就保护寺庙财产事宜致函内务部。1915 年 8 月,内务部呈文大总统,建议发布明令保护佛教庙产,"通饬各省地方官吏,对于寺庙财产,

---

① 《寺院管理暂行规则》颁布以后,宣布解散中华佛教总会,引起佛教界对规则的普遍不满。对于该规则的颁行,学者多从当时佛教界的反应来研究,如《南京国民政府(1927~1937)宗教法规评析》(张宝海、徐峰,《山东社会科学》2001 年第 6 期)和《北洋政府的寺庙管理政策评析》[郭华清,《广州大学学报》(社会科学版)2005 年第 1 期]。
② 张双志:《民国治藏法规全编》第一册,学苑出版社,2008,第 81 页。
③ 张双志:《民国治藏法规全编》第一册,学苑出版社,2008,第 81 页。
④ 张双志:《民国治藏法规全编》第一册,学苑出版社,2008,第 84 页。

责成该管地方官切实保护。……以维宗教而资保护"①。

1915 年 10 月 29 日颁布的《管理寺庙条例》② 与《寺院管理暂行规则》相较而言，涉及内容和管理规则更为详细具体。《管理寺庙条例》依照寺庙传承和历史发展确定具体管理办法，对寺庙的定位较为符合宗教发展的特点及实际，划定的管理范围不仅局限于寺庙的神像、经典等具象内容，而且依照公民身份强化对寺庙财产和僧道的法律保护，以下位法的形式将寺庙管理纳入现有法律框架之内。在教育管理方面，寺庙学校在地方官署备案并规定课程内容，举办教务会议及讲演等亦须禀报地方官署，度牒和受戒注册则由地方官员呈报内务部。同时，《管理寺庙条例》对著名寺庙加以特殊保护并褒扬管理规范的寺庙，将寺庙的历史价值与社会影响力纳入予以褒奖与保护的参照内容。寺庙财产由住持按照历史旧例实施管理，但须将财产注册并向地方官署纳税。充公问题的处理与《寺院管理暂行规则》的规定相似，地方官员在寺庙财产处置上享有优先权，寺庙住持违规、未履行义务或财产管理不力须交由地方官员处罚或辞退。

《管理寺庙条例》将地方官员管理寺庙、寺产、住持的内容细化，对僧人教育、寺庙制度建设及佛法活动皆加以严密管制。寺庙管理愈加世俗化，条例甚至以注册和罚金方式限制寺庙人员的活动。可见，由条例所反映出来的权利主体不是寺庙而是地方官署，而且条例内容赋予地方官署以注册登记的方式查明寺庙财产的权力，未有针对中华佛教总会的呼吁制定切实保护寺庙财产的措施，反而强化地方官署以公占寺的权力。

针对《管理寺庙条例》存在的问题，程雪楼居士于 1920 年 "以

---

① 张双志：《民国治藏法规全编》第一册，学苑出版社，2008，第 85 页。
② 条例内容详见附录。

意见书面呈交大总统，既蒙俞允，批交内务部集议"①。次年5月，大总统公布《修正管理寺庙条例》，该修正条例改进对寺庙课程的限制，不再强制寺庙加入普通教育的内容。修正条例还规定寺庙除纳税和注册之外，地方官员不得以公有名义插手寺产的处置，"寺庙财产不得借端侵占，并不得没收或提充罚款"②。地方官员也不得干涉寺庙僧道、教务会议及讲演人员的具体情况。同时，修正条例还增加保护寺庙古物经典的内容。修正条例虽然仅仅调整了部分条款细节，但是可以约束地方官员对寺庙事务的过多介入，寺庙权力的掌控逐渐移向寺庙，寺庙的地位较前两份条例规定有所提升，然而地方官员仍有权选任和处罚寺庙住持，寺庙管理权和寺庙正常的教育、佛事活动依旧处于地方官员的监控之下。11月，内务部制定《著名寺庙特别保护通则》，防范已有条例在施行过程中产生的积弊，同时对"著名寺庙……或毁于兵燹，或夺于豪强，或败于恶劣僧道"③的状况予以制止。1924年1月21日，《修正寺庙条例第五条及第十七条施行细则》公布④，细化褒扬寺庙的具体款项，以条例的方式承认寺庙的社会与文化功能，并且希冀寺庙团体和僧人从财产和制度的管理转向引导寺庙的文化承载及社会风尚。

民国政府实施寺庙管理条例之初，在"地方自治"管理的基础上，予以各省地方行政机关对寺产的最终支配权。因此，对寺产所有权的缺失导致寺院难以维持既有的经济状况。在缺乏监督的状况下，各省根据地方利益侵占破坏寺院的越权行为时有发生。另外，寺僧拍卖寺庙文物等行为也凸显寺院内部管理机制混乱，寺庙内部尚未建立起统一规范、现实有效的经济管理运作模式。在寺庙无以自保寺产的

---

① 《佛光月报》1923年3月，第1期，《言论》第8页。
② 张双志：《民国治藏法规全编》第一册，学苑出版社，2008，第87页。
③ 张双志：《民国治藏法规全编》第一册，学苑出版社，2008，第89页。
④ 细则内容详见附录。

被动境况下，亟须在制度和法律上重新厘定各方之间的权责范围，合理解决寺产纠纷。中央政府寺庙管理条例的出台是对寺产诉讼的关注，将寺产作为法定财产予以保护，以弥补由于中央政府行政效力在寺庙的缺失而引发的地方势力对寺产的强夺侵占行为。在保护和建设寺庙的前提下，对寺产施以制度化管理是振兴佛教、宣扬佛教的重要保证与必需之策。以此为基础，寺庙方可净心研修释经、整顿僧制，抵制和扭转由于"庙产兴学"引起的褫夺寺产的风潮和混乱局面，进而弱化日本真宗对中国宗教的消极影响，进一步加强国内佛教界之间的交流和合作。其后，佛教组织和研修机构在各省陆续建立起来。

寺僧教育组织的建立，或提请内务部或行政院予以立案，或由军政要员发起，或是邀请政府人员参与。如1925年内务部批复由太虚法师组织世界佛教联合会训令"咨称释太虚组织世界佛教联合会事关宏〔弘〕扬佛化于世道人心裨益甚巨"①，外交部亦批准立案。段祺瑞执政与印光、谛闲、欧阳渐②、班禅、章嘉等16人以"名举会董"③的身份被列入世界佛教联合会人员提名录。

国民政府成立后，守培法师于1929年3月就《管理寺庙条例》部分条款提出异议，"第四条 寺庙僧道，有破坏清规等过，以明令废止或解散之；第五条 寺庙废止或解散时，应将所有财产，移归他处。察此二条之义，咸与保管名义相逆。……第十条 寺庙财产处分或变更，应由寺庙保管委员会公议定之。……当注重庙产，任何人不能处分之"④，并上书内政部希望国民政府从治国安民出发，遵照建国大纲

---

① 《世界佛教联合会通告全世界佛教徒书》，《海潮音》1925年11月，第6卷，第9期，《专件》第2页。

② 欧阳渐（1871~1943），字竟元，江西宜黄人。1922年，在金陵刻经处创办支那内学院（于凌波：《中国近现代佛教人物志》，宗教文化出版社，1995，第362~366页）。

③ 《世界佛教联合会通告全世界佛教徒书》，《海潮音》1925年11月，第6卷，第9期，《专件》第4页。

④ 《守培法师为寺庙管理条例上内政部函》，《海潮音》1929年4月，第10卷，第3期，《法界通讯》第2页。

修订《管理寺庙条例》，解决寺庙财产管理的弊端以消除因之产生的争端。"太虚与王一亭①联名致书蒋介石，南京政府内政部终于准中国佛教会备案，不久，《管理寺庙条例》废止，改为较为和缓之《监督寺庙条例》13 条。"②

1929 年 12 月 7 日，《监督寺庙条例》颁布。③《监督寺庙条例》给予寺庙持有和管理寺产的权利，在寺庙财产保护和自办社会公益事业，以及寺产处分和变更方面均予以寺庙自主权，明确僧道和住持的权利并制定相应的监督条款。与该条例的实施相配合，内政部出台《寺庙登记条例》，引入纳税、登记手续等现代管理模式强化对寺产所有权的管理，对寺庙人口、不动产、法物登记管理，如有变更需备案。中央政府回应佛教界提出的赋予其责权的要求，逐步修正和调整对寺庙的管理，佛教进入自我和平重建的发展进程，以保护寺庙为基础而展开的文化交流成为佛教发展的重要内涵。

1931 年 5 月，国民会议代表罗桑楚臣提议保障汉蒙藏佛教徒约法上所许之国民权利，并递交行政院议复，遂以国民政府名义通令全国如有侵夺占用佛寺僧产者，概依照《监督寺庙条例》办理。④ 1932 年 4 月，全国第一次佛教代表大会起草提案，包括请愿政府设立宗教委员会案、根本废止《管理寺庙条例》案等，冀以法律条例的形式保护

① 王一亭（1867~1938），号白龙山人，浙江吴兴（今湖州）人。1926 年，与施省之、程德全、关絅之等发起组织上海佛教维持会。1927 年，任世界佛教居士林林长。1929 年，任中国佛教会执行委员。与太虚法师联名上书国民政府，并亲谒蒋介石，陈述佛教会成立的理由。1930 年，获得内政部备案。1934 年，任上海菩提学会理事。1936 年，任丙子息灾法会、上海护国息灾法会理事长。主要著作有《白龙山人画集》《王一亭选集》《王一亭题画诗选集》（于凌波：《中国近现代佛教人物志》，宗教文化出版社，1995，第 346~349 页）。

② 陈仪深：《民国时期的佛教与政治（1912~1949）》，"人间佛教·薪火相传"——第四届印顺导师思想之理论与实践学术研讨会论文，2003。

③ 条例内容详见附录。

④ 《中国佛教会为反对"湘浙鲁皖鄂豫苏七省教育厅联呈中央请保障寺庙财产办学"一案特推代表圆瑛、大悲、明道、王一亭、关絅之赴京请愿呈文稿》，《北平佛教会月刊》1935 年 9 月，第 1 卷，第 11 期，《公牍》第 1 页。

宗教应有的合法地位。1935 年 8 月 24 日，中国佛教会理事长圆瑛，常务理事大悲、明道、弘伞、可端、远尘、王震、闻兰亭、关絅之①、黄庆澜、屈映光呈文行政院、内政部和教育部，反对湘浙鲁皖鄂豫苏七省教育厅联合呈报行政院拟将寺产收入充作民众小学或地方教育经费之举②，希望政府按照条例保障寺庙财产所有权和使用权。

　　针对内地藏传佛教寺院的管理，国民政府也制定出相应的制度性法律条例，由蒙藏委员会具体执行。1935 年 2 月，新制定的《管理喇嘛寺庙条例》规定喇嘛寺庙和喇嘛的管理权、转世、任用、奖励和登记权力归属于蒙藏委员会管理。次年 2 月，《修正喇嘛登记办法》《喇嘛转世办法》《喇嘛任用办法》《喇嘛奖惩办法》等一系列管理北平、承德、五台山和四川等地喇嘛寺庙的办法条文渐次出台，在喇嘛任用上给予前来内地的西藏喇嘛优先遴选权。1945 年 6 月，蒙藏委员会驻藏办事处处长孔庆宗③卸任后在其述职报告中提到宗教方面的问题，"丑、举办青康藏喇嘛登记……寅、捐修寺庙布施僧众。佛教在西藏其势力普遍而深入，寺庙僧侣为人民信仰之中心，亦社会文化之寄托。捐修寺庙，布施僧众，值兹抗战时期，顾或谓为不急之务，然在西藏特殊社会环境之中，中央发政施仁，非此莫办。近一年来，关于捐修寺庙者，计拨款捐助拉萨哲蚌寺古莽札仓居俱眉村之生活基金，色拉寺结札仓、麦札仓之修建费，西康大金寺修葺殿宇及购买法器之补助费等。关于布施僧众者，除本年西藏新年传照，中央照例予以布施外，主席蒋就职时，前后藏寺庙诵经祷祝，曾由主席拨款分在拉萨三大寺

---

① 关絅之（1879~1942），名炯，字絅之，湖北汉阳人。特别说明：笔者所引"关絅之""关炯之"均遵照文献原文。
② 《中国佛教会为反对"湘浙鲁皖鄂豫苏七省教育厅联呈中央请保障寺庙财产办学"一案特推代表圆瑛、大悲、明道、王一亭、关絅之赴京请愿呈文稿》，《北平佛教月刊》1935 年 9 月，第 1 卷，第 11 期，《公牍》第 1、2 页。
③ 孔庆宗（1895~1981），字廷素，重庆长寿人。1940~1944 年，任蒙藏委员会驻藏办事处处长。

及后藏扎什伦布寺①普遍布施，僧众莫不欢欣鼓舞，同声感激"②。在国民政府有关1947年西藏地方政府政治宗教文化设施资料中，也提及对西藏宗教的保护措施，"除前藏寺院由该处就近布施外，并派员赴后藏扎什仑布寺散发，关于修建寺庙者，卅六年度春季，行政国大代表为补助西康甘丹彭错林，募化修葺费国币五百万元，并由主席蒋题赠匾额一方；又捐助西藏凯墨巴夫人……又捐助西藏司伦尧喜朗登公爵"③。1949年，为进一步加强中央与西藏的政教联系，蒙藏委员会在工作计划报告中决定以中央的名义"派员布施西藏重要寺庙……捐修康藏寺庙"④。中央政府对寺庙的管理与关注一直是其施政的重要组成部分，制定的一系列相关管理措施、办法条例虽不可避免地带有缓和紧张关系的暂时性，缺乏一定的张力与弹性，在实施过程中也不可避免地存有纰漏与不尽完善之处，但在逐渐推进和改善寺庙管理的过程中，中央政府也在竭力修正、补缺对寺庙的管理机制，强化寺庙发展的自主权。这成为汉藏佛教界加深文化交流、促进共同发展不可或缺的客观政策因素，为佛教文化的振兴与发展提供了重要的法律和制度保障。

二　边疆教育文化政策

"宗教虽为构成文化的一种原素，但其本身必须受当时文化的其他原素底影响而变更其路线的。"⑤ 民国时期规范与实践的边疆教育文化政策也是推进汉藏佛教界文化交流的历史因素之一。蒙藏教育政策的主旨是以发展蒙藏社会教育、弥补科学文化之不足为目的，在设立

① 特别说明："扎什伦布"音译存在用字差异，笔者所引"扎什伦布""扎什仑布"均遵照文献原文。

② 张双志：《民国治藏法规全编》第一册，学苑出版社，2008，第217页。

③ 张双志：《民国治藏法规全编》第一册，学苑出版社，2008，第227页。

④ 张双志：《民国治藏法规全编》第一册，学苑出版社，2008，第233、234页。

⑤ 王新命：《中国宗教的发展及其仪式》，《文化建设》1934年，第1卷，第1期，第92页。

机构、实施政策、处理宗教事务以及研究边疆文化等方面，重视藏传佛教在蒙藏文化中的中心地位及教育功用，并计划在内地一些高校附设蒙藏研究班。在边疆教育条款的制定中，重视学校课程的设立，采取有效的宣传方式，扩大包括寺庙教育在内的社会教育的形式，推广拓展教育在应用方面的范围与深度。蒙藏教育文化政策对佛教文化的重视为佛教界推进汉藏文化交流提供了客观历史可能，在教育政策的推进中，对藏传佛教文化的关注不仅强调以寺院为基础的传承教育，而且在边疆社会教育和学校教育过程中还注重从长期教育发展的计划和思路入手引入现代教育的内容，在具体政策的修订过程中，利用现代社会发展机制审视和提升宗教文化的内容。

具体而言，在边疆宗教文化教育方面，成立专门机构管理西藏事务，筹建蒙藏学校，刊发蒙藏刊物。1912 年 7 月，蒙藏事务局"附设蒙藏研究会掌研究调查蒙藏一切事宜"①。1914 年 5 月，蒙藏事务局改为蒙藏院，附属蒙藏专门学校一所，蒙藏院的喇嘛印务处成为管理蒙藏佛教的最高权力机构。国民政府成立以后，蒙藏委员会在宗教事务、附属机构、施政纲领、文化教育等方面，以尊重藏传佛教在西藏的政教地位为前提，注重发展边疆文化教育，设立专门附属机构实施各项宗教文化政策，"教育委员会，承办关于蒙藏教育事项。学术研究会，注重于边区各种专门学术、实际问题以及具体方案的研究。北平喇嘛寺庙整理委员会，承蒙藏委员会指挥监督，办理北平各喇嘛寺庙阐扬教义、整饬教规、修缮寺庙、保管庙产、筹划生计、领发钱粮各项事宜。边疆政教制度研究会，研究蒙古、西藏、新疆等边疆区域的国防、外交、政治、经济、交通、封叙、文化、社会、司法、释教、回教等问题。……蒙藏月报社……各地蒙藏学校……"②。在行政管理方面，

---

① 中国藏学研究中心、中国第二历史档案馆：《民国治藏行政法规》，五洲传播出版社，1999，第 22 页。

② 赵云田：《中国治边机构史》，中国藏学出版社，2002，第 415 页。

设立专属机构负责蒙藏佛教事务的管理和边疆文化的研究工作，在行政框架体系内建立对边疆文化教育管理和引导的有效机制。在文化发展的模式、途径和内容方面，注重加强边疆与内地之间的文化交流与切磋，建立蒙藏学校培育人才，选派和招收青海、西藏的藏族学生前往内地学习，同时建立以寺庙为依托的蒙藏民众学校，延请西藏高僧前往学校讲学。在文化教育政策措施方面，在维护蒙藏佛教宗教地位、肯定藏传佛教是藏族文化的精神依托与支撑的前提下，制定相关政策，发展教育文化事业。中央政府在资金拨付上也注重发展蒙藏文化教育以推进汉藏佛教界之间的文化交流。

1913 年，教育部核定筹建蒙藏学校，招收青海、西藏的藏族学生来内地学习，延请西藏堪布喇嘛、西藏通事喇嘛、翻译事件喇嘛教授学生。1931 年，颁行三民主义教育实施原则，对有关蒙藏教育教材的文字使用和内容均有具体的条文规定，并将中国多民族融合的长期历史过程作为重要内容写入教材。3 月，教育部着手实施蒙藏教育计划，特派专员前往蒙藏地区，拨付专款支持蒙藏教育，并奖励其他形式的办学，对使用民族文字编译的图书、作品予以奖励。同月，第四届中央执行委员会通过《青海省蒙藏民众运动指导方案》，其中提及"方针（二）沟通各民族之文化，增厚各民族间之情感，泯除因种族宗教不同而生之歧视观念。……（五）指导蒙藏人民逐渐改良其宗教上一切不良风习，促成教义教条近代化。……关于组织者：本方案因应地方之特殊需要，拟特别注重于特种社会团体之组织，如……蒙藏文化促进会、蒙藏宗教促进会等"①。4 月，行政院派往青海祭海专员陈敬修在蒙藏委员会纪念周上发表纪念词，指出"提倡蒙藏教育，应先奖励各呼图克图就各寺院建立学校，注意于国语国文之完成"②。7 月，蒙藏委员会

---

① 张双志：《民国治藏法规全编》第一册，学苑出版社，2008，第 189、190 页。
② 张双志：《民国治藏法规全编》第一册，学苑出版社，2008，第 195 页。

委员长石青阳在中央纪念周报告词中追溯西藏佛教和历代王朝政权之间的关系，认为"西藏佛教之有大造于蒙藏及中国边疆的这种历史，大有崇敬及研究之价值"①。1936 年，教育部就有关蒙藏民族教育问题呈文行政院，提出设立蒙藏地方喇嘛寺庙民众学校，筹设 6 所民众学校，政府予以经费补助。1937 年，教育部推行边疆教育计划，拟扩充和办理西康喇嘛寺庙民众学校，"边疆各省教育行政机关得酌量当地需要，呈请筹设民众学校或喇嘛寺庙民众学校。……继续设置国立五大学西藏文化讲座"②。4 月，"国民政府建都南京以来关于蒙藏行政之设施"中规定关于发展边疆蒙藏教育、整理北平蒙藏教育、设立蒙藏政治训练班等相关条例。在宗教条款中，"（甲）册封宗教领袖 蒙藏民众、笃信宗教，对于宗教领袖，备极尊崇，甚至地方行政长官，亦所皈依，具见其负一地之重望。政府十年来，对于边民信仰之宗教，及宗教领袖，多所维护，其身分最高如达赖喇嘛，及其他来京抒诚展觐者，皆授以相当名号有案"③。1938 年 11 月，喜饶嘉措④法师于国民参政会第二次大会期间递交注意佛教文化可以增进汉藏感情提案。⑤ 1939 年 4 月，国民参政会提案中提到"由政府议决拟设之佛教学校。……佛教学校及佛教哲学讲座，请主管部早日指定地点及学校分别实行"⑥。同月，行政院致教育部笺函，交办国民参政会第二次大会"注意佛教文化案"建议，提及保护寺庙、组织佛教学院及在各大学哲学系中设置佛学专门科目等事宜。在第三次全国教育会议关于推进边疆教育方案的决议案中，遵循"以融合大中华民族各部分之文化，并促其发展为

① 张双志：《民国治藏法规全编》第一册，学苑出版社，2008，第 196 页。
② 张双志：《民国治藏法规全编》第二册，学苑出版社，2008，第 500 页。
③ 张双志：《民国治藏法规全编》第一册，学苑出版社，2008，第 205 页。
④ 特别说明："喜饶嘉措"音译存在用字差异，笔者所引"喜饶嘉措""喜饶嘉错"均遵照文献原文。
⑤ 重庆市政协文史资料研究委员会、中共重庆市委党校：《国民参政会纪实》（上），重庆出版社，1985，第 329 页。
⑥ 张双志：《民国治藏法规全编》第二册，学苑出版社，2008，第 510、511 页。

一定之方针"①，在边疆师范训练课程中特别注意"宗教哲学"② 等课程，并设立边疆文化馆搜集资料研究分析边疆问题。20 世纪 30 年代，在面临日本侵略的严峻局势下，实施教育注重利用宗教在边疆民族中的影响，重视高僧大德在民众中的威望，以文化之间的交往为媒介，增进边疆地区的国族意识，防止日本以佛教为分化手段渗入边疆地区。佛教学校、佛学讲座、边疆研究机构和调查研究团队的组建，逐步成为以佛教文化为载体的凝聚力量。因为"没有哪个民族，当它的荣誉受到侵犯，尤其是受到固执的自命正确者的侵犯时，它也会示以宽恕"③，对中华民族命运的共同关注维系着边疆和内地、汉藏佛教界之间的交流，也促成边疆地区以抗战救国意识为基础的组织和刊物的建立和创办。其间，边疆民众在祈愿法会上祈祷战争的胜利、慰劳前线战士，高僧大德亲往边疆地区进行宣化，在国民参政会上提出与抗战建国相一致的边疆建设提案。

1939 年 4 月，行政院呈请中央政府增发专款维持并扩充特种教育，以发挥教育效能增强抗战力量，拟根据第二届国民参政会提案设办佛教学校和研究机构。1940 年 7 月，教育部公布《改进边疆寺庙教育暂行办法》，规定在边疆各地的喇嘛寺附设民众教育馆或阅书报室，采取广播、讲演等宣传活动组织有喇嘛参加的边疆教育研讨会等。1941 年 4 月，国民党五届八次会议主席团从抗战建国的迫切性出发，确立"关于加强国内各民族及宗教间之团结以达成抗战建国成功目的之施政纲领案"，"甲　关于一般原则者　尊重各民族之宗教信仰及优良社会习惯，协调各民族之情感，以建立国族统一之文化"④，建立学

---

① 张双志：《民国治藏法规全编》第二册，学苑出版社，2008，第 506 页。
② 张双志：《民国治藏法规全编》第二册，学苑出版社，2008，第 507 页。
③ 〔德〕马克斯·韦伯：《学术与政治》，冯克利译，生活·读书·新知三联书店，1998，第104 页。
④ 张双志：《民国治藏法规全编》第一册，学苑出版社，2008，第 209 页。

校、编译机关和边疆研究机构，推进实施抗战建国纲领。1942 年 6 月，教育部在《关于经办有关蒙藏文化设施概况致蒙藏委员会的公函》中提及在社会教育、寺庙教育建设方面业已设立的青海喇嘛教义国文讲习所和汉藏教理院的具体情况。8 月，教育部等部门颁发的《报告办理国民参政会有关蒙藏问题决议案》强调要在边疆地区着力发展社会教育，并策划组织中国边疆学会、中国边政学会和西藏文化促进会等团体出力献策，各团体每月联合举行边疆问题座谈会，加强边疆文化团体与各边疆报刊社之间的联系。1943 年，教育部在《关于一九四三年度边疆教育工作报告》中提到，"（五）社会教育 藏胞信佛极笃，喇嘛在社会上之地位甚高，数目亦众，故藏胞住区社会教育，应先由喇嘛入手，目前已有喇嘛训练机关两所，均由本部补助设立，一为青海喇嘛教义国文讲习所，设于循化古雷寺，喜饶嘉措大师担任所长，分重僧壮僧两班，主要科目为国文、藏文及佛教经义，现有学生九十余人，一为甘肃卓尼喇嘛教义国文讲习所，设于卓尼禅定寺，旨在培植年幼喇嘛识国文，粗具科学知识，了解三民主义，养成汉藏通译人才，学科除增授藏文外，文体与国民学校课程相同，现有学生七十余人"[①]。在边疆问题的考察研究方面，由西北大学、华西大学负责研究西藏问题，并指定蒙藏月刊社、中国边疆问题研究会、边政公论社及西北建设协会等边疆文化团体从事相关各项边疆问题的研究，由教育部予以补助。1947 年 1 月，蒙藏委员会制定西南防区第一期西藏建设计划，在文化上，"（一）增设康藏各地收音机，并由中央广播电台增加藏语广播节目。（二）创办藏文书报社。拟由蒙藏委员会先在康定及拉萨筹设藏文书报社，以资启迪藏胞知识。（三）筹设西藏民教馆。拟由蒙藏委员会先在拉萨筹设民教馆一所，内分书报、阅览、

---

① 张双志：《民国治藏法规全编》第二册，学苑出版社，2008，第 535 页。

电影、体育、游艺等部"①。开设多种施教渠道，拓展寺庙教育与社会教育的发展维度，培养通晓汉藏语言与社会人文的人才。

民国时期，中央政府施政部门重视藏传佛教在边疆民众信仰中的文化中心地位，依托藏传佛教建立寺庙学校和研究机构等文化团体，把研究藏传佛教和推进汉藏佛教文化关系的发展作为汉藏政教关系发展的重要组成部分和纽带。在边疆宗教文化教育政策不断实施与汉藏佛教关系持续发展的过程中，始终把民族文化融合作为教育政策的核心。在边疆教育发展过程中，在确立选派蒙藏学生来内地学习、附设蒙藏研究班、设立宗教研究机构等方面开展具体教育实践，采取世俗教育与藏传佛教寺院教育共同发展的途径，实施国民教育与边疆文化特征相适应的教育方略，依托教育建立藏传佛教文化赖以在现代社会中得以传承的基础，促进汉藏佛教界文化交流维系纽带基本经纬的形成。

第二节　鼓励和资助汉藏僧侣游学

民国初年，汉地佛教界冀望于在佛教传承的脉络中寻求良性发展的途径，僧人和居士在留学日本研习东密经典和仪轨的过程中也在寻求东密发展的历史传承脉络。虽则日本佛教发展具有历史连续性，但日本军事侵略征服意识与国民信仰之间存在对峙性矛盾，促使留日佛教徒认识到佛教在日本社会发展中的脱离性文化附着与民族意识的非沉淀性特质。日本密教发展的历史承继与缘起在中国，而日本的经典远少于藏文经典，并且日本密教的地方化内容与汉传佛教戒律意识及佛教的非世俗化追求相抵触；尤其是日本征服性社会意识背景下的佛教文化与现代文明重建的尝试相脱节，日本佛教徒是以文化征服者的心态弘传佛教，这与留日佛教徒希望通过佛教拯救国民、

---

① 张双志：《民国治藏法规全编》第一册，学苑出版社，2008，第224页。

拯救中国文化、拯救佛教界自身的构想与意愿相违背。

留日佛教徒开始重视曾经不为汉地佛教界关注的藏传佛教，由于地域与语言阻碍而鲜被汉地研究的藏密开始进入汉地佛教界。从藏族语言文化、历史的学习到经典的翻译与阐释，比较日本东密与藏密，以民族国家的概念认识研究藏密的文化利他性，以密教传承的历史与经典的保存反思弘传藏密的必要性。从在内地建立佛学机构到学僧赴康区和拉萨三大寺长期学法，佛教界自身对藏密兴趣的浓厚和研究的迫切性成为政府资助和支持僧侣游学政策出台的重要因素，而以僧侣游学方式建立汉藏关系理解和认同的文化桥梁成为边疆政策推进和适用的缘契。

"留藏学法团"和汉藏教理院的僧人入康藏学法的先导性及积极示范性成为蒙藏委员会出台补助汉藏僧侣游学条例的可行考量。一项新政策制定和出台的可操作性是政策从文本层面付诸具体实践的必要条件。政府以条例的方式公开选拔希冀入藏学法的僧侣，在入藏僧侣的学法热情与经济上的困扰之间加以政策性黏合与弥补，不仅获得佛教界的支持和认可，而且成为藏传佛教僧人理解汉地佛教政策的突破点。在民国治藏文化政策中，以佛教交流为核心的资助条例成为推进汉藏佛学研究、佛教弘传和深入理解的利好方案，成为庇护和拓展汉藏佛教文化交流渠道前所未有的政策保障。从"留藏学法团"自发入藏到政府资助学僧入藏求法的转变，清晰表现出民国政府对汉藏佛教交流的主动推进，加深了汉藏佛教界交流的内容，彼此间切磋佛教文化和互译佛教经典的深入交流逐渐积淀出互信的因子。

中央政府从尊重西藏佛教文化入手，积极资助补贴汉藏僧侣游学，并将资助措施作为长期治理边疆的政策。秉持平等概念在他者和自我之间建立认同，以此作为政策长期运作的文化价值理念，政策的实施范围不断得到拓展。补助汉藏僧侣游学交流措施可以推动汉地佛教界僧人在佛学团体内学习藏文、藏语与藏族历史，有助于前往藏地游学的僧侣著述介绍西藏风土人情。中央政府在宗教文化层面采取的细节性措施不仅在汉地佛教界产生积极的引导性作用，而且亦成为汉藏佛教界共同循沿中央政府宗教文化政策推进交流的行动风向标。

一 佛教界研习藏密的择选

从 1906 年桂伯华居士①留学日本并延请月霞法师②前往东京讲经，到王弘愿居士③将日本僧人权田雷斧所著的《密宗纲要》译为中文，东密渐行于内地佛教界。"共和四年欧战方酣，泰西各邦无暇东顾之时，日人乘机暴发其素蓄谋我之野心，以二十一条胁迫我政府，其第五条即要求日人在华有布教自由权，冀以传教之名，而行其帝国主义之实，其含有政治色彩，路人皆知也。故当时华人无缁俗莫不痛斥其

① 桂伯华（1861~1915），名念祖，字伯华，江西九江人。1898 年，参加康梁的变法维新运动。1899 年，在南京金陵刻经处依杨仁山居士学佛。民国初年，李证刚、桂伯华及欧阳竟无三人佛学上各有成就，时有"佛门江西三杰"之称，而桂伯华以年长为三杰之首。1904 年，公费赴日本留学，并迎请月霞法师到日本讲经，留学日本的学人章太炎、苏曼殊、孙少侯等前来听法师讲经。1915 年，在东京去世（于凌波：《中国近现代佛教人物志》，宗教文化出版社，1995，第 322~324 页）。

② 月霞法师（1857~1917），俗姓胡，名显珠，湖北黄冈人。近代华严宗的代表人物。1876 年，南京观音寺禅定长老为之剃度出家，于九华山受具足戒。1899 年，住持安徽迎江寺，创设安徽省佛教会，招僧徒受学。后赴泰国、缅甸、锡兰（斯里兰卡）、印度等国考察佛教。1906 年，受桂伯华之请赴日本讲经，为留东京学人讲授《楞伽经》《维摩经》《圆觉经》等，听经人士中有章太炎、苏曼殊、孙少侯、刘申叔夫妇、蒯若木夫妇等，留学生中受听经之影响而学佛者不乏其人。1908 年冬，月霞法师在祇洹精舍讲经授课。1909 年，担任江苏省僧教育会副会长，主持江苏省僧师范学堂，这是我国佛教中最早以新式教育模式培育僧才的学府。1910 年，赴洪山讲经。辛亥革命以后，受上海佛教居士之请，到上海讲《大乘起信论》，并由狄楚青推荐入哈同花园，为哈同夫人罗迦陵讲经。1913 年，哈同夫人委托月霞法师办理华严大学。1917 年，任常熟虞山兴福寺住持，并续办华严大学，培养出一批弘扬华严的名僧，包括常惺、慈舟、持松、戒尘、了尘、霭亭、智光等（于凌波：《中国近现代佛教人物志》，宗教文化出版社，1995，第 23~25 页）。

③ 王弘愿（1876~1937），字慕韩，号圆五居士，广东潮安人。曾任潮州中学校长。1924 年，因译介日僧权田雷斧著作，权田雷斧于潮安开元寺建坛灌顶，特授其两部大法。1926 年，奉权田雷斧之命东渡日本，受阿阇黎位。1928 年起，先后在潮安、广州、香港和汕头等地开坛灌顶。曾主修《两广通志》中的宗教志。主要译著有《密宗纲要》《十八道私勘重制两部曼荼罗通解》《大日经疏会本》等。

非，诚以日本佛法，实取诸中土，云何复来传布，是不异子哺母乳，理何可通？而日人则借口谓日本佛法，虽传承支那，而今日日之密教，极为发达，中土则早成绝学，职是之故：我华缁俗，虽明知其为政治利用文化侵略之计策，然以中土密宗诚绝，固亦末如之何也。以故尔时锱素，受此重大刺激，对于密教问题，渐渐注意。"① 佛教界深感日本利用佛教侵略中国的苦痛，开始理性认识日本佛教与其国民精神之间的关系、佛教与军国主义之间的关系，以及民间佛教和学术佛教的特点。然而，由于日本密教传承研究比较兴盛，佛教界僧人与居士忍辱前往日本学习密法。再之，太虚法师支持大勇、持松、显荫②等人于 1922 年东渡日本，"于高野山密宗大学，专修密法，经一年有余，传法灌顶，授阿阇黎位。于民十二年十月回国后，先后于沪、杭、武汉，传授密法。……十三年秋，赴北京，改学藏密"③。在东密弘传于汉地的过程中，汉地僧人对密宗的关注及日本僧人潜入内地传法逐渐与汉地佛教界救国救世呼吁的和平理念相冲突。

留日学僧了解到日本真言宗的戒律与汉传佛教差异悬殊，而藏传佛教宁玛派也主张娶妻生子且不重视对经典的研习修行，同样与汉传

---

① 太虚大师讲，门下迦林记《中国现时密宗复兴之趋势》，《海潮音》1925 年 10 月，第 6 卷，第 8 期，《理论》第 13、14 页。

② 显荫法师（1902~1925），俗姓宋，名今云，法名大明，字显荫，江苏崇明人。1918 年，在宁波观宗寺礼谛闲老和尚为师，剃度出家，后于慈溪五磊山依谛闲老和尚受具足戒。1920 年，在观宗寺研究佛经。1922 年，受邀赴上海担任世界佛教居士林编辑部主任。1923 年，前往日本高野山天德寺，依海韶阿阇黎研究密教，学密法仪轨，受灌顶法。在日本考察该国佛教现状，推动中日佛教文化交流。1925 年，回到上海，受日本佛教学者高楠顺次郎之托，为日本藏经刊印会提供未入藏的中国重要佛学著述。主要译著和著作有《真言宗纲要》《密教传灯血脉谱》《日本之密教》《妙法莲华经秘要记》《佛法救世之根本要义》《真言密教与中华佛法之关系》《再论真言密教与中华佛法之关系》《十八道加行作法秘记》《显密对辩章》《佛学大辞典序》《新修大藏经序》《一切经音义汇编序》《梵字源流考》《留东随笔》等（于凌波：《中国近现代佛教人物志》，宗教文化出版社，1995，第 255~259 页）。

③ 东初：《民国以来海外之留学僧》，载于张曼涛《现代佛教学术丛刊》（86），《民国佛教篇》，北京图书馆出版社，2005，第 357、358 页。

佛教难以接轨。是时，汉地佛教界希望教理和修行并举复兴，密法学习的重心渐由日本东密转向藏传佛教格鲁派的密法修习，指出日本密宗存在弊端，同时提出汉地佛教界学习密法应注意选择派别，引介显密并重、戒律守持的密教传承以建立中华密教。"今日本与蒙藏之密宗，殆已同昔年之红教，末流之弊，在所不免。故中国应学宗客巴以教理戒律为之轨范，建为中华之密宗，不应一概瞀然承受也。要之欲密宗复兴而无害顺利者，当由有力比丘分子，以出家戒律为基础，以性相教理为轨范，而后饱参日密及藏密，同化而成一种中密，实为当今唯一之急务，唯一之企图。"① 在了解印度、中国西藏地区及日本佛教传承和发展现状的基础上重新思考复兴密宗的方式，改变单方面引入及回传的"应受式"文化移植，进而在文化引介基础上进行教理研习和融合，"或向来已有佛法流行的地方，而文字有异：或华文系有，而藏文系无，或锡兰文系有，如小阿含经等，而中国无等等。故应互相翻译，互相传递，使互缺而成其互满"②。因此，通过翻译不同语言的佛学经典，在互补有无的过程中摒弃佛教传承中的讹误，完善佛教教理，进而遍通佛教义理并依照四种修行③获得证果。"（一）当学日密藏密纳于律仪教理建中密。（二）密宗寺当为一道区一寺之限制。"④ 这两点建议体现出汉地佛教界学习密法的主题在于自建，并注重学习选择的严谨和学习过程的渐进与长续。

① 太虚大师讲，门下迦林记《中国现时密宗复兴之趋势》，《海潮音》1925 年 10 月，第 6 卷，第 8 期，《理论》第 17 页。
② 太虚：《佛教的教史教法和今后的建设》，《海潮音》1933 年 3 月，第 14 卷，第 3 号，第 15 页。
③ "律仪与禅观二种，是佛法中修行最平正的通途；但有特别的殊胜方便行，便是真言和净土。……律仪与禅观，是由自力而向上增进；真言与净土，是由他力为加持，是其大别。至于其余的观行，如一心三观，法界观等等，皆可收摄于禅观中，故佛法中所有行门，皆此四行摄尽，是四行为一切行门的大纲。"（太虚：《佛教的教史教法和今后的建设》，《海潮音》1933 年 3 月，第 14 卷，第 3 号，第 16、17 页。）
④ 太虚大师讲，门下迦林记《中国现时密宗复兴之趋势》，《海潮音》1925 年 10 月，第 6 卷，第 8 期，《理论》第 16 页。

留学日本归国僧人显荫法师根据自身在日本学密的体会，结合中国蒙藏佛教的真义，阐明入藏学密优于东渡日本，"今欲望汉与蒙藏佛教之切实融洽，尤非研究密教不可，蒙藏皆我中华之领土也，故蒙藏之佛教，皆我中华之佛教也。……所望海内佛教同仁，金注意，研究密教，而融通汉满蒙藏为一气，以扬我中华佛化之光，而展其救世之伟力，关系甚大，幸勿忽之。（异国之学问，尚须研究，矧在本国乎。故深望我国佛学家，尤须放开眼界，研究藏蒙之佛学，西藏佛经之丰富，较胜汉典……）"①，显荫法师从佛教源流以及佛教经典与本土文化关联的角度分析日本密教和藏密的差异，考量佛教与救亡国族意识的深刻内涵，"加以从迫订二十一条以来，全中国国民心理，对之皆无好感。……今日本欲将此种侵略性质之文化事业施行到中国来"②，认为在建立中华佛教与民族共和国家的过程中佛教界应该将研究和学习的方向从日本转移到西藏，并在借鉴和学习的基础上完成中国密教的重建与复兴。

　　汉地佛教界僧人对于日本密法的认识主要源于三条渠道：留日僧人的介绍、东亚佛教大会的召开以及日本佛教代表团的来访。汉地佛教界开始关注日本佛学研究现状，以借鉴和学习日本佛教僧团发展的经验。但是，随着留日僧人转向研习藏密以后，汉地僧人对日本密法的研究渐趋衰落，汉地佛教界在大勇法师入藏后陆续西行赴藏求法。赴藏归来的僧人在汉藏关系上的解读和阐释加深了对西藏佛教和社会的客观认识，这些积极开展的文化交流活动也成为蒙藏委员会制定资助僧侣往来条例的促进因素。

二　蒙藏委员会出台资助条例

　　汉藏僧人在相异文化交往的过程中寻求佛教作为彼此联结的切入

---

① 显荫：《留东随笔》，《海潮音》1924年7月，第5卷，第6期，《附录》第18页。
② 《太虚法师论日庚款之用途》，《海潮音》1926年9月，第7卷，第9期，《时事》第8页。

点，以及宗教信仰在西藏和内地文化交流中的地位和意义。前来内地的康藏蒙诸法师掀起学习藏密的风潮，与之相应，蒙藏委员会出台资助汉藏僧人游学政策，支持和鼓励藏族僧人和青年赴内地学习，不仅有利于在西藏传播和发展现代文化，而且益于内敛的藏传佛教地域文化寻求外向拓延发展的可能与途径。"一种自我封闭的文化不可能保持其活力。只有通过与外界的接触和交流，文化才能获得继续发展的动力。……一切文化在其历史发展中和相互交流中都会达到本土因素和普世因素的某种结合。"①

在汉僧入藏学法的过程中，基于对藏传佛教历史与文化探究的基础，对藏地密法法脉传承的尊崇，入藏僧人系牵着汉藏民族之间情感的交流，著名僧人游走于西藏和内地之间易于促进双方民族情感的融合。为减少蒙藏地区与内地之间的语言文化隔阂，九世班禅与熊希龄商洽在北京设立蒙藏学校，"今蒙古西藏各送青年二百人，来京留学，并选内地学生二百人，习蒙藏文字，以收将来引导同化之效，业经执政赞许，惟正式学校，筹备需时，昨特商诸班禅，先于此次随来喇嘛中挑选青年十余人，教授汉文汉语，即托教育改进社陶知行君，担任组织，业于上星期开课矣"②。先在九世班禅随从喇嘛中遴选合适僧人学习汉文，了解汉地佛教文化促进彼此认知。蒙藏学校学生成为在政府教育政策尚未实施之时第一批在内地学习的寺僧。

1936 年 12 月，蒙藏委员会公布《补助汉藏僧侣游学规则》③，规则对游学的名额、遴选条件、补助待遇，以及可能出现的问题等诸方面事宜做出详细规定，从制度和政策上保障汉僧入藏游学的开展与推进。规则明确政府资助僧侣游学的目的即以官方名义支持文化沟通，僧侣从自筹资金、自发组织游学的个体行动转化为与政府资

---

① 卓新平：《宗教理解》，社会科学文献出版社，1999，第 59 页。
② 《班禅注重国文之真象》，《海潮音》1925 年 6 月，第 6 卷，第 4 期，《事纪》第 15 页。
③ 规则内容详见附录。

助相并行的文化交流活动。虽然名额限制和资格审查比较严格，但官方开辟的汉藏僧侣游学途径拓宽了汉藏文化交流的渠道，佛教界文化交流走入政府出台资助政策的层面，吸引了更多僧侣选择学习藏文和藏传佛教。

1937 年 4 月，在"国民政府建都南京以来关于蒙藏行政之设施"中，提到"（丁）辅助汉藏僧侣游学　西藏为世界惟一佛化中心地，佛学即其最高文化，蒙藏委员会为沟通汉藏文化及增进民族感情起见，曾于二十五年十二月拟订补助汉藏僧侣游学规则十二条，呈准施行。其办法规定每年由中国佛学会保送汉僧二名赴藏，及由西藏地方政府保送藏僧二名，前来内地，研究佛学，其旅费等，由会予以补助，以资鼓励，拟自二十六年度起，开始实行"①。1942 年，颁行《蒙藏委员会派遣与补助内地僧侣赴藏游学规则》②，规则内容涉及游学宗旨、拨付派遣费用补助、游学期限、核准研究情况、游学的规章制度和管理等。由于尚无藏僧入内地游学交流，1942 年仅颁行补助内地僧人入藏的政策，与汉地僧人求法愿望相适应。

1945 年 7 月，蒙藏委员会向国民参政会第四届第一次会议所作的工作报告中有两款提到汉藏文化交流。"丁、派遣与补助内地僧侣游学西藏　本会于二十五年公布补助汉藏僧侣游学办法，至三十二年复经修改规章，扩充名额、增加经费，以示提倡，而资沟通内地与西藏文化。截至本年度止，已派公费僧二十余名，并补助自费僧十余名"③，并附列 1945 年派遣的二十二名僧人的法名。"丑、鼓励西藏青年就学内地　西藏青年因无就学机会，除入寺为僧研究佛学外，不能求得近代科学知识，更无以启迪其国族观念。当班禅大师驻锡内地之时，曾带有西藏学童数十人前来内地就学。班禅圆寂后，大都陆续返

---

① 张双志：《民国治藏法规全编》第一册，学苑出版社，2008，第 205 页。
② 规则内容详见附录。
③ 张双志：《民国治藏法规全编》第一册，学苑出版社，2008，第 217 页。

藏。本会本年度工作计画业奉核准,拨有专款招致西藏青年前来就学,本会已电达沈处长设法鼓励"①。

1946 年 3 月,蒙藏委员会在"关于改进中藏关系的范围和要点"中指出,"2. 为使西藏与内地文化互相流通,促成文明进步起见,中央欢迎西藏派遣青年入内地各级学校求学,一切费用均予津贴"②。11月,国民政府行政院发布《关于一九二九——一九四六年对西藏问题的处理》,其中第四款规定"沟通内地与西藏文化 子 派遣与补助内地僧侣游学西藏。西藏与内地习俗文化显有差异,为求民族之团结,应作沟通之措置。蒙藏委员会早于二十五年,即经公布补助汉藏僧侣游学办法,派送汉僧入藏学法。至三十二年复经修改,扩充名额,增加经费,计先后派遣公费僧二十余名,补助自费僧十余名。此外又补助内地僧侣攻取西藏三大寺格西费用,以示提倡而资沟通彼此文化。丑 鼓励西藏青年就学内地。西藏青年因无就学机会,除入寺院为僧研究佛典外,不能求得现代科学知识,更无以启迪其对于国家之观念。当班禅驻锡内地时,曾带有西藏学童数十人前来内地就学,自班禅圆寂,大都陆续返藏。中央对于西藏青年教育极为注意,除于西藏境内筹设学校外,并由蒙藏委员会呈准,拨有专款,招致西藏青年前来内地就学。其应招前来者,由该会选择适宜地方,先予补习,然后介绍入国立各级学校肄业"③。可见,国民政府在回顾历史的基础上对汉藏关系的发展形成了更为具体化的认识,注重彼此的文化迥异与同续基础,并将僧俗教育作为汉藏关系发展的智力平台和切近突破点予以资助开展。

1947 年 1 月,蒙藏委员会就订立西藏建设计划纲领致函行政院,强调优崇西藏宗教首领、联络康藏寺庙之喇嘛、派遣内地僧侣赴藏学

---

① 张双志:《民国治藏法规全编》第一册,学苑出版社,2008,第 218 页。
② 张双志:《民国治藏法规全编》第一册,学苑出版社,2008,第 219 页。
③ 张双志:《民国治藏法规全编》第一册,学苑出版社,2008,第 222 页。

法并加强督导。同年，国民政府在西藏政治宗教文化设施建设方案中指出"西藏与内地，佛法因缘历史悠久，西藏为佛教盛行之区，历代中朝均为西藏佛教主之护法。国民政府成立以后，为尊重藏胞信仰，对西藏佛教尤维护备至，有关西藏佛教之过去一切成规，均照旧例办理。……一、继续办理班禅转世事宜……二、布施僧众捐修寺庙……一、派遣与补助内地僧侣游学西藏——蒙藏委员会自二十五年公布补助汉藏僧侣游学办法后，至卅二年复经修改为派遣与补助内地僧侣赴藏游学办法，并扩充名额增加经费，以示提倡"①，并附列 1947 年先后招入内地就学的藏族青年，"有达赖之兄嘉乐顿珠、达赖之姊丈吉尼马……等四名"②。1948 年，蒙藏委员会在一年来的施政报告中提到优待西藏世家弟子就学内地、补助内地僧侣留藏学法并补助考取格西学位，"对政教联系以及沟通汉藏文化等颇著成效，故拟继续办理……并就汉僧中之优秀者，补助其考试格西，以示奖励"③。

汉地佛教界人士在国民政府支持下入藏学法，逐渐成为汉藏文化交流的重要内容之一。蒙藏委员会资助汉藏僧人游学细则的颁行，标志着以政府为依托开展以佛教为载体的文化交流与传递活动的深入。汉地僧人入藏游学不仅研习藏密，而且还注重加强与藏族僧侣的沟通，以求加深对藏传佛教的理解和认识。同时，也鼓励藏族青年来内地求学，并给予资金和待遇上的补助，支持相关刊物和译作的出版发行，在弘扬汉藏佛教文化及不断汲取和沟通的过程中实现相异文化之间的交融。

三　条例的推行与实施

除中央政府层面支持汉藏佛教交流外，四川地方政府也致力于创

---

① 张双志：《民国治藏法规全编》第一册，学苑出版社，2008，第 227、228 页。
② 张双志：《民国治藏法规全编》第一册，学苑出版社，2008，第 228 页。
③ 张双志：《民国治藏法规全编》第一册，学苑出版社，2008，第 234 页。

设保护寺庙和佛教的良好氛围，为汉藏僧侣往来提供便利。在蒙藏委员会颁布条例之前，四川地方政府已派僧人入藏研习经典，以西藏经论补缺内地经典之局限，"现特通令该军驻区各县，每县寺庙合资遣派比丘一人，由县府召汇佛教团体及寺庙住持公同商议，分担学费，推选比丘，以赴西康学习为第一步，被选比丘须年富力强，通晓经典，勤苦耐劳，确有戒行者。务以法器见重，切勿滥竽充数。期间学费，每人年需川洋二百元。其第一年到康择师依止，支出较多，除年费外，所有供养熬茶衣具住户经典等项临时费用，约需川洋六百元，由全县寺院分担。如寺庙热心发愿，能独遣比丘一人或二人前往学习者，准将其应派杂捐由县核明量予豁免。将来比丘留康学成，经其根本喇嘛允许介绍，足以前赴拉萨者，再由各寺庙议澹其费用"[1]。刘湘以密宗重兴、日本刻本不足、以振唯识来判唯物之谬等为由辅助佛教自立自救，"一面分函各军查照办理，一面咨请省政府通令全省各县一并饬办"[2]，四川以军队及驻地的名义组织各县寺庙选派僧人入康学习基础知识，然后再从中遴选入藏求法人员。汉藏佛教文化交界省份支持入藏求法的地方性政策的实施，与刘湘信仰佛教及四川对佛教的保护及其良性发展密切相关。从佛教文化发展的思路来看，确立长期入藏求法的政策有助于从僧人自发向官方资助过渡，从而拓宽双方文化交流的维度。

1931 年，从长期规划汉藏佛教的发展出发，刘湘致函蒙藏委员会期盼选派各省比丘入藏求法，"窃查佛教传播之地，至为广袤。西康一地，尤属川藏奥区，其喇嘛无坠宗风，实缘保持遗教。惟世主密部但以显教为初，恍与中土广传显宗有异，彼此之崇尚既殊，语文之隔阂尤甚，非得大心宏道之流，厚其资粮，宽以岁月，不足以导其□而

---

① 《四川派僧入藏研经》，《威音》1930 年 9 月，第 18 期，《新闻》第 1 页。
② 《四川派僧入藏研经》，《威音》1930 年 9 月，第 18 期，《新闻》第 2 页。

宣其蕴。敝部有见于此，特令成区各县长召集佛教团体，及寺庙住持公同商议，分担经费选送比丘以留学西康，修习藏文经典，为他日肄业拉萨之准备。内地僧侣既可藉资兴起，汉藏情愫亦可赖以沟通。象教宣流，似亦不无裨益。贵会经国筹边，夙勤遐略；敝部负暄献曝，无补明时。然一得之愚，辄思为壤流之助，所有拟订办法其载原令文中。现已函四川弘政府通令各县一体照办，并将原令抄摺送请察核。贵会热心省法，计亦乐与敷扬，如蒙函知各省政府，督劝所属寺庙，俱能选送比丘留学为多，收校更广，党国前途，当亦不无小补"①。刘湘希望蒙藏委员会凭依汉藏僧侣之间的往来融通双方关系，并建议蒙藏委员会施行的边疆政策从暂时的利益补助逐步深化，促进彼此间的长期理解与情感依存。蒙藏委员会在其后颁行《补助僧侣游学条例》时对四川地方的实践及提案建议予以考量，注重增强边疆政策的思维转型与信仰文化意识，从政府最高层面开启对汉藏僧人资助之门。

《补助僧侣游学条例》颁布后登载在 1937 年 1 月 7 日的《佛教日报》上，佛教界迅速做出反应，太虚法师向湖南省主席何键致电吁请选派具有藏文和藏传佛教基础的汉藏教理院学僧入藏求法，并将汉藏教理院作为条例资助的基地。1937 年 2 月 1 日，"蒙藏委员会订汉藏互派僧侣游学办法十二条……此虽人数过微，难期急效，然亦已见政府对于汉藏佛教关系之注意，未尝非佛教前途之一线曙光。但云由佛教总会保送，未明派来藏僧由何处授学。其实今之佛教会于此初无预备，而堪以选派汉僧往学及承受藏僧来学者，兹在国内唯重庆北碚缙云山之汉藏教理院足以任之，是又待蒙藏委员会当局之能察实情，俾此善举不致唐功而寡效"②。

① 《二十一军致蒙藏委员会函》，《四川佛教月刊》1932 年 1 月，第 2 卷，第 10 期，第 10、11 页。
② 太虚：《汉藏互派僧侣游学与何键电请提倡纲常》，《海潮音》1937 年 4 月，第 18 卷，第 3 号，第 227 页。

汉藏教理院根据补助条例，在1937年1月13日致函中国佛教会，"窃敝院夙负沟通汉藏佛学，发扬汉藏佛教并团结汉藏民族为宗旨，阅悉该项公文藉知政府之积极提倡佛法及贵会之整饬教务，无如敝院，远处边陲消息艰滞未番。贵会于该项事件作何办理，若成事实进行在即，敝院当遵照会定规则第五条手续保送品行端正、熟习经典、成绩优越之学僧二名前来"①。汉藏教理院根据条例遴选学僧并提请中国佛教会审核。1月19日，中国佛教会以公函的方式公布具体遴选办法，"查本会保送游藏学僧办法，凡汉僧合乎上述规则第三条规定之资格，发愿赴藏游学，并由正式佛学机关具函介绍者，除应遵照规则第五条备具各件送会核转外，并先试作论文一篇，送由本会考核再行约期面试（面试须与函试相符）择优保送，仍候蒙藏委员会核派。本届论文试题为'论沟通汉藏文化之意义及其方法'。准函前由"②。中国佛教会根据志愿申请、单位介绍、资格审查、笔试、面试和上报蒙藏委员会批准的程序遴选入藏僧人。4月30日，汉藏教理院隆果、满度两位僧人经中国佛教会审核，作为候选学僧报送蒙藏委员会，信函附带学僧履历、志愿入藏书、保证书及相片。隆果、满度最终得到蒙藏委员会批准保送资助入藏。③

　　其后，汉藏教理院毕业生善化、永灯等亦获得蒙藏委员会补助入藏求法。碧松法师于1938年获得中国佛教会保送前往拉萨修学，次年8月抵达④，他在信中陈述了前往拉萨的经过，"其在昌都滞留之十余日中，甚得西藏官方之优待，彼等除允许弟子入藏求法外，并发给乌拉马牌护照等物，嘱沿途驿站头人，保护放行，勿得阻碍，故弟子在

① 《汉藏教理院保送学僧公函》，《中国佛教会会报》1937年1月，第13期，第5页。
② 《函复保送游藏学僧办法由》，《中国佛教会会报》1937年1月，第13期，第5页。
③ 《函蒙藏委员会函复保送学僧隆果满度二人赴藏游学由》，《中国佛教会会报》1937年4月，第16期，第8页。
④ 《汉藏院留藏学僧抵拉萨》，《海潮音》1939年11月，第20卷，第10、11号合刊，第25页。

交通上，已能按站行进，在安全上，亦有藏军及番民之保护，在求法汉僧方面，诚为未有之殊遇也"①。1944 年 1 月，获得资助的汉藏教理院满月法师抵达拉萨的同时，寂禅法师②也踏上了前往拉萨的求法之途。③ 1945 年，中国佛学会保送镇慧、续明、永明、隆法和性觉五名僧人赴藏学法，同获蒙藏委员会批准资助。④

补助条例是以官方名义资助僧侣开展汉藏佛教文化交流活动，西藏地方政府未根据条例选派藏传佛教僧人进入内地学法，一方面是由于汉藏关系影响补助僧侣往来政策在西藏寺院的有效宣传与具体实施；另一方面则源于西藏寺院教育体系完备且藏地僧人对内地寺院较为陌生，对汉藏关系及藏传佛教在向外传播问题上的认识尚嫌淡薄。但是，汉地佛教界依据条例采取相应措施培养具有佛学基础的僧才，引导促进了汉藏佛学研究和文化交流的深度，前往西藏求法的僧人大多留驻哲蚌寺，依照寺院经论课程系统完成学业，随后返回内地著述弘法。

第三节　支持蒙藏高僧在内地释法研经

蒙藏佛教高僧在沟通汉藏佛教交流、加深双方交融方面发挥出不可低估的作用，他们前来内地得到民国政府在政策和资金上的支持，以此弘传藏传佛教，力推包括举办法会、建立藏文学院、密教学院、讲学讲经、护国息灾和抚远宣化等在内的佛事活动。蒙藏佛教高僧在沟通汉藏文化交流方面不仅自身积极讲经弘化，而且同汉地佛教组织和著名高僧一起弘传藏密，其中著名的有九世班禅、北京雍和宫白普

---

① 《碧松法师自康藏来书》，《海潮音》1939 年 12 月，第 20 卷，第 12 号，第 21 页。
② 寂禅法师抵达拉萨后还俗（《海潮音》1946 年 4 月，第 27 卷，第 4 期，第 38 页）。
③ 《海潮音》1945 年 1 月，第 26 卷，第 1 期，第 23 页。
④ 《海潮音》1945 年 6 月，第 26 卷，第 6、7 期合刊，第 25 页。

仁喇嘛、拉萨哲蚌寺多杰觉巴格西喇嘛、第七世章嘉呼图克图、第七世诺那呼图克图、喜饶嘉措法师和第五世贡噶呼图克图等。

民国初年，大勇法师、持松法师东渡日本学习密法归国以后，东密传入中国并在佛教界弘法兴盛，与之同时，藏密在内地逐渐弘传，多省举办讲经法会，部分经典仪轨开始传授。弘传藏密的蒙藏高僧在内地享有的政策优遇与政治空间是汉藏佛教界文化交流的前提和基础。20 世纪 30 年代，从佛教与边疆地区团结、佛教与构建民族国家的角度出发，汉藏双方利用佛教界关系的发展来改善不平衡的汉藏关系。在抗日救亡的严峻形势下，边疆地区的宣化和护国息灾法会的举办旨在从民众心理上安抚缓解紧张战事引发的危局。藏传佛教在西藏、甘肃、青海和蒙古地区居于文化核心地位，重视汉藏佛教关系发展、优遇前往内地的高僧是凝聚和系结边疆力量共同御侮并防止日本利用佛教侵略中国的重要举措。政策的背后隐含着对藏传佛教与政治之间关系的承认和维持，防范因文化层面的差异造成地方势力与中央政府的抗衡，防止日本更大范围的干涉造成民族意识的进一步疏离，进而成为外部势力侵略边疆地区的借由。

一　保护藏传佛教寺院与文化

民国之初，在"五族共和"理念的指导下，中央政府制定有关维持民族宗教的条例与规章，明文规定前来内地或居于内地的蒙藏喇嘛的待遇，在制度上予以保障的同时，拨付经费资助，授予名号。1912年 6 月，筹设蒙藏事务局官制草案中强调"蒙藏地方宗教、风俗迥殊内地"①，设置礼官掌管礼节，设立专门的研究会和翻译机构。9 月，总统批文"维绥边上策，实隐浃以感情信教自由为列邦之通例，现当共和成立五族一家，缔造新邦自以维持宗教为急务……酌核所有内外

---

① 张双志：《民国治藏法规全编》第一册，学苑出版社，2008，第71页。

蒙古各盟旗及西藏等处地方喇嘛活佛等，无论已否赐有名号，应准其一律开具清单，由大总统再加封号，以示优崇"①。

　　袁世凯在位期间颁行《管理寺庙条例》，熊希龄多次呈文保护佛教和寺庙的地位。1919年，三大寺择选哲蚌寺堪布罗桑巴桑、色拉寺堪布罗桑策殿和甘丹寺堪布罗桑仁增派往雍和宫为堪布，蒙藏院依照成案办理，拨予房间和钱粮，资助恢复和修茸雍和宫文物及建筑。1929年10月，国民政府成立管理雍和宫办事处，直隶于蒙藏委员会，设立常务委员会负责"保管本宫一切法物，陈设供器，整理殿宇清洁，暨僧徒教规之责"②，雍和宫筹办学校、建设图书馆和救济院等事项皆由常务委员会呈请蒙藏委员会核准办理，并在宫内设立文书股、会计股、交际股和宣传股。③ 雍和宫是内地最大的藏传佛教寺院，以官方名义在此设立管理机构并制定组织条例管理寺庙的内外事务，聘任通晓佛学和汉文的蒙藏人员宣讲教义，化导社会，为汉藏文化交流范围的深入和拓展提供可鉴作为。

　　政府重视喇嘛寺庙寺产登记监督并为寺庙修缮提供保护，在颁行内地寺庙的登记条例后，也出台单行条例规定喇嘛寺庙的寺产登记。1930年5月，颁布《蒙古喇嘛寺庙登记条例》，规定由蒙古各旗公署负责办理寺庙人员、财产和法物登记，并呈报蒙藏委员会备案。1931年6月6日，立法院第145次会议通过《蒙古喇嘛寺庙监督条例》，6月15日，由国民政府公布④，要求"蒙古各旗及北平、沈阳、承德、五台、长安、归绥、甘肃、青海、东陵、西陵等处之喇嘛寺庙，不论为何人建立，均依本条例监督之"⑤，条例涉及住持选任与职权、寺庙

---

①　张双志：《民国治藏法规全编》第一册，学苑出版社，2008，第92页。
②　张羽新、张双志：《民国藏事史料汇编》第一册，学苑出版社，2005，第381页。
③　张羽新、张双志：《民国藏事史料汇编》第一册，学苑出版社，2005，第381页。
④　《蒙古喇嘛寺庙监督条例》，《立法专刊》1932年，第6期，第4页。
⑤　《蒙古喇嘛寺庙监督条例》，《立法专刊》1932年，第6期，第4页。

财产登记与保护等内容，其中规定蒙旗官署及蒙藏委员会在住持选任上具有决定权。

1933 年，蒙藏委员会组织成立北平喇嘛寺庙整理委员会，负责修缮喇嘛寺，"以平台热各喇嘛寺庙之阐扬教义、整饬教规、修缮寺庙、保管庙产、筹划生计、领发口粮六项为职责"①。历经一年完成北平白塔寺、护国寺、普渡寺三大道场的修葺并恢复寺院经灯香火。② 1935 年 2 月，蒙藏委员会驻平办事处制定有关管理北平隆福寺、护国寺、妙应寺及黑寺的条例细则，内容涉及庙产租赁管理与收支等。③ 1936 年 4 月，北平、山西的喇嘛寺由西藏喇嘛接收，"贡觉仲尼偕西藏四堪布来，接收喇嘛寺庙，平雍和宫由登巴达扎、扯勒町错两堪布主持，一日晚已交接清楚，日内即到庙亲事，阿旺意喜、贡萨格登柏结两堪布，接收五台山喇嘛寺庙"④。由西藏堪布管理内地喇嘛寺庙，不仅有利于恢复藏传佛教在内地的传承，而且可以将藏传佛教寺庙作为汉藏佛教界在内地开展文化交流的平台。北平和五台山成为汉藏佛学研究兴盛之地，菩提学会在两地分别建立分会并由藏传佛教僧人协助翻译经典。此外，在内地大学开设西藏文化讲座，批准成立汉藏佛学研究机构，从政策上支持研究藏传佛教与藏族文化。

从达赖喇嘛代表在南京设立办事处，到达赖喇嘛圆寂后黄慕松入藏致祭并前往三大寺熬茶布施，册封热振，参与寻访、遴选灵童，再到蒙藏委员会委员长吴忠信主持第十四世达赖喇嘛坐床典礼并在三大寺和大昭寺布施，均体现出中央政府对西藏佛教事务的重视，对法脉传承体系的保护。在西藏佛教复兴的历史关键环节，中央政府尊重藏传佛教的惯例与仪轨，对西藏佛教的政策表达得到藏传佛教界的认同

---

① 《北平喇嘛寺整理委员会来函》，《世界佛教居士林林刊》1934 年 4 月，第 37 期，第 3 页。
② 《北平喇嘛寺整理委员会来函》，《世界佛教居士林林刊》1934 年 4 月，第 37 期，第 3 页。
③ 张羽新、张双志：《民国藏事史料汇编》第一册，学苑出版社，2005，第 387~393 页。
④ 《西藏四堪布接收平晋喇嘛寺》，《海潮音》1936 年 5 月，第 17 卷，第 5 号，第 129 页。

并感受到切身的恩惠与利益。

前往内地的九世班禅、诺那呼图克图和喜饶嘉措法师等曾提出藏传佛教在汉藏关系发展中的作用问题，并得到中央政府的重视。1945年7月，蒙藏委员会向国民参政会第四届第一次会议所作的工作报告中提到"丑、优遇西藏政教开明人士，并延揽其参政……对于康藏各地之大德高僧，前来内地展觐传法者，如明居活佛、甲噶活佛等，均经予以招待并引见中枢各首长。其在政教方面具有地位见识开明者，复经本会分别推荐延揽于党政军各机关及本会，俾其获有实际参与中央政治之机会，以收精诚团结之效"①，将参与提出意见的代表范围加以拓展，扩大僧人的国是参与权及意见表达权，希望康藏高僧提出适合边疆宗教文化及社会发展的建议，同时以本土宗教代表的身份弘传藏传佛教，推进汉藏文化交流。

二 礼遇驻锡内地喇嘛

蒙藏事务局②、蒙藏院③依据各民族平等和宗教信仰自由的宪法条款，制定民族宗教问题的具体条例，拟订礼遇来京呼图克图、大喇嘛、蒙回王公、贝勒、贝子的条款，以及呼图克图来京川资条例，制定谒见大总统和总理的程序。1924年11月，西藏特派驻京卓尼尔降巴曲旺、教习堪布顿柱旺结、洛藏娃楚称丹增、西藏堪布雍和宫住持札萨克棍却仲尼、五台山札萨克罗桑巴桑和达赖庙达喇嘛罗桑仁增④等就西藏待遇条件异议呈递段祺瑞，段予以批示，"满蒙回藏

① 张双志：《民国治藏法规全编》第一册，学苑出版社，2008，第216页。
② "第一条　蒙藏事务局直隶于国务总理管理蒙藏事务。……第十二条　蒙藏事务局附设蒙藏研究会，掌研究调查蒙藏一切事宜。"（《蒙藏事务局官制》，《政府公报》1912年7月，第86号，第5、6页）
③ "第一条　蒙藏院直隶于大总统管理蒙藏事务。"（《蒙藏院官制》，《政府公报》1914年5月，第729号，第4页）
④ 张羽新、张双志：《民国藏事史料汇编》第一册，学苑出版社，2005，第40页。

各族待遇条件暨蒙古三公待遇条件，历经颁布，大信昭然，效力确定，允无疑义"①。段祺瑞再次确认蒙藏院制定的少数民族首领优待条例，强调各项规章法律效力的延续性，按照原有条款规定对谒见总统的呼图克图、大喇嘛予以优待。以民国政府的名义，采取制定条例的方式，由专门管理少数民族事务的机构办理。对少数民族地区往来的人员根据资格和身份予以不同程度的礼节、招待和资助，建立少数民族上层人员往来机制，以期了解边疆地区形势，权衡和检验现有政策的效益，建立多民族共融的有序格局。

1913年4月1日，袁世凯封九世班禅"致忠阐化"名号。北洋军阀时期，段祺瑞执政邀请白普仁喇嘛组织法会。1923年11月，九世班禅带随从出走内地抵达太原时，"督军兼省长阎锡山躬率文武官员，均至首义门外汽车站迎迓，并派军队谨为迎护"②。同时，"临时执政段祺瑞派其长子段宏业为代表，偕同蒙藏院代表图桑诺布，蒙古王公杨桑巧及章嘉呼图克图等人，至太原迎接班禅赴京"③。1925年2月，九世班禅抵达北京，北京政府欢迎优渥，驻锡瀛台，"欢迎者有各团体欢迎班禅联合会，蒙藏专门学校，佛教联合会，京师总商会，及僧侣等有数千人，均手持欢迎班禅欢迎活佛等旗帜，此外段执政代表段宏业，侍从武官卫兴武，各部总次长，军警当局，及在京名流熊希龄、钱锡宝等，均莅站欢迎"④。

1925年1月，九世班禅派代表参加善后会议，提交"消弭战祸，实行真正之五族共和"⑤之意见书。善后会议代表高尔登、邵章请九世班禅前往浙江，孙传芳、夏超亦致电欢迎九世班禅南下。4月，九

① 张羽新、张双志：《民国藏事史料汇编》第一册，学苑出版社，2005，第40页。
② 《班禅喇嘛抵太原之盛况》，《海潮音》1925年3月，第6卷，第2期，《事纪》第14页。
③ 牙含章：《班禅额尔德尼传》，西藏人民出版社，1987，第241页。
④ 《班禅喇嘛低〔抵〕京之盛况》，《海潮音》1925年3月，第6卷，第2期，《事纪》第21页。
⑤ 《班禅之消弭战祸谈》，《海潮音》1925年4月，第6卷，第4期，《事纪》第13页。

世班禅谒段祺瑞辞行，陈明南下的目的及行期。段祺瑞派蒙藏院副总裁熙钰及浙江代表等专车护送九世班禅，并在沿途设立接洽处所。九世班禅沿途经过济南、上海均由督省两署护行。孙传芳、夏超派代表及上海军警政、商会、中华佛教会、上海佛教会等机构的代表到车站欢迎。九世班禅抵达杭州时，由军乐队、军队、警察、各法团绅商、军政长官、督办、省长、僧众分八组欢迎。①

1925 年 8 月，段祺瑞加封九世班禅"宣诚济世"封号，同时批准设立班禅驻北京办事处。1926 年，相继成立班禅驻西宁、西康办事处。10 月，张作霖指定沈阳黄寺作为九世班禅移锡沈阳的行辕。1929年 1 月，批准设立西藏班禅驻南京办事处。1931 年 5 月，九世班禅出席国民会议并致辞。7 月 1 日，国民政府明令册封九世班禅："广纳赤宙，知微亦复知彰；溥化黔黎，有德斯能有众。班禅额尔德尼抚辑藏服，翊戴中央，敷教元黎，效忠党国，实阐党国之妙谛，懋膺无上之殊荣，允宜授予护国宣化广慧大师称号。朗烛意珠，奉扬休命。德音普遍，布三民五权之宏规；法铎昭垂，章六度万行妙用。"②并颁发册文和玉印。1932 年 12 月，国民政府特派九世班禅为西陲宣化使，在南京举行就职典礼，"到中委戴季陶③、石青阳④、石瑛⑤、吕超⑥、魏怀⑦，及各报社记者数百人。……行礼如仪后，行授印礼。由林主席⑧

---

① 《班禅抵杭纪》，《海潮音》1925 年 4 月，第 6 卷，第 4 期，第 31 页。
② 中国藏学研究中心、中国第一历史档案馆、中国第二历史档案馆等：《元以来西藏地方与中央政府关系档案史料汇编》，中国藏学出版社，1994，第 2615 页。
③ 戴季陶（1891～1949），名传贤，字季陶，浙江湖州人。1924 年，参加国民党第一次代表大会，当选为国民党中央执行委员会常务委员，并任中央宣传部部长、黄埔军校政治部主任等职。1928 年后，任国民政府委员、考试院院长、国民党中央宣传部部长、总司令部政训部长等职。
④ 石青阳（1879～1935），四川巴县人。1931～1935 年，任蒙藏委员会委员长。
⑤ 石瑛（1879～1943），字蘅青，湖北阳新人。1932 年 3 月，任南京市市长。
⑥ 吕超，字汉群，四川宜宾人，时任国民政府参军长。
⑦ 魏怀，1932 年 1 月，任国民政府文官处文官长。
⑧ 林森（1868～1943），字子超，亦字长仁，福建闽侯人。1932 年，任国民政府主席。

授印，班禅接印，继行宣誓礼，由中央委员张继监督。班禅举右手宣读誓词。宣誓毕，张继训词，略谓：今日班禅大师，就西陲宣化使职，在此内忧外患交迫之时，救国要图首在团结国族，遵照总理遗训，共同奋斗，使宗教在政治上得伟大之助力。林主席训词，略谓：此时亟应遵奉总理遗教，团结国族，实现五族共和"①。1934 年 1 月，国民党第四届四中全会选任九世班禅为国民政府委员，九世班禅在宣誓就职仪式上发表讲话，阐明弘扬佛教大法维护国家统一的要义。1934 年 11 月和 1935 年 1 月，蒙藏委员会两次嘉慰在西陲宣化的九世班禅。九世班禅返藏途中在甘青创建的佛教组织和法会均得到蒙藏委员会的允准和资助。

1924 年 4 月，诺那呼图克图在北京谒见段祺瑞陈明边事，"段详询经过事实，查与蒙藏院存案悉符。段乃大叹服，以千元为供养，而特指驻地"②。1928 年 12 月，任命诺那呼图克图为蒙藏委员会委员。"民国二十一年，南京国民政府对诺那活佛倍加重视，除已任为蒙藏委员会委员外，又命他兼任立法院立法委员，并命他组织西康诺那呼图克图驻京办事处。"③1935 年 5 月，诺那呼图克图出任西康宣慰使。

"1936 年底，应国民政府教育部和蒙藏委员会的邀请，在黎丹等人的陪同下，由拉萨出发，取道印度，前往内地。"④ 1937 年，喜饶嘉措法师应国民政府之邀，在中央大学、北京大学、武汉大学、中山大学、清华大学开设西藏宗教和文化讲座。1938 年，选派喜饶嘉措法师

① 《西陲宣化使班禅昨就职》，《海潮音》1933 年 1 月，第 14 卷，第 1 号，第 109 页。

② 徐少帆：《西康昌都诺那呼图克图传略》，《海潮音》1933 年 7 月，第 14 卷，第 7 号，第 21 页。

③ 于凌波：《民国高僧传四编》，台北慧明文化事业有限公司，2002，第 310、311 页。

④ 李存福：《喜饶嘉措大事年表》，载于青海省政协文史资料委员会《青海文史资料选辑》第二十三辑，《喜饶嘉措大师》，中国人民政治协商会议青海省委员会文史资料委员会，1994，第 246 页。

为国民政府参政员。1940年，国民政府授予喜饶嘉措法师"辅教宣济禅师"名号。1941年秋，国民政府教育部批准设立青海喇嘛教义国文讲习所，"由教育部每月补助经费3000银元"①，喜饶嘉措法师担任所长。1942年，正式开课招僧。1946年3月，中国国民党"《选举国民大会本党代表案》……第六届中央执行委员会第二次全体会议通过"②，喜饶嘉措法师为国民大会代表中的次多数。③ 1947年，喜饶嘉措法师任蒙藏委员会副委员长，并在3月举行的第六届中央执行委员会第三次全体会议上被选举为候补国民党中央监察委员。

1947年1月，国民政府明令赐予贡噶呼图克图"辅教广觉禅师"封号，并颁发金册、金印。令文对贡噶呼图克图在内地的活动予以嘉赏，"贡噶呼图克图，夙明教义，遐绍宗风，缮性传经，边民信仰。二十六年，抗战军兴，远来赣蜀诸省，虔修法会，祈祷和平，护国之诚，殊堪嘉尚，著加给辅教广觉禅师名号，以示优隆。此令"④。颁发册文再次彰示贡噶活佛宗教弘传活动，"觉民辅世，本政教之同源，施善酬庸，亦国家之令典。西康贡噶呼图克图，修持坚卓，慧性澄明，振鹿苑之宗风，化行南服；弥狼烽之劫运，志极群生，著予辅教广觉禅师名号。于戏，慈惠为心，能召祥和于大地，精诚护国，宜申褒扬于中枢。特授嘉名，祗承显命"⑤。册封之举承认藏传佛教高僧以教护国的作为，尤其是其在利益民众弘法上的积极行动。

① 嘎玛·侃本：《大师创办青海喇嘛教义国文讲习所》，载于青海省政协文史资料委员会《青海文史资料选辑》第二十三辑，《喜饶嘉措大师》，中国人民政治协商会议青海省委员会文史资料委员会，1994，第139页。
② 荣孟源：《中国国民党历次代表大会及中央全会资料》（下），光明日报出版社，1985，第1058页。
③ 《选举国民大会本党代表案》中149人当选为国民大会代表，50人当选为候补国民大会代表，190人为次多数［荣孟源：《中国国民党历次代表大会及中央全会资料》（下），光明日报出版社，1985，第1058~1060页］。
④ 于凌波：《民国高僧传四编》，台北慧明文化事业有限公司，2002，第343页。
⑤ 于凌波：《民国高僧传四编》，台北慧明文化事业有限公司，2002，第343页。

三　政策诚意提供宽松空间

藏传佛教僧人在内地得到保护与尊重，享有优厚的薪俸与待遇，具备官方代表身份，参与政府政策提案，担任内地汉藏佛教研究机构理事长或导师，或在中央政府、地方政府的支持下建立弘法道场等，在内地开展佛事活动的政策空间较为宽松。藏传佛教参政高僧在中央政府参政议政，共同为国族命运提供政策参考，并支持他们以主体者的身份进行汉藏佛教研究。其间，宗教政策以对藏传佛教文化的尊重为主题，以开放性的心态渐进实施诸项政策。从寺庙登记管理、寺庙保护到讲经内容，政策表达及报刊宣传，皆依照宗教信仰自由的法律条款，以官方名义公开资助藏传佛教界人士在内地弘法讲经，给予汉藏佛教文化交流活动宽松积极的政策支持。

政策出发点的友善性、视角的广域性、颁行的时效性、运作的普遍性、政策反馈的通畅性、调节的适度性等，是衡量政策适用程度能否达到预期目标的关键性要素。尤其是政策的出发点涉及对佛教界僧人群体的诚意，如保护北京、五台山的藏传佛教寺院和蒙藏边疆地区的寺院，对前来内地弘法的高僧礼遇优待，在大学开办讲座等都体现出从中央到地方军政界人士对政策的执行和履践，这也成为汉藏双方从尝试性接触到文化交流拓展的关节点。

蒙藏高僧在内地得到中央政府的支持，或选任为国民政府委员，或惠受加封、赐予名号，作为边疆代表表达对边疆文化发展及在内地弘法的意愿，他们在内地的宣化活动得以向纵深延展。从政府的优遇政策与高僧在内地进行弘化佛法的关系来看，在政治依赖和经费资助下的弘法活动成为推进拓展汉藏文化交流发展广度和深度的关键要素。汉藏佛教界文化交流活动是在政府政策允承下，并在多层面得到政府资助的合法的文化交流活动。尤其在抗战时期，在对民族宗教和统一国家的认识趋同的基础上，国民政府特派九世班禅、章嘉呼图克图前往边地宣化维系危局。藏传佛教研修和传承以密宗为主，而汉地佛教以显宗为主，中央政府不囿于佛教经典和教义的些微差距，从与文化自身相关联的内涵出发，将佛教文化作为宣传和实施政策的媒介，希冀在佛教界的影响下聚合边地民众。东密在内地兴起以后，汉地佛教界反观密教历史转而对藏密产生极大兴趣，前往内地的蒙藏高僧在藏文和密教方面的传授成为沟通汉藏佛教文化交流的交接点。

民国时期西藏地方与中央政府之间的关系处于不平衡的发展阶段，中央政府在西藏处于暂时的权力退守和治理虚弱状态，而西藏地方内部存有的政治分歧进一步加剧了双方对峙的态势。从知识和权力之间的关系来看，中央政府试图在有限权力和多边掣肘的情势下把握处理好政治和宗教、政治和文化、政治和民族之间的关系。支持集宗教、政治、文化三位于一体的藏传佛教高僧在内地弘法并表达政治意愿，则是在中央威权式微的征象下占据政治主动的历史契机。享有政治威望和民众基础的藏传佛教高僧在一定的政治空间内积极参与政治活动、弘传佛教文化，是在宗教文化层面上对民族国家的认同，也体现出佛教潜在的文化张力，在汉藏佛教文化对话的过程中逐步超越政治区域而呈现文化交往的深层次特征。

民国时期汉藏佛教界文化之间的交流是中央政府与西藏地方关系发展与演进的重要组成部分，是双方政治发展空间的拓展与深化。中央政府对边疆社会文化发展的考量与佛教界角色的定位乃是决定两者关系走向与前景的主导因素，与之相关的政策条例和措施影响着汉藏佛教文化交流的历史进程。中央政府不断调整藏传佛教管理方略，适时修订寺庙管理条例，制定详细的边疆地区教育政策，鼓励汉藏僧侣游学交流、切磋汉藏佛学研究，并支持蒙藏高僧前来内地弘法授道。这些政策措施的制定与实施加深了汉藏佛教界的文化交流，推进了汉藏佛学交流平台建设、佛学团体的建立与汉藏经典翻译研究等。在中央政府与西藏地方关系纵深演进的同时，汉藏佛教交流影响辐射社会各阶层信仰群体，进一步拓展了双方交流维度和彼此认知理解领域。

第二章　著名藏传佛教高僧在内地
　　　宣化弘法活动

　　汉地佛教在宗教信仰自由政策条款赋予的法律框架下逐步整顿复兴，藏传佛教在政策中又赋予其符合历史发展取向与文化外溢特质的内容。民国初年，白普仁喇嘛和多杰觉拔格西在内地建立法会，以息灾、和平祈愿和法脉传续为交流的起点，开启以高僧为活动主体的汉藏佛教文化交流活动。身为大勇法师入藏求法的导师，白普仁喇嘛和多杰觉拔格西在传法过程中讲授藏密精要，指导藏语言学习以及西藏佛教历史和人文研究，以汉藏佛教文化交流的开启者和推动者的角色，为汉地僧侣游学西藏而奔走。佛教救国安民的殊胜在于不同教派的利他共存与对和平理念的守持，藏传佛教高僧在各地弘法法会上向汉地弟子讲授密法经典和仪轨，用自己的亲身行动讲述汉藏佛教文化的同源性并弘传藏传佛教。

　　九世班禅历时13年奔走于边疆和内地多省，曾经作为国民政府委员参与相关政策的制定与完善，在内地建立驻京办事处，多次在法会和佛学机构讲述弘传佛教和汉藏关系发展之间的相依关系，并就此与民国政府官员深入探讨，作为未来涉藏政策出台的重要议题。九世班禅以挽救西藏政治局面、改善汉藏关系为出发点，在各地举办法会的过程中向内地信众介绍西藏佛教、历史和文化，分析藏案问题的症结不仅源于彼此间的陌生与疏离，而且还源于双方缺少有效的交往途径和联系媒介。而作为共同文化符号，佛教的魅力和驱动性则在于共同的皈依与恪守的戒律、共同的僧团组织结构和共同修行起点的善意。九世班禅从政治与文化的结构性关系、宗教和边疆的相生性、佛教与国民意识的引导性等不同角度来认识文化交流行动。他的弘法足迹和坎坷回藏之旅将汉藏佛教界的文化交流提升到超越地域、语言、文化形式及政治氛围的高度，将对文化交流内涵的表述写在躬身奔走各地以及蒙藏学院、菩提学会等佛学团体和研究机构之中。

安钦呼图克图是札什伦布寺的导师，为沟通九世班禅返藏事宜往来于内地和西藏之间，在内地讲经弘法并向达赖喇嘛和西藏三大寺陈述九世班禅在内地的活动。同时，安钦呼图克图在北平、上海、南京、沈阳和内蒙古等地传授显密佛法，对沟通汉藏文化及政治关系具有特殊意义。他不仅代表九世班禅，而且是向西藏传递国民政府意旨的重要人物，是民国时期汉藏佛教文化交流中的特殊使者，熟悉西藏与内地的社会政治及文化发展，在肩负政治使命的同时也将佛教文化作为汉藏关系发展的纽带加以缝接与系粘。

诺那呼图克图和贡噶呼图克图是将藏传佛教的法脉传承于汉地佛教界并相续至今的高僧。从北京到香港，从西康到上海，沿途留下了诺那呼图克图的弘法足迹。他在弘法中阐析宁玛派和噶举派的教法，讲授格鲁派经典，强调藏传佛教的传播不应以教派区分，注重密法修行要诀及信仰者对密法成就的理解，对即身成佛的了悟，重视灌顶和咒语内容中的愿力。诺那呼图克图在中国佛学会担任名誉会长、在国民政府中参与相关政策的制定，并被委派为"西康宣慰使"。他和九世班禅在内地的角色和身份具有某些相似性，均在内地建立办事处并负责边疆宣慰工作，协助内地建立佛学团体，在举办法会和弘法宣慰的过程中，注重政治考量和佛教文化的交流互融，关切国族命运的文化发展和佛教传播中文化超越性和非障碍性的发挥。信仰文化不是作为政治利用的附属品，信仰的内在能动性可以推进政治运作和政策的实施。贡噶呼图克图承继诺那呼图克图事业，以向汉地弟子传承噶举派的大手印、金刚亥母密法为主，继续奔走于内地弘传佛教文化。

国民政府颁布推进汉藏僧侣往来条例，开始在内地大学设立西藏文化研究课程后，主动接触西藏高僧，邀请喜饶嘉措法师来内地讲学。此举一则与喜饶嘉措法师佛学研究造诣及其力促西藏佛学向外传播的文化取向有关，一则与内地成立蒙藏研究班后热衷藏传佛教文化研究的人士增多有关。喜饶嘉措法师对边疆教育与文化发展的定位颇具远见卓识，他从历史和现实的角度阐释西藏佛教的演进过程以及汉藏之间的信仰认同；在边疆和内地的教育落差中，将文化的提升与同步视作减少汉藏文化交流操作层面的隔阂与阻滞的重要突破点。

第一节 白普仁喇嘛和多杰觉拔格西
在内地初传密法

白普仁喇嘛长期驻锡雍和宫，在护国息灾法会上，汉地信众得以开始理解藏密的殊胜与利益，目睹藏密修法仪轨。白普仁喇嘛阐释密法的殊胜威德源于信众的信心和修行，将信众对于修持藏密功德的期待与经典的内涵结合在一起。白普仁喇嘛主要主持汉地佛教界较为熟悉的大白伞盖佛母和金光明法会。白普仁喇嘛密切关注国族命运，前往多省修金光明法会，以法会的方式聚合社会各阶层力量共同为国族分忧，以金光明法会的功德为维系和引导，陈述佛教界共同的社会责任和价值承载。多杰觉拔格西在和平法会上修绿度母法门，在东北和西南地区呼吁停止战争。同时，多杰觉拔格西对藏文密法经典的汉译开启了民国经典翻译的新起点。

在白普仁喇嘛和多杰觉拔格西的影响和支持下，大勇法师于 1924 年在北京组建成立"北京佛教藏文学院"，两位高僧为佛教藏文学院讲授佛法。次年，在佛教藏文学院的基础上成立"留藏学法团"，组织僧侣前往西康和西藏求法。以此为起点，内地逐步建立起以研究藏传佛教密宗为主的佛教研究机构，培养汉藏文化交流人才的上海菩提学会、北京密藏院、汉藏教理院等相继成立，专事学习藏文、研究和翻译藏传佛教的经集。1926 年，由白普仁喇嘛参与组建上海藏文学院，重点学习藏文，研究藏地政教、风俗和法律等内容。这些研究机构不仅促进内地佛教界对藏密的研究，而且也成为内地僧人前往西藏求法的预备学校，学僧或到各寺庙讲经，或参与政府组织团体，了解和认识西藏佛教和文化，对构建蒙藏边疆与内地共生共存的和平局面具有重要的历史作用。

多杰觉拔格西在内地弘法期间，讲授佛教经论、灌顶传授密法仪轨。返回拉萨后，为资助汉藏僧侣往来政策的实施，多杰觉拔格西回复电文表达对内地佛教发展的牵挂以及对汉地僧人入藏求法的期待和鼓励。多杰觉拔格西以道场法会和法本流通的方式公开宣讲多为汉地佛教界存疑争议的密法，以文化祛魅和凝合信众为目的，不偏执于汉藏佛教界之间的差异和修法功用性，在民众中建立起认知、理解和信任的信仰基础，在灌顶弟子中严谨修持，延续藏传佛教在汉地的法脉。

白普仁喇嘛和多杰觉拔格西所传弟子大敬法师注重研习藏密，弘传多杰觉拔格西翻译的经典，应邀赴遭遇自然灾害的湖南、湖北修法消灾，并超度抗日将士亡灵。后又举办历时两个多月的法会，集中传授密法的主要法门。大敬法师"前在北平就白普仁尊者，学习大乘金刚法门，种种加行，深得尊者赞许。嗣复西入康藏，投多杰觉拔尊者座下，研求藏密，勤修朗忍、节忍二法，观行极深。返川后，多尊者嘱将所译密藏，广为宣扬，借以弘流大法，挽救灾劫。昨前两年，在湖南长沙，修建百日法会，先后七次，消灾免难，灵应昭著。今夏五月，鄂省各善信，鉴于全省水旱各灾，亦纷然并作，深惧酿成巨变，影响全局，爰派专员迎请来汉，修建密乘武汉护国息灾百日法会并附超荐今春长城各口抗日殉国各官兵民众，及历年南北阵亡将士。所修各法，计有阿弥陀佛法、地藏菩萨法、药叉大将护摩法、狮王金刚佛母法、大白伞盖佛母法、绿度母法、五大龙士佛法等。自五月十九日起，至七月三十日圆满"①。

一　白普仁喇嘛修法

白普仁喇嘛（1870~1927），名光法，字普仁，热河东蒙古喀喇沁旗人。清末民初常任北京雍和宫，"民国三年，故都近畿发生大水，都不知水从何处而来，白普仁喇嘛入定观察，知为蛰龙作祟。为降伏蛰龙，他集合了白俊峰喇嘛等六位喇嘛，设坛修降龙法。……白喇嘛经常修药叉大将法及《金光明最胜王经》，以求护国息灾，最有灵感。热河平泉一带的人民，因信仰尊者，都喜诵《金光明经》。……民国十四年春，九世班禅额尔德尼·确吉尼玛到了北京，他知白普仁喇嘛的道行，请人致意，白喇嘛往谒，班禅赐他堪布法位，经三辞始肯接受。这时，北洋政府的执政段祺瑞，请白喇嘛邀集一百零八位喇嘛，在雍和宫修'《金光明最胜王经》大白伞盖法会'二十一天，由白喇嘛主修"②。白普仁喇嘛以其大悲咒、六字大明咒在修法上的灵验及其在《金光明经》研修之威德，"更附合从风，故密法得以在京开发，而传播各地"③。法

---

① 《武汉密乘护国息灾法会圆满后再续修百日》，《威音》1933 年 11 月，第 53 期，《新闻》第 7、8 页。
② 于凌波：《民国高僧传四编》，台北慧明文化事业有限公司，2002，第 218、219 页。
③ 《北京消息·密教传布之广播》，《海潮音》1927 年 1 月，第 7 卷，第 12 期，《时事》第 13 页。

舫法师评论密法在内地传播过程的历史分期时提到，"白普仁之金光明法会，为内法的藏密宏传之胚胎时期"①。白普仁喇嘛以汉地佛教较为流行的净土法门、历代护国经典为法会主题，阐释藏传佛教净土的咒语和《金光明经》，以彼此理解的方式和关注的视角构建起汉藏佛教交流的渠道。

"西藏密宗，传入汉地，早在宋末。而以元室入帝，为鼎盛时期。明代表面上，虽已销声匿迹，而流行于社会间，仍未根绝。清室入关，复挟之俱来。现代开藏密先声者，即以民初西藏大德多杰格西、白尊者等，来北京弘法开其端。汉僧相率留学西藏者，为僧大勇等随多杰入藏为始。此后康藏各派大喇嘛，若诺那、贡噶、根桑、班禅、阿旺堪布、东本格西等，先后相率来汉地弘化。各地僧俗随之入藏者，风起云涌，形成一种佛学界之时髦风气。回内地传法，而专门提倡密宗者，如蜀僧能海②、超一③等，为其中翘楚。译经则有法尊④、满空、居士张心若等。"⑤ 清末民初，佛教在内地开始复兴。此后，在民国政府的支持下，雍和宫白普仁喇嘛和由西康入藏 15 年的多杰觉拔格西开始在内地初传密法。白普仁喇嘛在江苏、浙江、湖北、湖南、上海、江西和热河等地多次举行法会，翻译典籍。

---

① 法舫：《一九三〇年代中国佛教的现状》，载于张曼涛《现代佛教学术从刊》（86），《民国佛教篇》，北京图书馆出版社，2005，第 135 页。

② 能海法师（1886~1967），俗姓龚，名学光，字缉熙，法名能海，号阔初，四川绵竹人。1917~1923 年，在成都创办少城佛学社。1924 年，在重庆天宝寺剃度出家（释定智：《能海上师传》，台北方广文化事业有限公司，1995，第 9~13 页）。

③ 超一法师，名大志，字相如，法号超一，名曰旦广，四川铜梁人。1920 年 10 月 1 日出家。是年冬，在成都大慈寺受具足戒。1921 年，任重庆佛学社干事，为收回重庆长安寺寺权进行抗争，年底收回寺权后集资修葺长安寺，将重庆佛学社迁于此（陈学勤：《超一上师四十年纪略》，《佛海灯》1937 年 8 月，第 2 卷，第 9、10 合刊《超一上师弘密特刊号》，第 4、5 页）。

④ 法尊法师（1902~1980），俗名温庚公，法名妙贵，字法尊，河北深县人。1920 年春在玉泉庙出家。

⑤ 南怀瑾：《显密优劣之商榷》，载于《南怀瑾选集》（第 5 卷），复旦大学出版社，2003，第 138 页。

1925 年 3 月 21 日，北京佛教联合会召开在京各大寺院和尚喇嘛及佛教团体暨汉蒙藏信佛居士会议，推定白普仁喇嘛为中华佛教联合总会喇嘛理事，并推其为中华佛教联合会总筹备处主任干事。① 1926 年 8 月 6 日，在联合会理事会议上，"除释普泉、白普仁仍旧外，加推西藏代表棍却堪布、及释现明、曾毅齐、汪波止为理事"②。作为中华佛教联合总会藏传佛教的理事代表，白普仁喇嘛祈望联合世界佛教，以佛教间的交流与和平换取国内和国际社会的战争平息，为不同地域的佛教派别消除彼此间的利益与侵略欲望。借以中华佛教联合总会的平台，白普仁喇嘛和太虚法师不断呼吁，积极奔走，宣扬佛教间共同的文化底蕴和社会功用，以佛教与世界和平的视角推进汉藏佛教界互鉴交流。

1925 年 5 月，应杭州佛学会邀请，白普仁喇嘛随九世班禅南下讲经。白普仁喇嘛分析僧人学法的四种不同心理，认为学佛重于修行，不尚虚言，超越六道轮回生死之苦，应皈依三宝，行菩萨道历持修习，发菩萨七种胜心，最后谈到临终转世的过程等深刻的哲学命题。这些内容由郁橛记录整理，1929 年由迦音周刊社出版。白普仁喇嘛切中学法的具体情况和佛教的真谛，为内地学僧澄清学佛过程中因不同理解而形成的相异心理状态，尽管学法目的彼此不同，但实质和内容都是佛教的教义和经典。白普仁喇嘛以自身体悟从心理和方法上导引内地僧众学习佛法的心识观察与不同阶段的境界。

1926 年 4 月，受南京金光明法会筹备处邀请，白普仁喇嘛"建苏浙闽皖赣五省金光明法会，祈祷和平，后成立金光明佛学会③"④，五

---

① 《民国十四年夏历三月廿一日北京佛教联合会开会次序》，《海潮音》1925 年 5 月，第 6 卷，第 5 期，《事纪》第 1、2 页。

② 《中华佛教联合会消息》，《海潮音》1926 年 10 月，第 7 卷，第 9 期，《时事》第 2 页。

③ 金光明佛学会是继金光明法会之后而筹建的佛教组织，白普仁喇嘛作为金光明佛学会的赞成人参与建立佛学会（《南京金光明佛学会宣言》，《海潮音》1926 年 10 月，第 7 卷，第 9 期，《专件》第 10、11 页）。

④ 尘空：《民国佛教年纪》，载于张曼涛《现代佛教学术丛刊》（86），《民国佛教篇》，北京图书馆出版社，2005，第 189 页。

省法会由孙传芳发起，江苏省官绅各界热心赞助，在南京毗卢寺举行。
白普仁喇嘛及随行人员 30 余人由 "孙传芳派徐海道尹高尔登，陈陶遗
派金陵道尹徐鼎康，代表到埠欢迎，各界各团体代表，本会职员僧众，
警厅军乐队保安队等，欢迎者千余人，当分乘汽车马车数十辆，入毗
卢寺……孙传芳、陈陶遗均于二日上午到寺拜会，商议开会手续，三
日开始诵经，于是日起，五省一律禁屠三日"①，白普仁喇嘛在大雄宝
殿诵《金光明经》，"诵《大彼勒经》三日，以超度诸善士之先人……
复为人治病，并锡以方药，但亦有不宜施药而谕以诵经者"②，并讲六
字真言咒乃观音大士之心经，诵持六字咒可以从前生的因缘中寻求病
因之道，强调今生与前世之间的因果关系，劝导信众离欲持戒受持佛
法可以解除心扰，获得平安。③ 在解释汉地比较陌生而藏传佛教常为
持诵的咒语过程中，将汉藏共同的观音信仰问题予以阐发，从佛教因
果理论分析当下诸问题的解决之道。

　　"蒙古喇嘛白普仁，颇为近来学教者之信崇，我国名胜之区，长
江流域之内，若杭若苏若鄂若湘，莫不欢迎建坛祈祷，以苏民困。而
喇嘛亦复以利生为事业，宏法是家务，凡有启请，莫不观机逗教，随
顺众生，方便接引，慈悲摄授。"④ 白普仁喇嘛应湖南佛教联合会邀
请，启建金光明法会，途经武汉，"为吴佩孚萧耀南挽留"⑤，于 1926
年 4 月在武昌佛学院举行演讲。讲授佛法之 "自证门" 和 "修持门"，
涉及学佛的目的、修持的力量、修持的信心、修习的方法和修习的差
异等内容，其中谈到修习密法应以信心为力量之源泉，"信为修道之

① 《宁垣各界欢迎白喇嘛》，《海潮音》1926 年 5 月，第 7 卷，第 4 期，《附载·时事》第 4 页。
② 陶陶：《白喇嘛讲座余闻》，《海潮音》1926 年 6 月，第 7 卷，第 5 期，《附载·时事》第
8 页。
③ 陶陶：《白喇嘛讲座余闻》，《海潮音》1926 年 6 月，第 7 卷，第 5 期，《附载·时事》第
9 页。
④ 寄尘：《白喇嘛莅佛学院之记盛》，《海潮音》1926 年 4 月，第 7 卷，第 2 期，《时事》第
4 页。
⑤ 《白喇嘛莅湘情形》，《海潮音》1926 年 4 月，第 7 卷，第 2 期，《时事》第 8 页。

先声，皈依乃修道之主脑，有主脑则不为一切邪师邪教之所摇夺，而信心亦不致有所溃败。……必定假甚么法门而修持呢？广而言之，其数无量，约而言之，不出显密两法。……择一相当法门而修持之，好声闻乘者，行四谛法，持声闻戒；好菩萨乘者，行菩萨法，持菩萨戒；随自己机宜，而顺行之可也。若说用功的本末，各位亦皆知道，不外闻思修之三慧，而贵院朝夕所研究的，亦是此种道理。显密二法，各有各的妙处，不过密教较显教颇为了当，其戒则有沙弥戒、三十六戒、比丘戒、菩萨戒、密戒之五种。……近来学密多系年轻者，亦属时势所趋耳。今日说此一篇道理，望大家无论学那一种法门，总要择一对己机者，勇力去行，以得其真证实践而已”①。白普仁喇嘛分别论述密宗不同法门的修持，并强调合乎自己机缘择其一而持之以恒才可深明其义的道理。这些关于学习佛法目的和学法信心的论述给初学密宗的学僧以鼓励。在学习显密方面，白普仁喇嘛认为密宗次第的学习可以补显宗之缺，通过渐次修习逐步深入的密宗经要让学僧整体认识密宗学习过程。“其所开示，由陈元白居士代传……继之者江味农居士、范古农居士、吴璧华居士、罗子云居士，均有演说，诚盛会也。”② 4月25日，白普仁喇嘛由武昌搭坐专车前往湖南，26日抵达。赵在公省长、欧阳振声省议长及其他军政长官、议员与信众等400余人至车站迎接。27日，传授金光明法，次日，传结缘灌顶。③

1926年7月，上海“群治大学校长罗杰特联络各界人士白普仁、程德全、王九龄、莫克明、刘永滇等数十人发起，组织藏文学院”④。上海藏文学院创立发起词提及“国家要务政教而已矣，政不以德则清

① 妙空、寄尘：《白喇嘛在佛学院之演讲》，《海潮音》1926年6月，第7卷，第5期，《采录》第1页。
② 寄尘：《白喇嘛莅佛学院之记盛》，《海潮音》1926年4月，第7卷，第2期，《时事》第4页。
③ 《白喇嘛莅湘情形》，《海潮音》1926年4月，第7卷，第2期，《时事》第8、9页。
④ 《上海藏文学院之发起》，《海潮音》1926年8月，第7卷，第7期，《时事》第6页。

静之身，将无山林可托；教不昌行，则陷溺之人心，何莫非治事之罪恶，正如车之两轮，不可偏废。吾国内讧外侮，相逼而来，欲消敌患，必先自立，而自立之道，莫如实边围而卫腹心"①。上海藏文学院重点研究西藏佛教善恶因果论和大小五明的社会功用，通过学习藏文、翻译佛经将藏传佛教引入内地，为内地所鉴，最终消除内讧外侮。"布施波罗密之方实足以换强迫均平之猛烈，而树以粒米同润之慈风。佛典发源印度，异教争鸣大乘诸法多流入西藏。以唯识一宗，例之吾国，虽号称盛行，而译乘之箸以衡西藏仅获百之十，其九十尚韬光彼域。其他如显教真言、天文、数学、工学、医学等籍，可为国家社会效用而裨益政治感化人心，以戒恶迁善者，不知凡几。同人以为内明宝库，既在西藏，而重译之枢机则习研习其语言文字，用是有藏文学院之设。肄业科目，别载规章，始而重人功能，继而考彼政教、风俗山川产物，天下英才，果由此道行见汉藏文化互入互深，边腹同体，沆瀣一气，他日收效又岂仅智悲双运，佛义重光，改造人心，量宏博济，即欲求巩固吾围捍翼中原之材，亦将取给于是矣。"② 上海藏文学院建立的主旨是培养学习藏文、通晓西藏政教文化的人才以推进汉藏文化交流，在彼此深入认识与了解的基础上形成边围和内地一体的格局。藏文学院并就招生事宜致函各省佛教团体，"本埠藏文学院致各省佛教团体请其遣派学生来沪就学，略谓本院同人于上海群治大学校内，加设藏义学院，敬延内典明通之大德与藏密证悟之良师。本期七月课程始业，初习蒙藏文语继研显密妙义，修持有暇，则课以公法私法概要与政治经济常识。薰陶以吾国文学，为润色翻译之资。敬祈分神物色妙龄，不拘资格，惟取信仰之虔，素娴国学之选，惠然戾止，愿助深研。上海藏文学院程德全、白普仁等同启"③。

① 《上海藏文学院之发起》，《海潮音》1926年8月，第7卷，第7期，《时事》第6页。
② 《上海藏文学院之发起》，《海潮音》1926年8月，第7卷，第7期，《时事》第6页。
③ 《藏文学院请派学生》，《心灯》1926年9月，第11期，第10页。

1926 年 11 月 12 日，白普仁喇嘛在天津英租界黎元洪宅邸举行金光明法会，祈求和平，免除战争灾难。"开会伊始，发起人除徐世光、王人文、叶恭绰等，因有特别事故未能入坛礼佛外，其他发起人如张绍会、曹汝霖、陈锦涛、陆慧依、张树元、段宏业、汤漪、徐佛苏、刘恩源、庄敏真、陈锡周、张德薰、黎绍基、唐仲寅、胡人俊、熊少豪，以及居士潘守廉、罗义生、汪一诚、周明捷、黎绍业、潘鼎新等，均已到坛。"① 开坛后，黎元洪夫人率领女界敬香礼佛，白普仁喇嘛首先讲身语意的皈依与课诵皈依文的功德，并解释六度和手印的含义，传授长寿佛咒、阿弥陀佛咒、六字大明咒的持诵及福德，最后为信众灌顶，黎元洪宴请白普仁喇嘛和法会发起人及前来之记者、居士。② 次日，白普仁喇嘛"即率众侍从喇嘛，整齐严肃上殿，在佛前受菩萨八关斋戒，次称诵金光明法会上诸佛菩萨圣号……晦诵金胜陀罗尼共一千零八遍……诵《金光明经》三品"③。17 日，"白师为天津佛教居士林男女居士传法灌顶……居士林男女居士到者二百余人，又有各界善男信女，临时加入者，合计人数，当在四百人以上"④，传授皈依偈、发心偈、无量寿佛和阿弥陀佛观想与心咒、大悲咒、六字大明咒、大白伞盖和黄度母咒。⑤ 21 日，金光明法会圆满，再次为居士林信众灌顶。

白普仁喇嘛举办金光明法会，希望通过显密法力共同为国家和平祈愿，在传法过程中从皈依三宝和发无量心谈到观想和心咒的方法与功德，详细阐释咒语的含义和诵读发音问题。结合诵文以结手印的方式来解释手印的意指和供养含义，并口授金胜陀罗尼广修仪轨。徐蔚

---

① 《金光明法会开坛记》，《天津金光明法会特刊》1926 年，《记载》第 5 页。

② 《金光明法会开坛记》，《天津金光明法会特刊》1926 年，《记载》第 5 页。

③ 荣阳子：《白喇嘛法师修法中之参观记》，《天津金光明法会特刊》1926 年，《记载》第 8 页。

④ 徐文蔚：《白法师第二次传法记》，《天津金光明法会特刊》1926 年，《记载》第 10 页。

⑤ 徐文蔚：《白法师第二次传法记》，《天津金光明法会特刊》1926 年，《记载》第 10、16 页。

如居士翻译整理咒语和传法内容，后以《天津金光明法会特刊》结集
发行。从法会的传授、灌顶和护摩的内容来看，这是白普仁喇嘛集中
传授密法主要咒语的弘法活动，同时以梵文、拉丁转写、藏文和汉文
音译的方式对照加以呈现，解释咒语的含义和内容。例如，分析六大
明咒每个字代表的含义与身语意三密之间的关系，将咒语与密法的修
行结合在一起。作为不同法门的旨要和核心的内容，在理解翻译文本
的基础上依照梵文的发音进行持诵。白普仁喇嘛详细解释咒语内容和
诵读方法，为汉地信众诵读和学习密咒提供重要参考，也是民国以来
第一次集中音义传授密咒并确立汉地佛教弟子持诵方式的开端。

　　1926 年 6 月，适值白普仁喇嘛来杭州世界佛教居士林修法并装佛
藏、装舍利、烧护摩，重启原定于上月举行的佛七日会。① 7 月 3 日，
白普仁喇嘛应"赣省之迎请②赴庐山修法"③。在南方修法讲经期间，
白普仁喇嘛提议重修雍和宫，得到南方各省的支持和赞同。在重修雍
和宫的宣讲词中，白普仁喇嘛首先追溯内地信仰密宗繁盛时代之历
史，雍和宫作为清代以来内地密宗的根本道场，在密宗传承弘扬方面
具有重要的象征意义；后从雍和宫在中央和蒙藏关系发展中的重要作
用谈及修建之政治原因。民国建立以来，雍和宫在代表选任、拥护政
府政策等方面体现出其作为内地藏传佛教主要寺院所具有的维系边疆
民族关系的政治作用；从文化提倡、历史研究等方面来分析，研究雍
和宫所藏佛像、经卷及相关历史记载，可以追寻其中的学术价值，肯
定雍和宫在密宗弘传内地过程中的重要地位及白普仁喇嘛祈祷和诵经
对内地产生的影响。另外，这份宣讲词也体现出白普仁喇嘛对密宗在

---

① 《世界佛教居士林佛七会及白喇嘛往来之胜况》，《海潮音》1926 年 8 月，第 7 卷，第 7
　期，《时事》第 12 页。
② 江西省省长李定魁在牯岭建立道场，迎请白普仁喇嘛修法。
③ 《世界佛教居士林佛七会及白喇嘛往来之胜况》，《海潮音》1926 年 8 月，第 7 卷，第 7
　期，《时事》第 12 页。

内地弘传的支持，他所提议的重修雍和宫不仅适应密宗在民国初传时期相关研修活动渐次展开的情势，而且从历史的角度与宗教文化的层面肯定了藏传佛教的社会功用。

1926 年 10 月 3 日，在中央公园集会成立重修雍和宫筹备处，并进行具体的分工和负责人事安排。① 26 日，重修雍和宫筹办处成立大会在西便殿召开，"到会者有王士珍、傅岳棻、徐鸿宾、汪立元、胡瑞霖、饶孟任、范熙壬、汪波止、张相文、梁宓、现明、白普仁、希公、邓孟先、陶潞生、贡桑诺尔布（贡派汪荣昌处长代表列席）等蒙古王公、元老、名流、居士、和尚、喇嘛计百余人"②。雍和宫堪布贡觉仲尼主持会议，蒙藏院宗教科科长吴燕绍宣读《重修雍和宫缘起》③，"年来大防崩溃，五欲横流，天灾人祸，莫知所止。挽回劫运，惟仗佛法。息灾兴福，密宗尤神。我国密宗，唐代最盛，明则浸衰。西藏、日本，独能守其余绪，坚持无坠。近年佛教同人，提倡密宗，信仰颇切，灵异屡见，不可纪极。惟发挥光大，有赖庄严之道场。雍和宫建于清代，佛像庄严，殿宇璀璨，梵箧琳琅，法器典重，洵可为密宗根本道场。乃自改革以还，国帑未放，岁久失修，颓败崩朽，有识同惜。今欲提倡密宗，则重修雍和宫实为当务之急。果能发大愿力，捐赀修复，较之另建道场，事半功倍。且其庄严宏丽，莫与比伦。近代建筑，实难及其万一。又雍和宫关系蒙藏，至为深切。雍和宫住持，为西藏达赖所派，兼任驻京代表。近年以来，中央与蒙藏尚能稍通声气，胥赖于此。蒙古崇奉密宗，驻京喇嘛尽属蒙人。中央于雍和宫，如肯诚心维护，则西藏部属，心悦诚服，免怀携贰。蒙藏前途，所关

---

① 王代懿、邓继仝：《重修雍和宫发起会记事录》，《天津金光明法会特刊》1926 年，《重修雍和宫计画书》第 2 页。
② 《重修雍和宫筹备处成立大会纪事》，《天津金光明法会特刊》1926 年，《重修雍和宫计画书》第 2、3 页。
③ 《重修雍和宫筹备处成立大会纪事》，《天津金光明法会特刊》1926 年，《重修雍和宫计画书》第 3 页。

綦巨。至若雍和宫经卷法器，皆与历史文化有关，研究学术，益当知所保存。故重修雍和宫，于巩国宏教，怀柔藩属，提倡文化，均极重要。爰本斯旨，发为宏愿。深冀政府，加以辅助。同人广为提倡，众力集合，襄兹盛举，将来功德圆满之日，即福利普被之时，愿我同志，共乐成之"①。会议并拟就修复工程计划与招标、募款与财务、组织学会等问题。同时，会议结合民国密宗复兴的文化背景与汉藏之间的局势，追溯唐朝以来密宗的传承与影响，从宗教和政治的角度论述雍和宫与蒙藏和中央之间的关系，重修雍和宫可以凝聚汉地佛教复兴、弥合汉藏关系，续写汉藏佛教绵延历史，并涵括宗教、政治与文化的黏合发展。

1927 年 1 月 11 日（1926 年腊月初八），雍和宫大悲道场内坛念诵大悲咒十万遍圆满之期，佛教金万字会捐助恢复分粥结缘善行，檀越居士、世界佛教联合会、中华佛教联合会、世界金万字北京总会等佛教团体和佛学研究会数千人到坛参礼。② 此后，举行修供养法、受菩萨八关斋戒和修苦忏等法事活动。白普仁喇嘛为雍和宫的修建呼吁劝募，并在雍和宫建立道场，修持密法，广结汉地佛教居士和佛教团体，重新恢复雍和宫作为汉地最大藏传佛教寺院的地位。随后，举办日常性的法事活动，雍和宫成为汉地佛教信众接触与了识藏密的切入口。

1929 年 4 月 12 日，第一次中国佛教代表大会在上海觉园举行。会上议决另成立中国佛教会，推选太虚、仁山、常惺、克全、圆瑛③

---

① 《重修雍和宫缘起》，《天津金光明法会特刊》1926 年，《重修雍和宫计画书》第 1、2 页。
② 《雍和宫大悲道场纪略》，《天津金光明法会特刊》1926 年，《重修雍和宫计画书》第 19 页。
③ 圆瑛法师（1878~1953），俗姓吴，法名宏悟，字圆瑛，别号韬光，福建古田人。曾致力于组织中国佛教会与寺产保护运动（当时政府提倡"庙产兴学"运动，以寺院财产充作振兴教育之资）。1931 年，在南京组织中国佛学会。后主持福建鼓山涌泉寺、宁波天童寺，并于上海玉佛寺、圆明讲堂等处讲经布教。1938 年，主持槟榔屿极乐寺。1939 年，回到上海。遗著有《楞严经讲义》《大乘起信论讲义》《一吼堂诗集》《一吼堂文集》等近 20 种，后合编为《圆瑛法汇》行世（于凌波：《中国近现代佛教人物志》，宗教文化出版社，1995，第 66~71 页）。

等 36 人为执行委员，谛闲①、印光②、白普仁等 12 人为监察委员。白普仁喇嘛作为藏传佛教代表参与中国佛教会复兴汉地佛教计划，积极为汉地寺院争取合法利权呼吁奔走。

白普仁喇嘛从 1914 年开始在雍和宫修法，设大悲法会办事处。此后，在天津、江苏、浙江等多省主持金光明法会，参与筹建中华佛教联合会、组建上海藏文学院并发表宣言。他认为汉藏佛教共同复兴为佛教发展的前途，从佛教语言的差异到显密修行的不同侧重，引导信众注重事相与教相的同步修习。在谈及翻译经典、阐释佛教历史时，白普仁喇嘛将佛教与蒙藏、汉藏之间的关系联系在一起，不囿于佛教的宗教性因素，从佛教所牵涉的人文、政治和社会因素入手，呼吁政府在宗教政策和佛教文化中注重体现国民政策的理性，从中建立具有内聚性和公信力的政府。在白普仁喇嘛南下传法时，亦有学生和社会人士攻讦政府资助法会之举徒劳无益，耗资损民，迷信图利。这种声音表明佛教在复兴的过程中遭遇到来自社会其他领域人士的误解与抵制，尤其是汉地民众对于藏传佛教密法的咒语、灌顶、护摩等仪式更为陌生，甚至白普仁喇嘛诵经的着装和诵经的节奏也被记者撰文嘲讽。但是，白普仁喇嘛仍坚持前往南方各省启建金光明法会，呼吁禁止屠杀，希望通过金光明护国法会回归安宁的社会局面，以共同的祈愿从容面对内地战争频仍的危局。

---

① 谛闲法师（1858~1932），俗姓朱，法名古虚，字谛闲，浙江黄岩人。1908 年，担任祇洹精舍学监。1909 年，受南京毗卢寺之请开讲《楞严经》。后任江苏省僧教育会创设之僧师范学堂监督。主要著作有《圆觉经讲义》《圆觉经亲闻记》《大乘止观述记》《教观纲宗讲义》《金刚经新述》《楞严经叙指味疏》《始终心要略解》《念佛三昧宝王论义疏》等，后由弟子倓虚等辑为《谛闲大师遗集》（于凌波：《中国近现代佛教人物志》，宗教文化出版社，1995，第 26~28 页）。

② 印光法师（1861~1940），俗姓赵，名绍伊，法名圣量，字印光，陕西郃阳人。主要著作有《净土决疑论》、《宗教不宜混滥论》、《印光法师文钞》正续编和《印光法师嘉言录》等（于凌波：《中国近现代佛教人物志》，宗教文化出版社，1995，第 29~35 页）。

二　多杰觉拔格西举办法会翻译仪轨

多杰觉拔格西（1874~1936），西康打箭炉（今康定）人。12 岁在打箭炉安却寺出家，次年 8 月抵达拉萨，在哲蚌寺、久多巴密宗庙修显密之学 15 年，并取得格西学位。[①] 1908 年 1 月，多杰觉拔格西以翻译身份随十三世达赖喇嘛赴五台山朝拜，奉命与蒙藏院接洽，协助达赖喇嘛赴京觐见清帝。此后十多年间在北京、蒙古和五台山等地捐建寺庙，布施喇嘛，供养法器、经书、佛塔。"在蒙修建八大药师庙一座，费银三万，皆师捐助，庙中经典佛像法器等项，皆师供养，喇嘛四五十人之衣食，亦惟师赖。继由蒙古转赴五台，往返三次，供养布施，不可胜计。计在五台达赖庙，供养镀金舍利塔一百零八座，五寸高之银灯一座，其喇嘛十一人之衣服、五佛冠暨密宗法品，均师供养。又于光华寺供养宗哈巴祖师五尊。"[②] 旨在恢复内地藏传佛教道场的庄严与规模，资助寺庙僧众满足基本经济水准，保障驻寺僧伽团体研习经典之需，维系藏传佛教在内地的历史传承和佛化功能。

1924 年 9 月，培养"赴西藏留学或在内地研读西藏佛典，将来能担任翻译者"[③] 的北京藏文学院成立。院长大勇法师在组织"留藏学法团"前夕，"尊请多杰觉拔格西为导师开示西藏佛教传承、学法修持、成就解脱等学习内容"[④]，学员由此悟习藏传佛教的基本理论和历史脉络，从概念和学理上初步认识藏密与东密的差异。学法团启程之前，多杰觉拔格西为大勇法师"介绍于康藏各寺庙，又函打箭炉嘱其

---

① 郭又生：《诺们罕大喇嘛多杰觉拔格西事略》，《西南和平法会特刊》1936 年 4 月，《纪录》第 1、2 页。

② 郭又生：《诺们罕大喇嘛多杰觉拔格西事略》，《西南和平法会特刊》1936 年 4 月，《纪录》第 2、3 页。

③ 《北京藏文学院之发起》，《世界佛教居士林林刊》1924 年 9 月，第 7 期，《志林》第 3 页。

④ 德吉梅朵、喜饶尼玛：《民国时期白普仁喇嘛与多杰觉拔格西在内地弘法及影响》，《云南民族大学学报》（哲学社会科学版）2012 年第 1 期。

外甥罗桑暨安却寺，各供养大勇师弟一百元"①。作为引导资助汉地佛教弟子前往西藏求法的导师，多杰觉拔格西强调藏语言学习是理解藏文经典、修习密法的锁钥。大勇法师组织"留藏学法团"前往西藏翻译整理密法经典，用经典回传的方式弥补唐密断代的缺憾，以恢复重建汉地完整显密体系。此后，内地逐渐建立上海藏文学院、汉藏教理院、菩提学院，并开设藏文课程，陆续派学僧前往西藏，翻译刊行藏传佛教经典。

1925 年 5 月 19 日，张注汪喇嘛陪同多杰觉拔格西离开北京，前往蒙古地区修息灾护国法。是年冬，"但怒刚、刘亚修居士请师到杭州传法，由刘玉书居士送往，但怒刚、王右瑜、王九龄、叶湘石、陈元伯等相继皈依，听师说法"②。1926 年 2 月，多杰觉拔格西率但怒刚等弟子朝拜普陀山、宁波天童寺，并在普陀山传观音法、灌顶法，途经上海在佛教居士林传法数日后返回杭州。③ 2 月底，汤芗铭、李开铣及汉口佛学会派代表恭请多杰觉拔格西前往汉口弘化传法，"学法弟予〔子〕除湖北男女居士、比丘、比丘尼共三百余人外，余如吴子玉、赵炎午、黄斐章、杨子豪及川黔湘赣各省旅汉居士求法者亦五六十人。而川人程阿阇黎宅安及华严大学校长了尘和尚，亦同时皈依"④。多杰觉拔格西驻锡汉口督军署，译出诸尊仪轨 51 种。后赴庐山修建金光明道场，又传法 7 天。7 月，与乔毅夫、但怒刚朝礼九华山，经南京、上海回到北京，在东直门极乐庵传法 4 天，在无量庵传法 3 天。

---

① 郭又生：《诺们罕大喇嘛多杰觉拔格西事略》，《西南和平法会特刊》1936 年 4 月，《纪录》第 4 页。

② 郭又生：《诺们罕大喇嘛多杰觉拔格西事略》，《西南和平法会特刊》1936 年 4 月，《纪录》第 4 页。

③ 郭又生：《诺们罕大喇嘛多杰觉拔格西事略》，《西南和平法会特刊》1936 年 4 月，《纪录》第 4 页。

④ 郭又生：《诺们罕大喇嘛多杰觉拔格西事略》，《西南和平法会特刊》1936 年 4 月，《纪录》第 4 页。

8月，在雍和宫建大悲道场。1927年2月，张洛农居士请多杰觉拔格西和喇嘛数人在无量庵开狮子金刚道场，100天圆满。随后山东济南佛教正信会派教育厅厅长袁道冲前往北京迎请多杰觉拔格西，前往传法7天。在济南传法皈依者有胡渐达、王弘持、方智三、司桂章、阎兆麟、孙季云及男女居士100余人，此后在北京、五台山修法1年多。①

多杰觉拔格西在雍和宫修绿度母道场，建立大悲道场，在无量庵开金刚道场，在庐山修金光明道场；与汉地佛教团体建立联系，在上海佛教居士林、汉口佛学会、济南佛教正信会传法，翻译经典仪轨，为皈依弟子传法受戒。多杰觉拔格西所修法门旨以绿度母和大悲观音的慈悲度化众生，以密法金刚与金光明法护持国家和平，呼吁止战。在面临诸多未知与可能的困扰情势下，将修法功德与信众利益、国族命运相联系，将密法加持概念作为个人和国族的共同庇护体，将个人的焦虑与局势的叵测问题一同问答与阐释。

1928年5月，张学良派朱庆澜、张洛农赴京邀请多杰觉拔格西前往辽宁修东北和平道场，多杰觉拔格西首次接受地方政府邀请在内地启建和平法会。6月法会开始，历时49天法会圆满。"其时皈依者，有朱庆澜、瞿文选、谭国桓、陶巨猷、冯谏民及男女居士约百人。"②此后在重庆、四川举办西南和平法会与之相呼应。和平法会的意旨与利益同汉地佛教界提出的"佛教救世救国"理论相契合，多杰觉拔格西在历次和平法会上传承密法，刊行佛教经典。日本来东调查团曾三次邀请多杰觉拔格西前往日本传法，均被多杰觉拔格西婉辞推谢。③

成都佛学社彭鉴清居士函请多杰觉拔格西前来传法，多杰觉拔格

① 郭又生：《诺们罕大喇嘛多杰觉拔格西事略》，《西南和平法会特刊》1936年4月，《纪录》第4、5页。

② 郭又生：《诺们罕大喇嘛多杰觉拔格西事略》，《西南和平法会特刊》1936年4月，《纪录》第5页。

③ 郭又生：《诺们罕大喇嘛多杰觉拔格西事略》，《西南和平法会特刊》1936年4月，《纪录》第6页。

西遂辞蒙古王公的邀请，持辽宁省政府免验护照，以及财政部提供的免税及途径地查照通行便利①，于 1930 年 2 月 19 日启程，22 日抵达上海。4 月，汉口居士上船迎请。多杰觉拔格西在汉口佛教会"修建祈祷和平法会开示法要，并传受结缘灌顶及各种密咒"②，学法者 700 余人。途经宜昌时，黄心怡居士请"稍留传法，学法者三百余人"③。各地佛学组织的邀请、居士的资助及政府的优俅政策推促多杰觉拔格西行进多省长期弘法。

随后，重庆佛学社派王瑞图居士前往宜昌迎接，21 军军长刘湘通电沿江严加保护多杰觉拔格西前往重庆主持法会。④ 重庆佛学社社员及法会筹备会副主任、市长潘仲三迎请多杰觉拔格西驻长安寺佛学社。⑤ 法会之前，1930 年 5 月（阴历四月）即开始为四众弟子传授戒律，先后传五戒、菩萨戒、密乘戒以及四加行的四皈依与供养曼达法，并传秘宗大法十尊，逐日为弟子灌顶，入坛灌顶登记人数达 221 人。⑥多杰觉拔格西先从戒律行持和密法加行方面引导弟子发心，改变信众的个人利他意识，以行动共同希求重建和平。

多杰觉拔格西"一面筹备法会之进行，一面派人赴川康安却寺，迎请喇嘛十六人来川，辅助修法。……尊者因悯念学人未睹密宗深秘大法，于是乃自愿将密宗秘而不传之无上大法译出，以饷学者，数月来共译出念诵仪轨数十余种"⑦。大喇嘛罗桑贡嘎、二喇嘛嗡则降巴及

① 《西康财务统筹处训令各税捐关卡查验放行多杰喇嘛等运回西藏佛像等项由》，《西康公报》1930 年，第 13 期，第 4、5 页。
② 《西藏名僧多杰格西在汉口佛教会传法祈祷》，《威音》1930 年 5 月，第 9 期，《新闻》第 2 页。
③ 郭又生：《诺们罕大喇嘛多杰觉拔格西事略》，《西南和平法会特刊》1936 年 4 月，《纪录》第 6 页。
④ 郭又生：《诺们罕大喇嘛多杰觉拔格西事略》，《西南和平法会特刊》1936 年 4 月，《纪录》第 6 页。
⑤ 张心若：《法会实录》，《西南和平法会特刊》1936 年 4 月，《纪录》第 19 页。
⑥ 张心若：《传法录》，《西南和平法会特刊》1936 年 4 月，《传授》第 16~21 页。
⑦ 张心若：《法会实录》，《西南和平法会特刊》1936 年 4 月，《纪录》第 20 页。

其他 14 位喇嘛前来，与注汪多杰等 4 位陪同喇嘛一起筹备参加法会。①
法会初步筹备完毕之际，得知川藏战事即将再起，多杰觉拔格西遂于
阴历八月初二修大白伞盖佛母法 7 天，祈祷和平。筹备会向成都、云
南、贵阳、重庆、潼川、渠县、绥定、遂宁等各地军政长官、各法团、
报馆通电呼吁西南和平法会期间，川滇黔三省全境发愿持斋 49 天，禁
屠 7 天。② 因大白伞盖佛母法"能速然国界安宁，亦能柔善疫病碍与
损害斗争，余他一切军兵也"③。多杰觉拔格西结合西南地区紧张局
势，应机与周边地区包括军政官员在内的信众共同修法，以息兵经咒
的诵念、因果业报的逻辑复合社会群体的和平诉求，暂时缓解双方冲
突，拯佑边民。

1930 年 10 月 4 日，西南和平法会在重庆真武山护国禅院举行入
坛仪式，"唐子晋师长、王治易师长、潘文华市长、张富安道尹同军
政各界暨渝总商会、佛学社各社董及男女来宾等一百余人，恭请尊者
入坛"④。法坛正中供"金刚狮王佛母像一尊，右供马头金刚像一尊，
左供白伞盖佛母像一尊。……坛为半月形，右侧供大悲千手观音像一
尊，次为药师佛；左侧供绿度母，次为嘛哈嘎喇，正中以五彩绸扎为
彩亭一座，中即曼达啰也。……坛外左右，一为消灾延寿处，贴各功
德施主姓名；一为荐亡往生处，遍贴追荐者姓名"⑤，供奉格鲁派密法
出世间佛部药师佛、部妃大白伞盖佛母；莲花部千手观音、马头金刚、
大黑天、金刚狮王佛母、绿度母等。通过直观的坛城、佛像法相"把
非具象的东西予以具象化……界定善恶是非"⑥，将信众审美情感与佛

① 张心若：《法会实录》，《西南和平法会特刊》1936 年 4 月，《纪录》第 20、21 页。
② 《本会通电》，《西南和平法会特刊》1936 年 4 月，《杂俎》第 1 页。
③ 《佛说大白伞盖总持陀罗尼经》，《大正藏》第 19 册，第 977 页。
④ 张心若：《法会实录》，《西南和平法会特刊》1936 年 4 月，《纪录》第 27 页。
⑤ 张心若：《法会实录》，《西南和平法会特刊》1936 年 4 月，《纪录》第 26 页。
⑥ 〔美〕哈洛德·伊萨克：《族群》，邓伯宸译，台北立绪文化事业有限公司，2004，第
221 页。

像表征相结合，引导信众理解抽象的密法内涵，并依据佛像的位置确立法会的主尊及主题，在具象密法名相意义的同时，为处于无边恐惧的信众提供信赖的解释。

法会期间修绿度母息灾法15天、金刚狮王佛母降伏法15天，11月21日，法会圆满。法会前刊发广告介绍供奉和佩持甘露丸的功用，而在法会期间，"先后定制有咒旗二种：一为绿度母咒，一为金刚狮王佛母咒。并甘露金刚丸无数，均加持成就"①。加持品作为信众皈依上师和三密修行的符号，以及法会境象和功德的载体，可以在信仰记忆中不断加固和圣化信仰者的归属感，比照上师身语意检视信众个体自我规范约束的持行即佛教界善治立序的过程。

法会"传秘宗大法十尊……内中又有无上大乘最高之金刚心法"②，多杰觉拔格西阐释双身金刚法像的供养方式与功德，"恭敬赞叹，尊重供养，常行不懈，决证菩提，成就报化二身，广度一切，如不勤修信仰，或生疑谤邪见，定堕金刚地狱，无有出期"③。他依金刚乘的殊胜、受法者的信心，在完成事续部灌顶、持咒的基础上，首次完整传授无上瑜伽密法，分析密法修行中"即身成佛"的方便与智慧，引入"佛慢"平等观念消除汉地佛教弟子对密法双身像的误读、怀疑与抵触。随后十几天依次进行释迦牟尼、金刚心、四臂观音、金刚手、弥陀长寿、药师佛、盖天金刚、黄红文殊、十一面观音灌顶，兼传大悲观音法、大礼拜法、供曼达法。④法会后，多杰觉拔格西从天气晴好、占卜国家无灾卦象和梦境吉相层面宣示法会感应，嘱望共转法轮，护持国家和平，消除战争灾难。⑤同时，强调将四加行作为

① 张心若：《法会实录》，《西南和平法会特刊》1936年4月，《纪录》第28页。
② 张心若：《传法录》，《西南和平法会特刊》1936年4月，《传授》第17页。
③ 张心若：《传法录》，《西南和平法会特刊》1936年4月，《传授》第17页。
④ 张心若：《传法录》，《西南和平法会特刊》1936年4月，《传授》第21、22页。
⑤ 张心若：《法会实录》，《西南和平法会特刊》1936年4月，《纪录》第30~35页。

密法修行的基础，兼以传授梦境修行以达明心见性的殊胜法要。

法会期间以公函的方式发布修法通告，以论疏文方式介绍法会的内容与功德，将三次邀请多杰觉拔格西的经过、法会相关信函和电文、法会实况、讲录内容及多杰觉拔格西翻译的《密乘法海》目录，集录并以《西南和平法会特刊》刊行。多杰觉拔格西前往成都主持法会之前，于1931年正月十九日至二月初二在长安寺主持金刚法会传授密法灌顶，并传授求雨的详细观法。① 2月16日~3月2日，为重庆新建菩提金刚塔装藏加持，修无上金刚大法，躬自绕塔数十匝。②

从法坛的建立、佛像的置放、牌位的设立到法本的流通、法物的应供，从修法的理论、灌顶加持到卜卦感应，从翻译记录到出版发行，从授法广众到团体如会，都显示出筹请举办西南和平法会的精心及长期请法的虔诚，而且彰显出西南地区佛教发展的良性环境。政府依据寺庙管理条例保护佛教，较为有效地防范地方权力对寺庙的干预和占有，并逐步建起川渝佛学社、汉藏教理院等汉藏佛教佛学交流团体。

1931年4月25日，应西南和平法会成都办事处邀请，多杰觉拔格西抵达成都。"二十四军代表张少扬、二十八军代表刘荫稷、二十九军代表汤万宇、王师长之中、冷师长寅冬、城防司令部朱参谋长戟生、文殊院老和尚禅安、文殊院方丈法光、昭觉寺方丈戒明、尧光寺方丈定超、宝光寺代表寂参师，草堂寺比丘数十人，军警团兵士一连，并音乐队暨男女居士约千余人，齐集武侯祠"③，恭候多杰觉拔格西，随即转乘至文殊院驻锡。5月11日，西南和平法会在成都文殊院开坛，多杰觉拔格西将在重庆翻译的《密乘法海》108册、法器运到成

① 张心若：《传法录》，《西南和平法会特刊》1936年4月，《传授》第21、22页。
② 张心若：《菩提金刚塔藏经目录》，《西南和平法会特刊》1936年4月，《附载》第11、12页。
③ 《欢迎多杰格西志盛》，《四川佛教月刊》1931年5月，第1卷，第2期，第12页。

都结缘，并赠成都佛学社乾隆时内府所铸高二尺镏金六臂观音菩萨像作为纪念。① 四川省主席刘文辉及第28、29军代表率领法会办事人等入坛礼佛礼座。② "华西费尔朴博士率领欧西男女二十余人接见多师，祈求开示。师为说六道轮回，人天苦乐及苦空无常之理，速求解脱，出离三界发大悲心，济度有情云。"③ 法会分别为男女居士传法皈戒，主要传授三乘戒、修密法之四加行，释迦佛、金刚手等密法灌顶、弥陀长寿合修及四臂观音等法门，以及辟谷法、加持丸药法、白文殊法、弥勒菩萨法。④ 6月28日，法会圆满。法会后金弘恕居士提出10个问题，多杰觉拔格西在问答环节指出上师须个人获得征验方可传授弟子，根据不同的法门本尊现相选择传授，同时逐一解释实修过程中的体验与手印相应、四加行与圆满次第的关系等问题。皈依密宗弟子刘履谦认为，净土法门和密法志愿同为往生西方，彼此间不相抵牾且称净土法门极好⑤，结合佛教与人生的关系，多杰觉拔格西客观评判显宗净土法门的方便与利益。多杰觉拔格西重视密法修行的戒律传授、加行灌顶与净土方便法门修持的要诀，注重佛教理论认知与密法修持之间的结合，以心识相应抵达圆满境界。

法会内容在《西南和平法会特刊》刊发后，闻法弟子认为法会所传弥陀长寿合修法，"方便善巧，能作最后之决定保证。……又兼原编尚有当补明，或削除之处，今特另编一册。……按册修习，共证弥陀"⑥，易修易证，决定再次付印。净密为《弥陀长寿合修法》出版作序，在序言中谈到能海法师在四川得闻多杰觉拔格西传授此法，寄望

---

① 《和平法会近闻》，《四川佛教月刊》1931年5月，第1卷，第2期，第14、15页。
② 《西南和平法会开坛纪盛》，《四川佛教月刊》1931年6月，第1卷，第3期，第9页。
③ 《和平法会要闻》，《四川佛教月刊》1931年6月，第1卷，第3期，第10页。
④ 《和平法会要闻》，《四川佛教月刊》1931年6月，第1卷，第3期，第10页。
⑤ 《多尊者在世界佛教居士林传法志盛》，《威音》1934年1月，第55期，第5、6页。
⑥ 净密：《重编密传弥陀长寿合修法序》，《佛学半月刊》1934年3月16日，第75期，第4卷，第6号，第9页。

弟子惜缘修持，"此藏中异常殊胜妙宝，非修学十二年后，不得承习，今诸公何得之易耶"①。多杰觉拔格西公开传授密法，虽"颇滋藏人之议，而师不顾也"②，不凭借宗教神秘主义的理念刻意强调密法的非外溢性，不怀疑信众启请的虔诚与修持的信心，公开为众人说法、刊行法本是藏传佛教得以在内地传续而采取的方便途径，以渐进引导的方式为信众接受理解并如法修持。四川省主席刘文辉亲临法会礼佛，以政府的名义向周边省份及四川各县市函电呼吁信众在法会期间守持戒律，禁止杀戮，同向和平。

多杰觉拔格西先后在重庆和四川等地举办西南和平法会，呼吁川滇黔三省共同祈愿和平息战。法会期间传授密法的戒律、灌顶和修法的念诵与仪轨，注重持诵六字大明咒的功德，引导信众皈依净戒。多杰觉拔格西在三次《开示录》中从六道轮回、业力流转到发菩提心为学佛成就的首要，详细阐发"三士道"修行次第；三次《传戒录》中主讲显密五戒、密教蒙母八戒、密教根本戒十四条，补录续添密教戒律传承。其后，从目前国内政治、教育、佛事、习尚之颠倒的现状入手，运用佛教的因果理论分析世间法的失衡与错讹，社会秩序的缺失，传统文化的衰破，拜物享娱的心志，以及公益施舍之匮乏，并运用佛教的戒律与价值观念衡量社会现象与世俗制度，以及信众在佛教与社会的关系中认识个人信仰的因缘与辐射效应。

1933 年 11 月中旬，多杰觉拔格西在刘玉庵居士家传授绿度母心咒。③ 30 日，由浙江上虞金弘恕居士发起，请多杰觉拔格西在上海闸北世界佛教居士林开坛传授密法，"本埠缁素男女前往求法者，计比

---

① 净密：《重编密传弥陀长寿合修法序》，《佛学半月刊》1934 年 3 月 16 日，第 75 期，第 4 卷，第 6 号，第 9 页。

② 净密：《重编密传弥陀长寿合修法序》，《佛学半月刊》1934 年 3 月 16 日，第 75 期，第 4 卷，第 6 号，第 9 页。

③ 《多杰尊者过沪传法纪略》，《佛学半月刊》1933 年 12 月 16 日，第 69 期，第 3 卷，第 24 号，第 9 页。

丘十余人，女居士六十余人。男居士王一亭、范古农、袁希濂、陆渊雷、张修五、陈仲良、杨吉甫等约百余人。……先开示皈依要旨及供养、观空、礼拜诸法。……第一，由尊者个人修法加持。第二，开示法要：一、发菩提心；二、修四皈依；三、接佛风法。……第三，传授弥陀长寿合修法。第四，普授诸咒：弥陀咒、长寿佛咒、尊胜佛咒、光佛母咒、四臂观音咒、大悲观音咒、金刚手咒、军茶〔荼〕利咒、四大天王咒、舌咒（梵文字母），尚有绿度母咒、黄度母咒、文殊咒等。第五，灌顶结缘"①。多杰觉拔格西从学佛发菩提心、观空讲到大乘佛教"空"的理论，将"空"分为"声闻空""缘觉空""菩萨空"。②他结合内地信众学法的目的和愿望，重点阐发合修弥陀长寿法③在往生净土、超度亡灵上的效力，度亡是修法度他的利益。合修法不仅可以往生净土，而且可以延寿住世，结合阿弥陀佛法和无量寿法的功德共同修行。通过比较汉地弟子比较熟悉的净土法门在汉藏佛教中修行的切近与差异，使弟子从内容上理解弥陀咒和长寿佛咒的功德，从音译的咒语与咒语含义附和修持，增进对汉藏佛教相似法门修行的认识。接着，传授修习四臂观音的功德，并依密教仪轨为在座者一一灌顶。法会后，佛教居士林总务主任李经纬、理事曾友生、林海山宴请并引导多杰觉拔格西参观该林佛教图书馆。④

---

① 《多尊者在世界佛教居士林传法志盛》，《威音》1934 年 1 月，第 55 期，第 3~5 页。
② 《多杰尊者过沪传法纪略》，《佛学半月刊》1933 年 12 月 16 日，第 69 期，第 3 卷，第 24号，第 9 页。
③ 多杰格西多次传授弥陀长寿法，此次在上海居士林法会上具体讲述该法，"此法本尊为长寿，即无量寿，无量寿即阿弥陀，是一而二，二而一。但阿弥陀佛为化身相，长寿佛乃报身相，报身佛非凡夫能见，带业往生者尤不易获观，吾人持念念佛，只能见化身佛，不能见报身佛。如欲见报身佛，须依法作观。如十六观经说，故观经称无量寿，小本称阿弥陀，各有妙义。……较之显教念佛生西之难，诚不可以道里计。且本法之妙用，除行者一面能随意往生，一面又能获得长命甘露延寿往生生死自由外，对于超度亡者，尚有不可思议之效力。学密者无论修何法，均宜先学此法，以备无常骤至。彼法未成，即用此以往生"（《多杰尊者过沪传法纪略》，《佛学半月刊》1933 年 12 月 16 日，第 3 卷，第 24 号，第 9、10 页）。
④ 《多尊者在世界佛教居士林传法志盛》，《威音》1934 年 1 月，第 55 期，第 5 页。

1933 年 12 月，多杰觉拔格西离开上海，赴往香港。梁济公居士受上海居士函请委托招待，召集弟子共谒请多杰觉拔格西从旅舍"移居坚道，以便弘法"①。多杰觉拔格西先演讲佛法大意和显密基本知识，后弟子祈请灌顶传法，"于夏历癸酉年十月廿七日授四皈依法、五戒、菩萨戒、释尊法。廿八日授三昧耶戒、金刚心、黄红文殊、金刚手诸菩萨法。廿九日传马头菩萨、白伞盖佛顶、狮子金刚法。十一月初一传弥陀长寿佛法、四臂观音、药师佛、盖天金刚、绿度母等法及大悲等咒。初二日传金刚佛母护摩法。初三日传光佛母、时轮金刚、不动□〔佛〕、宗喀巴祖师等法。受戒灌顶者有释七僧、蔡咏南、蔡渊若、梁济公、符秉坤、刘传秋、欧阳藻裳、欧阳子文、陆无为、陆鸿飞、胡伯毅、莫炳铨等十余居士。余渊齐女士及西人蒲乐道，结缘灌顶亦有数十人，初四日，法会圆满"②。此次是多杰觉拔格西在内地最后一次讲授密法的戒律和法门，也是他第一次在内地传授密法最殊胜的法门——时轮金刚法，并在香港书写完自己在内地和平息灾修法的历程。

诺那呼图克图前往广东传法时，其弟子得知多杰觉拔格西在广东，并将返回拉萨省亲，弟子遂挽留格西在南京传法。1934 年 4 月，"由居觉生、石青阳、陶冶公、王右瑜、王允恭、周仲良、谢铸陈、拓鲁生、陈济伯、汪通甫、文素松、余文华等十余人，醵资供养，赁定唱经楼尖角营之廿五号寓所，每日下午七时起讲演密宗入门。……四月中，传授上乐金刚法"③。此后，多杰觉拔格西"经南洋至印度，

---

① 多杰谢若：《多杰觉拔尊者香港传法记》，《佛学半月刊》1934 年 4 月 16 日，第 77 期，第 4 卷，第 8 号，第 9 页。

② 多杰谢若：《多杰觉拔尊者香港传法记》，《佛学半月刊》1934 年 4 月 16 日，第 77 期，第 4 卷，第 8 号，第 9、10 页。

③ 《觉拔上师在京传法讲经》，《时轮金刚法会专号》（《佛学半月刊》1934 年，第 78 期），第 54、55 页。

朝莲花生大士当日修法处，由大吉岭至菩提伽耶朝礼大觉塔"①。

自显荫法师、王弘愿、大勇法师等从日本学密归来，汉地佛教界略识密法传承的严谨与规整，佛教界企望改变汉地寺院凋敝、僧人团体衰微和管理世俗化的现状，回归佛教自律及在世俗生活谱系中的神圣价值。汉地信众虽然皈依不同的佛教派别，多杰觉拔格西前往内地各省讲述藏传佛教闻思修的理论与修持，结合藏传佛教的师承关系分析僧团体系重建的心智基础，在信仰层面与信众具有共同的认知内核与意识底蕴，承续着相近的价值意识与践行方式。包括军政官员在内的信众迫切需要问答国族命运与个人生死问题，并希望获得规避风险与外部保护的途径。多杰觉拔格西的弘法活动和试图纾解困顿的忧虑与汉地佛教界高僧的问答类似，且密法的讲授内容与汉地佛教秩序重建复兴发展的途径相吻合。

由于密法仪式②和理性内容的交互存在，上师逻辑分析现世困厄因缘，提出救世度亡方式，促使信众重新思考"小我"与"世难"之间的关系。藏传佛教受戒灌顶"皈依上师"在金刚乘的特殊意义，与汉地信仰者和寺院之间非归属性的松弛关系形成对比，信众认为"上师并不仅仅传授知识，而且也传授他从自己所继承的那位上师手中获得的心之神通力"③。信众与上师之间的关系不仅是仪式过程中的供养与施教的关系，因为皈依者"原来处于意识边缘的宗教观念，现在占据了中心位置，而且，宗教目标构成他能力的习惯中心"④。"四皈依"的学法基础成为信众与僧人之间连接的脉系，信众逐渐减弱信仰心理

---

① 于凌波：《民国高僧传四编》，台北慧明文化事业有限公司，2002，第316页。
② "仪式的作用，一样可以安慰信徒，仪式可以代表领袖，仪式可以代表信奉的对象物——天或神，仪式可以引摄信徒的精神，仪式就是宗教全般的活现，那末，宗教仪式就是人间痛苦现象的第一步的反映，宗教所期于天国等理想是整个的人间反映。"（法舫：《宗教在人间》，《海潮音》1936年1月，第17卷，第1号，第18、19页）
③ 〔英〕约翰·布洛菲尔德：《西藏佛教密宗》，耿昇译，中国藏学出版社，2012，第109页。
④ 〔美〕威廉·詹姆斯：《宗教经验种种》，尚新建译，华夏出版社，2008，第142页。

上的隔阂与猜疑，重新定位他者文化的现实性存在与历史性积淀。在信仰选择过程中，信众初次体验到被善知识庇护与接纳的感受，建立起个人自觉性与未来成就之间的系牵感。

多杰觉拔格西通过公开法会、居士供养传法等形式系统讲述密法，尤其在两次和平法会上从佛像、法器、坛城到各种法门和灌顶的利益集中传授，使汉地佛教界逐渐消除因文化交流梗滞所形成的对藏族宗教和文化的误识与执见，双方共同的文化接近成为汉藏佛教界理解与共融的交会点，并依赖此共信基础，汉藏佛教界得以逐渐建立起民国时期文化交流的渠道与平台。同时，汉地佛学团体的逐步建立促使佛教文化复兴由内聚模式转向外延视界，逐渐注重借鉴藏传佛教存续的内在文化根基与僧伽制度的严密传承模式。

1936 年，多杰觉拔格西由印度返回拉萨，驻锡哲蚌寺，宣传内地的佛教政策和汉地的佛教文化，为消除阻滞汉藏佛教文化深入交流的因素提供条件。在寺院内有针对性地颁行汉地僧人来西藏学法的宽松的管理方法，给汉地僧侣游学西藏学习佛法提供政策和经济上的支持，推促更多的汉地僧人前来西藏学法。多杰觉拔格西虽远在拉萨，仍接受重庆佛学社张心若居士的邀请，共同修法，"召集别蚌寺、噶登寺、色惹寺三大寺各大德会商全体喇嘛数万人一致修法加持，而密宗觉巴寺五百喇嘛，亦同时修法不断，为国祈祷"①。为救国离难与汉地佛教界一同祈祷共修，见证民国时期汉藏佛教界遥隔时空以法会方式进行交流的历史，显示出多杰觉拔格西在内地佛教界的影响及汉地信众对藏传佛教密法的理解与信守。汉藏佛教界共同经历和面对的国族问题、共同慈悲和平救国的理念，以及共同的价值诉求交会契合，系结成护国、息灾、和平法会的因缘，亦成为汉藏佛教界交流进程拓展延续的政治文化元素。

---

① 《西藏喇嘛修法祈祷》，《海潮音》1937 年 11 月，第 18 卷，第 11 号，第 44 页。

第二节　九世班禅弘法宣化活动

九世班禅奔赴内地后，多次明确表达希望消除汉藏关系的隔阂，通过佛教建立彼此了解的契合点，以支持汉地佛教界研究藏传佛教为起点，开启在内地弘法讲经的行程。九世班禅奔赴各省寺院和佛学团体谈论汉藏佛教发展的历史，强调修持显密应在发菩提心基础上次第渐行。九世班禅前往满蒙和甘青宣化，以共同信仰凝聚边疆的民族统一意识和历史依存的情结，通过宗教和政治的关系比量政治中的玄机与叵测，并以时轮金刚法会为契机建立汉藏佛学研究和经典刊行的平台，同时在蒙藏学院和菩提学会筹立以汉藏佛教研究为主要内容的道场、办事机构，培训专职翻译人才。

九世班禅将如何稳固西藏社会局势、维系国家统一作为行动考量，行走于边疆和内地多省弘法宣化，并在法会上表述他对于汉藏关系历史续写的牵念。将佛教文化交流和合作作为汉藏关系长期发展的基础，九世班禅在对政治的忧虑以及对现实的判断中，定位佛教界在汉藏关系中的主体性，旨在通过经典翻译、修行借鉴和历史源流的共同研究，不偏重派系学说，不限制地域范围，不阻隔川藏战事，依于信仰文化的责任与佛教的现世利益致力沟通汉藏关系。

一　赴内地以佛教融合汉藏关系

1925年2月，九世班禅驻锡瀛台，"逐日往瀛台顶礼者少则数百人，多至千余人"[1]。随后，九世班禅晋谒段祺瑞阐明其来内地的任务和目的。4月，记者赴瀛台访谒九世班禅之左右堪布及翻译官张玉梁时，得到了关于其任务的详细回答，"（甲）促成藏案之解决，（乙）

---

[1]　《班禅晋谒段执政》，《海潮音》1925年4月，第6卷，第4期，《事纪》第12页。

增进汉藏各族之亲善与了解，（丙）整顿黄教"①。九世班禅所经途中与各地方长官交换意见，破除以往旧的体制，以平等和友善的方式会见交流；在民族和国家方面，九世班禅从民族团结与解决历史遗留问题出发，表达在内地活动的主旨；在宗教事务方面，九世班禅以为国民虑思规划而实施在内地的弘法、讲经事务，这一表达贯穿于九世班禅在内地弘法十几年的经历之中，在法会和宣化过程中体现出其历史使命感与民族责任感。4月12日，"北京尚贤堂，中外各教联合会会长英人李佳白，约会各宗教代表，及少数名流，在瀛台欢迎禅师……当时参与欢迎者，有耶稣教徒，有天主堂教徒，有东天主主徒，有回教徒，有印度婆罗门教徒，有道教道士，有佛教和尚，加以西藏喇嘛……瀛台前院中人头济济不下二千人"②。九世班禅宣讲佛旨，分析现世和来世之因果轮回律，劝向善止恶，期知行博爱，万教大同，万善同归。"人有所敬畏，庶可去恶向善矣。"③ 北京各阶层宗教人士联合发起全国各宗教信徒国民会议协成会，选举九世班禅、王与楫等为执行委员。

1925 年 2 月 25 日，北京佛教藏文学院院长大勇法师率全体师生 30 人前往瀛台觐见九世班禅。觐见礼毕，"咸蒙摩顶，班禅时座上炕，勇师坐其左侧，众两旁侍立欲聆训诫也。既由班禅发言，张君翻译"④。九世班禅褒扬北京佛教藏文学院通过学习藏文以探研佛法的举措，"诸位为佛法而学习藏文语，此极佳之事。近佛法将大兴，惟各勉之而已"⑤。谈到修行佛法显密经咒之事，"至言佛法大概分经咒

① 《班禅来京之任务与目的》，《海潮音》1925 年 4 月，第 6 卷，第 4 期，《事纪》第 12 页。黄教，即格鲁派。
② 《尚贤堂欢迎班禅之情形》，《海潮音》1925 年 4 月，第 6 卷，第 4 期，《事纪》第 15 页。
③ 《各教代表参谒班禅》，《海潮音》1925 年 4 月，第 6 卷，第 4 期，《事纪》第 18 页。
④ 恒演：《佛教藏文学院全体觐见般禅记》，《海潮音》1925 年 4 月，第 6 卷，第 3 期，《事纪》第 13 页。
⑤ 恒演：《佛教藏文学院全体觐见般禅记》，《海潮音》1925 年 4 月，第 6 卷，第 3 期，《事纪》第 13 页。

'按即显密之谓耳'，二种必先明经教大意，深识因果道理，而后可学咒。入道要门尤重戒律。……复次，佛教中有三法要，谓戒、定、慧，广则有八万四千经论，具在可习而知也又有三，谓闻、思、修。凡读佛经须善自参悟，始可得其奥义。……再者，发心学法最须认定一可信赖之喇嘛"①。九世班禅对修习先显后密的次第和藏密修行的"十善"戒律进行详解，并回答学僧有关《金刚经》的提问，在经论要义与闻思修行层面阐明藏密修习，对于准备入藏求法的预备学校——北京佛教藏文学院的全体学僧来讲具有重要的指导意义。他们在藏文学习和经典研读方面得以明确方向，初步了解认识藏密的广博与严密。同时，九世班禅的此次谈话也成为密宗在内地萌生阶段汉地佛教界尝试解开藏密深刻宏义的锁钥。九世班禅在佛教界的威望及其广泛的信众基础为藏密在内地的兴起和弘传创造了有利条件，成为促成和推进汉藏佛教界文化交流的强大动力源泉。当时，正处于东密译经在内地开始发行及日本僧人在华从事佛教活动的初始阶段，九世班禅对藏密的系统阐释促使北京佛教藏文学院的师生更为准确地认识了藏密和东密的不同内涵及藏密与内地佛教之间的渊源关系。

1925 年 3 月，"临时执政段祺瑞及许世英②、汤芗铭③等，请太虚在中央公园社稷坛设护国般若法会，并请班禅祈祷息灾"④，"为国家

① 恒演：《佛教藏文学院全体觐见般禅记》，《海潮音》1925 年 4 月，第 6 卷，第 3 期，《事纪》第 13 页。
② 许世英（1873~1964），字静仁，号俊人，安徽至德人。1925 年任段祺瑞政府内阁总理。1928 年任国民政府赈务委员会委员长兼全国财政委员会主席。1936 年任驻日大使。1947 年任国民政府委员兼蒙藏委员会委员长。
③ 汤芗铭（1885~1975），字铸新，湖北浠水人。1925 年，白普仁法师南下汉口传法，受白普仁法师的启发，汤芗铭入坛受灌顶依为居士。1940 年在北海公园永安寺成立佛教团体"菩提学会"。1946 年在汉口发起成立"佛教正信会"，兼任武昌佛学院董事长及上海菩提学会出版部主任。主要著作有《辛亥海军起义的前前后后》《菩提戒二十颂》《三十唯识绎论》《大威德金刚——尊略轨》《咕噜咕勒佛母成就法》《迁转心要》《光蕴迁转法》《加持舌法》《菩提正道菩萨戒论》等。
④ 尘空：《民国佛教年纪》，载于张曼涛《现代佛教学术丛刊》（86），《民国佛教篇》，北京图书馆出版社，2005，第 187 页。

销除苦厄，似此显密双修，必能仰邀佛陀。如蒙允行，则我全国人民及大地众生，皆将感戴鸿慈"①。适逢九世班禅主持译经，未能亲临法会。九世班禅在复函中陈述了翻译经典以通达民众、弘扬藏传佛教的途径，对民众、政府重视和弘扬藏传佛教以维持时局表叙感激之意。"素闻诸公道德高尚，仁惠普及，悯众生之痛苦，望时局之奠定，发扬黄教之宗旨，拯救苍赤之生灵，而对慈善各事，无不尽力乐助。实为感佩之至。班禅本欲恭趋法坛，亲聆讲经，以明佛理之真谛，奈格于语言，又素乏深通佛经之翻译。若不慎重其事，恐蹈差毫失千之虞，其咎匪轻。刻下研究撮其经中之要典，翻成汉文，俾众咸知。今着手进行，庶免错误，期达诸君救民之慈意。班禅暂时难来躬亲聆讲，然亦朝夕诵经祝祷佛祖成全诸君善念耳。"②

二 举办法会

1925 年，九世班禅由北京前往浙江，途中驻锡上海，中华佛教总会会长清海法师③前往西区谒见九世班禅。清海法师以为佛法的堕落系近代僧教育缺失所致，表达希望九世班禅在内地弘扬佛法、对佛教教育关注的愿望，希望汉藏佛教界共同弘扬佛法。九世班禅南下历经上海、杭州，后前往普陀山诵经祈祷，始返北京。"后南游各地，与诸当道接洽，皆以提倡佛化为第一义，其问答言谈……极欲将西藏佛法流通中华，故回京后，拟呈请执政于江浙繁盛地点，设一华藏经教院，以期重振教旨，命其弟子罗桑倾批（即陈鉴岐）拟就办事大纲，筹备一切，顷接活佛自五台来信，一俟返京，即派代表不日南下，筹

① 《护国般若法会请班禅祈祷》，《海潮音》1925 年 4 月，第 6 卷，第 3 期，《事纪》第 10 页。
② 《护国般若法会请班禅祈祷》，《海潮音》1925 年 4 月，第 6 卷，第 3 期，《事纪》第 10 页。
③ 清海法师（1865~1939），即静波老和尚，俗姓陈，江苏盐城人。在盐城西方庵剃度，1885 在句容宝华山隆昌律寺受具足戒。1891 年任常州清凉寺方丈。1911 年 4 月起任中华佛教总会副会长、《佛教月刊》经理，后任中华佛教总会会长，并任西藏班禅活佛驻京代表、蒙古呼图克图活佛驻京代表等职。1938 年兼任无锡南禅寺住持。

备进行，将来办有就绪，尚须依次推行各省云，此为中华佛化前途最好消息。西藏文化事业，传说五明诸学极盛，而尤以佛学为中心，且有超过六朝三唐之概，适此机会，总可和盘输入……顾彼东西两方面之情势和态度，不到十年内即可构〔沟〕通其两方面佛化而为一种中华佛化，然此有一言不可不为吾华佛教界同志道者，即佛化之根本立脚点在何处，是切长补短，应时适变，是在当人荐取也。中华将来的佛化为何佛化，当于此卜之。"① 九世班禅的南下经历使他对内地佛教的信仰状况更为了解，有利于寻求汉藏佛教界文化交流施行的弹性政策空间，建立起社会各阶层共同参与的理解与认识渠道。

1931 年 7 月，"王九龄②、朱庆澜③等发起请班禅在北平雍和宫建时轮金刚法会"④。常惺法师⑤发表《时轮法会劝发起文》一文，请九世班禅弘法禳灾。九世班禅适在内蒙古地区进行宣化活动，但在复函中表示接受邀请，并讨论显密共同弘传的重要意义。"诸公欲消现在浩劫，令诸众生离苦得乐，此世来世，悉蒙福利。当此末法时代，于

---

① 《班禅对华佛教消息》，《海潮音》1925 年 12 月，第 6 卷，第 9、10 期，《附载·时事》第 2、3 页。
② 王九龄（1880~1951），字竹村，号梦菊，云南云龙人。1925 年担任执政府教育总长。1926 年参与筹建上海藏文学院。
③ 朱庆澜（1874~1941），字子桥，浙江绍兴人。1915 年开设黑龙江省立女子教养院。1930年与杨明尘、北平柏林寺住持台源和尚共议发起创办"柏林教理院"。时任华北慈善团体联合会会长。
④ 尘空：《民国佛教年纪》，载于张曼涛《现代佛教学术丛刊》(86)，《民国佛教篇》，北京图书馆出版社，2005，第 205 页。
⑤ 常惺法师（1896~1939），俗姓朱，字常惺，法名寂祥，江苏如皋人。1907 年依福成寺自诚和尚出家，并进入如皋师范学校学习。1915 年入上海华严大学，学习华严宗义，后在南京宝华山受具足戒。1917 年在浙江四明山观宗寺依谛闲法师研习天台教观。1921 年于安庆迎江寺主办佛学院。1924 年出席在庐山举行的第一次世界佛教联合会。1925 年辅助太虚法师于厦门南普陀寺创办闽南佛学院。1928 年从持松法师修学密法，受密教灌顶。1929 年于杭州昭庆寺主办僧师范讲习所，为发展僧教育而培养师资。1930 年应北平台源和尚之邀至北平主持柏林教理院，受聘为院长。同年担任"世界佛学院"筹备委员。1931 年接任江苏泰县光孝寺住持，创设光孝佛学研究社，招收学僧，研究佛学。1933 年出任厦门南普陀寺住持，并兼任闽南佛学院院长。1936 年任中国佛教会秘书长（于凌波：《中国近现代佛教人物志》，宗教文化出版社，1995，第 211~213 页）。

上师三宝具深信心，于大密乘金刚经道结殊胜缘，载聆名言，不胜欢喜。夫国家安危，人民苦乐，胥视政治之良窳，而政治之良窳，又全在佛法之隆替。应如何俾佛日增辉法轮常转，诸公本此宏愿，以修习时轮金刚大灌顶法见委，予亦即欲早赴北平，以副众望。……诸大居士，精进弗懈，在八月以前将传法宗旨与夫善恶因果之理，通知各省，广为劝导，必使人人有向善之心，自有同享太平之日。"①九世班禅在第二封复函中谈及兵连祸结、众生受苦是因缘于昧于善恶之理，从而提出如何修行弘法的问题，并表达将显宗修行与密宗相结合修持、了悟善恶因果的必要性。九世班禅阐述修行菩提心之理由详载于"般若经与圣宗喀巴祖师菩提道次第中"②，"令其了澈善恶因果之理，一切兵祸，自然止息。惟诸大居士共勉之。夫教理既明，须进而求自证之道。故修持心法，在所必讲，通常修持有三要，曰决出心、菩提心与正见，三者是也。……上来所述，皆显宗通常之法，由此钝炼，意根已熟，再行入密。所谓密道者，断除所知烦恼二见，较上述菩提心等，虽无大别，然以秘密加持之故，吾人于修习时，效力宏达而殊胜，故去障较易，道根速生，亦是非常差别，故名为胜道，亦名大密当道。概括之言，理难曲尽，如欲洞悉此中蕴奥者，望于各显密经论本中，详细求之可也。上来所述，依自力以修持，复为他广说，犹望精进不懈，持之以久，是则鄙人之所盼祷也"③。九世班禅结合善恶修行和政治良窳之间的关系，叙述大乘佛教和密宗的修持方法、修行次第的功德利益，主张将汉藏修行和劝导民众信奉密宗作为解义消障的重要方式与内容引入汉地佛教界，将般若经和宗喀巴大师的菩提道次第作为

---

① 《班禅大师致时轮金刚法会书（一）》，《海潮音》1932年8月，第13卷，第8号，第111页。

② 《班禅大师致时轮金刚法会书（二）》，《海潮音》1932年8月，第13卷，第8号，第113页。

③ 《班禅大师致时轮金刚法会书（二）》，《海潮音》1932年8月，第13卷，第8号，第113页。

念诵经典，援引藏传佛教经典精要以求佛教补政治之未及。

1932 年 12 月，"首都各界廿四日晨九时在中大礼堂举行欢迎班禅、章嘉及蒙古王公大会。到班禅、章嘉、亲王卓里入图，暨各王公、中委克兴额[①]等，及市党部委员雷震[②]等十机关代表、记者约三千人。由雷震主席致辞。略谓：总理主义，亦即佛教精神，望两大师与各王公本佛教救世救人之宏愿，以达先总理世界大同之目的。继由班禅答词，由格桑泽仁[③]传译"[④]。九世班禅的答词言以宗教来振导人心，与三民主义和佛教在救国之道上具有一致性，章嘉呼图克图亦从宗教和边疆的关系来分析内蒙古的形势，两位大师均以宗教、民族和国家的角度阐发巩固五族共和的思想。"欲以宗教救国，盖宗教可以补政治之不及，在国家紊乱时，宗教有大力足以维系人心。……章嘉则预制演辞，译成汉文，由译者宣读，略谓：章嘉世掌蒙古黄教，此次奉命宣化蒙旗，到京后，又蒙优待，实深感谢。……本我佛救人救世之心，以保障东亚和平。"[⑤]

1932 年，屈映光[⑥]、段芝泉、朱之桥、赵夷武[⑦]、汤住心等礼请九世班禅于北平传时轮金刚法，在故宫太和殿启建时轮金刚法会，祈祷

---

① 克兴额，生卒年不详，原名李致庵，字指南，卓索图盟喀喇沁右旗人。历任国民政府委员会参事，国民党第三、四届中央候补执行委员，蒙藏委员会委员兼常务委员，国民党中央宣传部《蒙藏周报》《蒙藏旬刊》社主任（忒莫勒：《克兴额考辨》，《蒙古学信息》1997 年第 4 期）。

② 雷震（1897~1979），字儆寰，浙江长兴人。1932 年担任国民党南京党代表大会主席团主席。

③ 格桑泽仁（1905~1946），汉名王天杰（一说王天化），四川巴塘人。1924 年加入国民党。1926 年随九世班禅代表宫敦札西赴南京，并到东北拜访九世班禅。1928 年夏任蒙藏委员会委员，兼藏事处处长。1931 年为国民党驻西康省党务特派员［黄天华：《民国西康格桑泽仁事件研究》，《四川师范大学学报》（社会科学版）2009 年第 5 期］。

④ 《首都各界欢迎班禅章嘉两大师》，《海潮音》1933 年 1 月，第 14 卷，第 1 号，第 109 页。

⑤ 《首都各界欢迎班禅章嘉两大师》，《海潮音》1933 年 1 月，第 14 卷，第 1 号，第 109 页。

⑥ 屈映光（1883~1973），字文六，法名法贤，浙江临海人。1914 年任浙江巡按使。1919 年任山东省省长。1925 年 5 月被段祺瑞任命为临时参政院参政。皈依谛闲法师、大勇法师、九世班禅、白普仁喇嘛、贡嘎呼图克图等，显密兼修，获授记灌顶，佩金刚阿阇黎印。后与关絅之、黄涵之等组织成立"上海慈善团体联合救灾会"（慈联会）。

⑦ 赵夷武（1880~1971），名恒惕，字夷午，彝五，号炎午，湖南衡山人。1920 年任湘军总司令。1922 年任湖南省省长。1926 年起隐居上海 11 年。

国泰民安，与会皈依者达 10 万余人。法会从 10 月 21 日开始，历时 3 天，包括政府要员在内参加法会者达数万人之多。"为近年佛教之大规模运动，亦为民国以来，喇嘛在内宏法之新纪录。"① 12 月，九世班禅前往南京，"居正、邵元冲②及蒙委会委员唐柯三③、参事吴鹤龄④、参事部边务组委员刘朴忱，十七晨往陵园蒋邸访班禅。下午戴传贤与王震亦往访，谈佛学及整理佛教，约两个小时。……班禅筱下午一时，召大堪布秘书长及各重要随员开谈话会，并定皓招待京市新闻界"⑤。

　　1933 年 1 月，"戴季陶等请班禅于宝华山主持药师法会，会众有发（十二）愿文（药师法会发十二愿文序）"⑥。1934 年 4 月，太虚法师由上海前往南京中国佛学会说法，"大师此次抵京，系与班禅大师商洽要公，事毕即回沪"⑦。同月，戴季陶、褚民谊⑧、汤铸新、王一亭、陈元白等在杭州灵隐寺发起启建时轮金刚法会，上海总办事处派陶叔惠、赵炎午等至杭州组织成立杭州事务所筹备处，特派代表至南京迎请九世班禅赴杭州主持法会。5 月，太虚法师抵杭州参加时轮金刚法会。"时大师从班禅受金刚阿阇黎灌顶，执弟子礼。专事弘扬'人生佛教'之大师，乃应机而学'融摄魔梵'之密咒，识与不识，多为惊奇。然就大师一切皆为方便，无事不可适应之心境观之，则亦

① 法舫：《二十一年度全国佛教之总成绩》，《海潮音》1932 年 12 月，第 13 卷，第 12 号，第 144 页。

② 邵元冲（1890~1936），字翼如，浙江绍兴人。时任国民政府委员，兼任立法院代理院长。

③ 唐柯三（1882~1950），山东邹县人。1912 年任第一届国会参议院议员。1930 年任国民政府蒙藏委员会委员兼总务处长。后任蒙古会议秘书长、国民政府特派调查康藏事宜专员、参谋本部边务组专门委员、行政院新疆建设计划委员会委员。1938 年 5 月，在武汉成立中国回民救国协会，任副理事长。著有《赴康日记》。

④ 吴鹤龄（1896~1980），蒙古名乌尼伯英，卓索图盟喀喇沁右旗人。曾任蒙藏委员会蒙事处处长、蒙藏委员会委员。

⑤ 《要人争访班禅谈整理佛教》，《海潮音》1933 年 1 月，第 14 卷，第 1 号，第 109 页。

⑥ 释印顺：《太虚法师年谱》，宗教文化出版社，1995，第 193 页。

⑦ 《太虚大师在京甬弘化之近讯》，《海潮音》1934 年 4 月，第 15 卷，第 4 号，第 111 页。

⑧ 褚民谊（1884~1946），原名明遗，字重行，别署乐天居士，浙江湖州人。时任国民政府行政院秘书长。

无足惊奇。其后，大师作'答客问'以自解：数年来，与班禅大师晤谈多次，彼此相知渐深。春间，得超一师为译语，谈论益畅，赞余为汉地弘扬佛法第一人。惜言文隔碍，不能互相研究。因答：余亦极欲研究西藏佛教特胜之密咒。当谓非灌顶传授不可。余于佛师古制，非万不获已，不肯违背。因谓：如能授以总灌顶，俾可自在研究诸咒部者，当从大师授之。亟蒙喜允，为专授金刚阿阇黎大灌顶法。此余为得研习一切咒法之自在，从受灌顶之意义及经过也。"① 太虚法师在九世班禅座下灌顶，并在研究密宗方面得到九世班禅的切身传授，消除汉地佛教界部分僧俗信众对藏密的质疑。因于太虚法师对藏密的接受与认同，亦开启汉地佛教界拓展研究密宗的新阶段。太虚法师在自传中谈及与九世班禅的接触和交往及其对密宗的理解和认识，这些对其开展佛教改进运动、支持汉地僧人前往西藏求法、建立研究西藏佛教的机构等方面产生了一定的影响。在日本密宗和藏密传入内地的同时，太虚法师对密宗的认识和理解对于汉藏佛教界交流的扩大，以及太虚法师建立以西藏为三大中心之一的世界佛学中心具有重要意义。

1934 年 3 月 19 日，九世班禅"应中央大学校长罗家伦之请，前往出席总理纪念周，并讲演'西藏政教之始末'，由其秘书长刘家驹翻译，辞极详尽。讲演中关于西藏史料弥足珍贵"②，讲演包括释迦预言、一世藏王、藏文来源、中藏联姻、旧经时代、新经时代、宗派甚多、黄教创始、二大弟子、蒙兵侵藏、崇信佛教、四摄度生、希望诸生 13 个部分，讲述西藏历史地理的传说、佛教的缘起、佛教的传承、佛经的翻译、自唐朝以来中藏关系的发展、佛教弘传不同历史时期的特点、格鲁派的创始和两大活佛系统的建立、清朝派兵平定准噶尔叛乱、藏传佛教在西藏的政教地位及对三民主义的理解，还包括用施教施

① 释印顺：《太虚法师年谱》，宗教文化出版社，1995，第 200、201 页。
② 《班禅大师讲西藏政教之始末》，《海潮音》1934 年 4 月，第 15 卷，第 4 号，第 110 页。

政成就军事、政治和教育建设的善行善道、对学生救世救国的寄托等内容。在"崇信佛教"部分，九世班禅从历史角度和现实作为之间的衔接表述对国内政教政策的理解，对照西藏宗教发展与国民政府宣传思想相吻合之处。在追溯西藏宗教历史、汉藏关系发展及分析宗教与时局之间关系的同时，阐释藏传佛教发展进程及不同历史阶段的传承与特点。

九世班禅同汉地僧人一起启建法会、建立佛教组织，在内地弘扬密宗、灌顶授法，并逐步在汉地佛教团体和组织内设立密宗学院，专门研究密宗的课程和内容，九世班禅的弘法活动推动汉地佛教界掀起藏传佛教密宗学习的热潮。九世班禅强调须结合经典认识佛教护国思想、共同研究显宗和密宗，在渐持修习的潜进过程中寻求救世救国的道谛。他在内蒙古和甘青地区的宣化活动乃借以藏传佛教信仰宣慰民众的文化宗教行为，在国民政府的支持下，不仅有利于边疆和内地之间形成以藏传佛教为纽带的文化系牵，而且成为彼此理解与凝聚国族意识的信仰维系。

三 宣化边疆民众

1931 年 7 月 8 日，九世班禅"前往东蒙呼伦贝尔，驻于海拉尔都统衙门"[1]，讲经传法，受到当地民众的热烈欢迎。1932 年 7 月 18 日，九世班禅抵达绥远乌兰察布盟西苏尼旗德王府百灵庙啤经，"僧俗等众，均来皈依。礼仪之隆，叹为希有。乃于蒙旗各地，传时轮金刚大为志求灌顶五次"[2]。1933 年 1 月 21 日，九世班禅在蒙藏委员会纪念周上发表演讲，陈述其在蒙古宣化的经历，"我亦曾至东西两蒙……在海拉尔为中日俄三国交界之地，甚恐变化莫测，尤其恐锡林果勒盟受他人诱惑，更有以宣传维持人心之必要。……即由北路经过外蒙边地，以至内蒙各盟旗借宗教以广为宣传中央之意旨，及帮办蒙民之一

---

① 牙含章：《班禅额尔德尼传》，西藏人民出版社，1987，第 251 页。
② 释妙舟：《蒙藏佛教史》，江苏广陵古籍刻印社，1993，第 180 页。

切设施，并力说五族应坚固意志，切实联络。故蒙民各王公民众，悉为感动，力行团结，乃派代表来京"①。宣化时，九世班禅依赖宗教的社会功能抚慰边疆地区，使民众在相对平和的情感状态下共同面临危机，有利于形成团结统一的社会基础。同年 2 月 9 日，九世班禅抵达北平，"筹设西陲宣化使署于青海……十二日离平，十四日抵绥，十六日起程赴百灵庙。五月二十三日，率堪布随从等八十余人，先后至锡林果勒盟及乌兰察布盟等处，在各地大小寺院设坛，唪经宣化，宣扬中央爱护蒙民德意。历五越月，复将数万牛羊马匹现金等，分捐各大小寺院，令各喇嘛按年唪诵作基国宏德大经，祝中国永庆升平"②。在社会出现诸多不可预知因素的境况下，宗教成为基于信仰心理基础的精神寄托，以之成为超越民族界限与地域空间的社会黏合因素，可以补充理性制度和刻板条文政策社会功用的缺失。为此，行政院院长于 1933 年 3 月 21 日、8 月 16 日两次致电嘉慰九世班禅，褒扬其为国家和蒙疆团结弘扬佛法、追荐忠诚爱国将士等诸佛事活动。

1933 年 8 月 16 日，九世班禅详述在西蒙宣化情形，在法会之余，向盟旗首领陈明国民政府的边疆政策思路，并在慰藉寺院期间宣达诵经祈福稳固国土的观念，"历往绥省之乌盟大罕舌勒及朵热布图等旗，察省之锡盟左右两苏尼特、四阿巴噶、东西浩齐特、西乌珠穆沁旗及外蒙逃来之布惹特等处，按区宣化，沿途欢迎之民众，吃则茂野，饮则井涸，宣传之普及，尚堪告慰。他如达罕王、四子王、德亲王、任王、熊王、校王、宗王、索盟长、东乌珠沁王、阿巴噶等旗贝子、贝勒、土司列敬札萨克及阿香二贝子庙堪布〔、〕汉阳燕都参都、宏空噶足达乃等大小二十余寺各堪布、呼图克图、班直迪，均得先后会晤。在诵经祈福之余，召集当地僧俗首领，剀切宣慰，详述中央德政及暴

---

① 中国第二历史档案馆、中国藏学研究中心：《九世班禅内地活动及返藏受阻档案选编》，中国藏学出版社，1992，第 56 页。

② 释妙舟：《蒙藏佛教史》，江苏广陵古籍刻印社，1993，第 195 页。

日阴谋，并切实指导自卫工作，抚循人心，激励民气。近又将班禅私有之数万牛、马、羊群、现金，分别慰劳各寺，饬诵靖国宏法大经，并邻〔临〕时编发藏文佛经，参以团结御侮、爱护党国之要旨。……经此次宣化之结果，得内蒙尚存之乌、伊、锡三盟愿联盟团结，共御外侮"①。1934 年 8 月 10 日，九世班禅离开南京抵达包头，"行经乌、伊两盟，开示蒙众，昭资宣化"②。途经伊盟杭锦旗，于 11 月 7 日抵达鄂托克旗新生庙从事宣化。后取道宁夏，赴阿拉善旗开展宣化活动。1935 年 2 月 5 日，在阿拉善旗成立宣化使公署，蒙藏委员会曾多次向九世班禅致电慰问宣化状况。3 月 19 日，九世班禅致函蒙藏委员会，内容涉及藏案问题、宣化步骤、边疆建设、回藏路线和护送方式等一系列问题。在返藏途中，九世班禅也在青海一带积极开展佛事活动。

四 文化之旅，政治之虑

九世班禅在内地弘传密法推动了藏传佛教在内地的传播、信仰与研究。九世班禅从汉藏佛教的渊源和显密修习次第阐释经典和教义，不着重于汉藏佛教在显密侧重上的优劣，而是强调佛教的文化功用及其对于现世的积极作用。作为藏传佛教的宗教领袖，九世班禅在边疆和内地积极从事各项佛事活动，前往各大寺院讲经布施，怀揣改善汉藏关系、解决川藏纠纷之目的，感触中央恩抚政策，以及佛教界和信众对佛教文化的期待与信心，并应蒙藏委员会邀请前往培养蒙藏人才的蒙藏政治训练班演讲西藏的宗教历史沿革③，以讲经、法会的形式建立汉藏佛教文化交流的平台，在理解内地宗教文化政策和辅助汉藏

---

① 中国第二历史档案馆、中国藏学研究中心：《九世班禅内地活动及返藏受阻档案选编》，中国藏学出版社，1992，第 66 页。
② 中国第二历史档案馆、中国藏学研究中心：《九世班禅内地活动及返藏受阻档案选编》，中国藏学出版社，1992，第 93 页。
③ 《蒙藏政治训练班讲宗教》，《佛学半月刊》1934 年 4 月 1 日，第 76 期，第 4 卷，第 7 号，第 16 页。

关系发展条例的基础上尽一己之力。

在佛学机构的建立上，九世班禅弟子荣增堪布组织成立蒙藏学院，上海佛教界王一亭、屈映光、关絅之、吴铁城、段祺瑞、许啸天、杜月笙、陈元白等发起组织菩提学会，九世班禅亲任菩提学会理事长并予以资金与经典资助。九世班禅返藏之际，菩提学会公推赵友琴为专使代表赴甘肃白露寺护送。^① 青海佛教居士界组织成立西北佛教居士林，联名礼请九世班禅担任林护长。九世班禅在"佛教—文化—政治"之间不停地思考，以行动书写顾念并影响内地佛学研究机构的发展。

从宗教界的反响来分析，九世班禅的活动足迹与弘法历程勾画的不仅是汉藏佛教界在宗教界的交流和对话，同时，学法者、皈依者、聆听者分别从不同角度以汉地文化的思维方式来认识藏传佛教，汉地佛教界僧人在上师对显密学教理论的详介中重新审视自身对藏传佛教的理解。从民众意识来看，九世班禅的弘法影响辐射到不同的社会阶层，参加法会者有时多达数万人。弘法活动在民众中所产生的影响异于政策垂直宣传的力度，民众意识上的感知与观念上的接纳更有利于成为内在系牵国族的元素，"宗教是民族关系的一种重要中介力量"^②，民族与宗教的关系在特殊历史时期被赋予和承载了更多的含义，九世班禅作为宗教领袖，不仅是宗教身份和异域文化的标签，参与法会的民众以对其超越宗教信仰层面的接纳和共鸣而作为共同的社会肩负者，并将此作为自身行动约束与信仰理解的新起点。

九世班禅在内地举办法会，建立佛教学院、佛教学会，其活动内容以汉地佛教的发展为背景，在与汉地佛教的交往中，注重佛教在边疆和民族国家问题上的重要作用。同时，介绍藏传佛教传至内地并略

---

① 《菩提学会推定入藏代表护送班禅大师》，《佛教与佛学》1936 年 10 月，第 1 卷，第 11 期，第 5 页。
② 牟钟鉴：《民族问题与宗教政策》，载于中央民族大学宗教研究所《宗教与民族》（第一辑），宗教文化出版社，2002，第 49 页。

识汉地佛教经典之丰富，注意汉藏佛教经典的研修和翻译。历次时轮金刚法会在联系佛教团体和激发佛教界人士、开展佛教文化研究交流等方面具有聚合民众归属意识的作用。同时，时轮金刚法会辐射及军政界、商界精英社会群体，法会的社会示范性体现佛教理论的社会适应性，以共同的利他意识拯救衰败社会和危难局势的汉地佛教，在彼此多次的交往和佛教界团体间的接触中，逐渐增进汉藏佛教间的深入认知和文化理解。

第三节　诺那呼图克图弘法宣慰活动

民国时期，西康的诺那呼图克图①从拉萨转道南亚诸国辗转行抵内地，亲见康藏关系疏离前后的周边局势，以政治喇嘛的姿态表陈观点，分析康藏之间矛盾的历史由来和现状症结，在西藏治理问题上，提出睦邻主张和施行方略。作为祈愿挽救汉藏关系的汉族喇嘛，诺那呼图克图复合着政治、宗教和民族身份的符号，他的政治揣思与蒙藏院的施政主旨相吻合，述志于段祺瑞政府并获供养与资助。他以重庆、四川为起点，承愿行进于康区与内地，开始旨在建立汉藏民族间彼此认知了然的宣慰弘法历程。

———————

① "诺那名丕成勒买谟错，以清同治四年甲子五月十五日，诞于昌都城北大姓徐氏家。徐氏世为汉族，奉回教……三岁时……类伍齐诺那寺吉忠活佛，认为金塘活佛十四世转生，迎归本寺。并报请蒙藏院有案，（类伍齐有三大寺，每寺有呼图克图一人，三寺喇嘛约千余人。）即出家成喇嘛矣。……诺那既驻寺，七岁时从黄教堪布扎喜王雀学经，从仁谦达去堪布学罗汉道。九岁，从白教堪布扎喜约生学戒律。嗣后学密乘于噶尔马墨止噶那，及不拉喜沃塞诸尊者。精修凡十有三年，尽得师傅，淹贯黄教诸经仪轨，始就大密宗谦村王颇之弟子墨雅打那尊者学红教。……至二十三岁，密乘各宗大法均成就。二十四岁，即绍红教祖位。会同吉忠佛掌政教……二十六岁，又朝白马哥山。……七年春，敌兵大至，诺那劝彭固守山隘待援，不听，不数日，四山皆陷。诺那见事已急，劝退往青海，徐图再举，彭又不听。是年夏历二月初，彭忽率全军降敌，诺那出其不意，兵败被执。四月十五日，解诺那至拉萨，达赖令之降，不降。……诺那在土牢中。……于十二年冬，重睹天日。"（徐少凡：《西康昌都诺那呼图克图传略》，《海潮音》1933 年 7 月，第 14 卷，第 7 号，第 19~25 页）

诺那呼图克图在政治尤其是在康藏纠纷战事上表现出对西康局势的关注。在康藏纠纷胶着之时，为维持西康现有的政治地位，诺那呼图克图以相同宗教信仰形成社会的凝聚力及其交织存在的依赖感，从而防止因西康与西藏地方基于相同宗教信仰而背离中央政府。因之，在政治未能触及的领域，具有自觉意识认知与社会理解角度浸淫作用的宗教信仰成为政治的遥感器，呈现宗教在民族心理凝聚上的核心载体地位，体现宗教的社会心理稳定作用与社会群体整合功能。

在西康宣化过程中，诺那呼图克图注意强调藏民族与国家之间的历史渊源关系，以其在西藏的政教地位及其在国民政府内部的政治职位为依托，扩大藏传佛教在西康地区及内地其他各省的弘传。在西康宁玛、萨迦、噶举、格鲁派多种教派共存且宗教与政治联系不甚密切的情况下，推举诺那呼图克图为蒙藏委员会委员及西康宣化使，这是国民政府在宗教文化发展中的主动干预，引入宗教阶层作为问题解决的征询对象与方法补充。1936 年 5 月 12 日，正在西康宣化的诺那呼图克图于甘孜圆寂。蒙藏委员会在南京第一公园举行各界追悼大会，函请各界派员公祭。① 7 月 2 日，诺那驻京办事处处长罗慕义在中央食堂招待首都新闻记者，书面发表诺那一生事迹②，褒奖诺那呼图克图为国情切、为民奔走的慈悲情怀。7 月 7 日，国民政府追赠诺那呼图克图"普佑法师"③ 名号。

诺那呼图克图在内地弘法的过程中，不囿于宁玛派的佛教教义，注意结合其他教派信众的心理及内地僧人所了解的儒家思想，因机讲

---

① 《人海灯》1936 年 10 月，第 3 卷，第 10 期，第 418 页。
② 《西北导报》1936 年 7 月，第 1 卷，第 11 期，第 37 页。
③ "蒙藏委员会委员西康建省委员会委员诺那呼图克图，觉性圆明，志宏象教，劻襄边政，尤著精诚。此次衔命赴康宣慰民众，不避艰险，功行弥彰。……舍身卫国，缅怀忠烈，轸悼实深。诺那呼图克图著追赠普佑法师名号，给予治丧建塔费五千元，派蒙藏委员会委员长黄慕松代表致祭，并将生平事迹存备宣付史观，用示国家轸念忠勚之至意。此令。"（《内政公报》1936 年 7 月，第 9 卷，第 7 期，第 6 页。）

解。诺那呼图克图在内地汉传佛教寺院皈依传承弟子，参与组建佛学团体，推进藏传佛教密法经典与仪轨在汉地的传续。

一　入政荐引宗教政策

1918 年 4 月，诺那呼图克图在康藏战争中被俘，被囚禁于拉萨监狱。1923 年冬从狱中逃脱，经后藏辗转至尼泊尔、印度等国，后从香港由海路抵达上海。其时，佛教界处于图求摆脱庙产兴学冲击、回应科学主义思潮攻讦、革新自救复兴的历史时期。诺那呼图克图融贯宁玛派和噶举派的经典和仪轨，以汉藏双语优势在内地多省弘法十余年，并兼以国民政府官员和佛教团体成员的身份宣传佛法与政府政策的一致性，结合自身经历提出涉藏的具体方策与建议，包括如何处理中央政府与西藏的纠纷、西藏的经略与管理等问题。

1924 年冬，诺那呼图克图抵达北京，经由陆军部咨议川人李玄向段祺瑞引见，段祺瑞基于"满蒙回藏原有之宗教听其自由信仰"[1] 的条例内容，承认诺那的呼图克图身份，为其参与佛教组织团体和长期弘法活动提供政治庇护和法律保障以及驻锡之地，"段[2]乃命驻雍和宫。……段详询经过事实，查与蒙藏院存案悉符。段乃大叹服，以千元为供养[3]，而特指驻地。……川康督办刘甫澄氏之驻京代表李公度，素喜佛法，志乐密乘。……而川[4]中正隆佛法，始劝之入川，函刘得同意。……同李氏于民十三冬间入川至渝。……十五年冬，川康边防

① 张双志：《民国治藏法规全编》第一册，学苑出版社，2008，第 34 页。
② 段祺瑞 1924 年 11 月 24 日出任临时执政。"祺瑞于本月二十四日就中华民国临时执政之职，自维德薄，重以时艰，惟有勉矢，公诚求孚民意，刷新政治，整饬纪纲，所望官吏士民协力同心，共臻治理，此令。十三年十一月二十日。"（《外交部公报》1925 年 1 月，第 43 期，第 63 页）
③ "西藏川边呼图克图来京给川资二千元"（《各呼图克图第一次来京川资条例》，《政府公报》1913 年 9 月，第 483 号，第 13 页）。
④ "第一章　总纲　第一条　四川为中华民国自治省。"（《四川省宪法草案》，《太平洋》1923 年，第 3 卷，第 10 号，第 1 页）

督办刘甫澄①，欢迎诺那入川"②。

1928 年 12 月 27 日，国民政府任命诺那呼图克图为蒙藏委员会委员③，行使宗教提案、藏事议案及蒙藏教育等政策的制定权和执行权。1929 年 5 月 11 日，诺那呼图克图抵达南京，并于 5 月"十五、十六两谒当道，面谈康情，并陈节略，幸蒙采纳。十八日搭车赴北平，面谒当道数次，继赴辽宁，勾留数日返平，直至八月二十八日始归南京，此次多方奔走，接洽中央及东北诸要人。对于康事已尽明了，并允从速办理"④。诺那呼图克图辗转于内地，希望以弘法与政治相应的方式实现康藏和平夙愿。随后，与蒙藏委员会及各地政要沟通陈述康藏问题与国家之间的关系，介绍当时西康的局面，希望从政府层面获得政策支持和有效调停以实现康藏之间的和平稳固。在康藏地区，诺那呼图克图和九世班禅分属于宁玛派和格鲁派，诺那呼图克图不以分别心强调彼此教派上的差异而主动请求与九世班禅齐行并走，"为保全领土及佛教计，见两派有合作之可能，近特拟具共同合作办法，迭次函商班禅额尔德尼，请其合作"⑤。九世班禅在回信中也表达了合作的意愿，并同意在 1 个月内赴南京与诺那呼图克图共同商讨具体行动。

1931 年 10 月 12 日，诺那呼图克图补选为第二届立法委员⑥、立

---

① 刘甫澄（1890~1937），"五月十五日寅时，先生诞生于四川省大邑县安仁镇……先生姓刘名湘、字甫澄，先世安徽人"。1924 年，"奉派川滇边务督办"（周开庆：《新编中国名人年谱集成》第十五辑，《民国刘甫澄先生湘年谱》，台湾商务印书馆，1981，第 1、31 页）。

② 徐少凡：《西康昌都诺那呼图克图传略》，《海潮音》1933 年 7 月，第 14 卷，第 7 号，第 21~25 页。

③ "中华民国十七年十二月二十七日中华民国国民政府令：任命阎锡山、恩克巴图、班禅额尔德尼、李培天、诺那呼图克图为国民政府蒙藏委员会委员此令；特任阎锡山为国民政府蒙藏委员会委员长此令。"（《行政院公报》1929 年 1 月 5 日，第 10 号，第 8 页）

④ 《诺那呼克图近况》，《海潮音》1930 年 1 月，第 10 卷，第 12 期，《佛教史料》第 26 页。

⑤ 《班禅诺那会面有期》，《海潮音》1930 年 1 月，第 10 卷，第 12 期，《佛教史料》第 26、27 页。

⑥ 1930 年 12 月 16 日，国民政府公布的第二届立法委员 49 人中，诺那呼图克图不在名单上。"任命吕志尹、宋庆龄……竺景崧为立法委员。此令。"（《国民政府公报》1930 年 12 月 17 日，第 650 号，第 6 页）

法院法制委员会委员。1931年10月至1932年12月，诺那呼图克图27次以立法参与者的身份出席立法院立法委员会会议和法制委员会会议①，审查会议报告、讨论法规草案和政策的修正与制定，对于蒙藏委员会条例的完善行使发言权和票选权。

二　赴康宣慰

诺那呼图克图在重庆期间先后成立佛教大同会和驻渝办事处。②1929年11月28日，国民政府批准诺那呼图克图成立驻京办事处。③次年2月，"国民政府核准设立驻京办事处，当即租定首都黑廊大街净觉寺为办事处，业于本月一日组织成立开始办公"④，"国民政府行政院核准刊刻木质关防一颗，文曰：西康诺那呼图克图之钤记，已于十九日启用"⑤。每年定期拨付俸金用于办事处的开支，并发诺那呼图克图驻京办事处处长薪俸200元。⑥ 1932年，西康诺那驻蓉办事处成立，并发表成立宣言，回顾民初川藏情势，提出经营西康的希望。⑦1934年12月29日，国民政府颁令派诺那呼图克图为西康建省委员

①　曾出席立法院第167、173、175、177、178、181、187、194、203、204、208、209、210、211、212、213、214次会议，立法院法制委员会第139、145、153、157、166、167、173次会议，以及立法院法制军事自治法起草委员会第二次联席会议、立法院法制经济商法起草委员会第二次联席会议、立法院法制军事委员会第25次联席会议、立法院法制劳工法起草委员会第四次联席会议等（参见《立法院公报》）。

②　"欣悉执事（注：执事即诺那呼图克图）就重庆成立佛教大同会，以讲论佛乘，组织驻渝办事处，以筹画边事。"（《诺那活佛组织佛教大同会》，《海潮音》1929年4月，第10卷，第3期，《佛教史料》第16页）

③　"国民政府交议西康诺那呼图克图呈请拨给款项设立驻京、驻蓉、驻炉办事处以利进行一案，当经本院议复，拟令先行成立驻京办事处，其余俟必要时再次第设置，在案兹奉。"（《行政院公报》1929年12月4日，第105号，第41页）

④　《河北省政府公报》1930年2月，第573号，第4页。

⑤　《河北省政府公报》1930年2月，第573号，第4页。

⑥　《审计部公报》1936年6月，第64号，第35页。

⑦　《西康诺那呼图克图驻蓉办事处成立宣言》，《广东省政府公报》1931年1月31日，第142期，第229页。

会委员。① 1935 年 4 月 23 日，诺那呼图克图离开南京，前赴西康与西康建省委员会委员长晤商。②

　　1935 年 6 月 22 日，国民政府委派诺那呼图克图为西康宣慰使③，并在成都成立西康宣慰使署。④ 7 月初，九世班禅曾准备抵西康，电邀诺那呼图克图同往，诺那呼图克图此前已经启程赴川。⑤ 8 月 2 日，诺那呼图克图特派代表"王□士、冷煜生、赖孔桢等七人，先行入康"⑥，为宣慰西康开展前期准备工作，张贴标语表达宣传的主旨和目的。⑦ 8 月 10 日，诺那呼图克图与宣慰使署护卫队一队及川康边防总部一连士兵由雅安前往康定。⑧ 随后，发表演讲词表达宣慰亟切与夙愿，述陈佛法和三民主义之间的共同内容，"宣扬中央德意，总理遗教之用，为建国方略，建国大纲，三民主义，总理遗教之体：为忠孝仁爱、信义和平，此与佛法天人十善，慈悲救世之旨相通。……扫除

---

①　"派刘文辉、诺那呼图克图、向传义、冷融、禄国藩为西康建省委员会委员，并以刘文辉为委员长。此令。"（《国民政府公报》1934 年 12 月 31 日，第 1629 号，第 3 页）1935 年"西康省委员于七月廿二日在四川之雅安前道尹公署内举行成立典礼，是日到会者有委员长刘文辉……冷融、段班级、诺那等均届时出席，川康军高级将领唐英及廿四军部处长以上均参加"（《西康建省委员会在雅成立》，《康藏前锋》1935 年 6、7 月，第 2 卷，第 10、11 期合刊，第 92 页）。

②　"西康建省委员会委员诺那呼图克图，于念三晨八时，偕随员四人，搭隆和轮离京赴汉，转轮入川，在川将略有停留，即赴西康晤刘文辉有所商洽。"（《诺那离京赴川》，《康藏前锋》1935 年 5 月，第 2 卷，第 9 期，第 49 页）

③　《四川月报》1935 年 6 月，第 6 卷，第 6 期，第 209、210 页。

④　"在成都蒙云饭店内成立，内部组织，亦已组织就绪，计分秘书、总务、宣化、报道四组，组长为韩大载、李公烈、伍心言、邦大多吉四人。"（《西康宣慰使诺那入康宣化》，《康藏前锋》1935 年 8 月，第 2 卷，第 12 期，第 50 页）

⑤　"班禅大师，刻准备返藏，七月初即抵西康整理各寺院，近电京邀诺呼图克图同往，惟诺已奉蒋召入川。"（《班禅七月初赴西康邀诺那呼图克图同行》，《康藏前锋》1935 年 6、7 月，第 2 卷，第 10、11 期合刊，第 92 页）

⑥　《西康宣慰使诺那入康宣化》，《康藏前锋》1935 年 8 月，第 2 卷，第 12 期，第 50 页。

⑦　"……三、宣慰西康是西省建省的根本工作，四、消除从前康藏的隔阂，实现五族平等的精神，五、拥护三民主义就是实现人天十善，六、宣慰使是为西康人民谋福利的引导者……十、拥护国民政府，十一、拥护三民主义。"（《西康宣慰使诺那入康宣化》，《康藏前锋》1935 年 8 月，第 2 卷，第 12 期，第 50、51 页）

⑧　《西康宣慰使首途赴康》，《康藏前锋》1935 年 8 月，第 2 卷，第 12 期，第 51 页。

康汉隔阂"①。致力奉行民族平等的观念，恢复历史上彼此间的和睦关系。在政策的宣传和实践上，以赵尔丰改土归流中的施政弊端为鉴，提出在尊重康民风俗和宗教的基础上推行符合康民的政策，"因势利力导，以固边陲……其政治之推进，须与佛教相辅而行，若离开佛教，而以内地种种崭新法制，强为移植，实属窒碍难行"②。8 月 17 日，诺那呼图克图到达泸定，与陶价藩旅长、县府张县长及各机关法团代表叙谈，谈及泸定铁桥修复问题，"慨捐大洋三百元，以一百元补助渡船，二百元增添钢练二大根，巩固桥身，保障行旅安全，并悉宣慰使诺那，已指派该练员赖孔（桢）监修"③。

　　1931 年 10 月至 1932 年底，诺那呼图克图在蒙藏委员会、立法院法制委员会任职，作为立法委员讨论起草法令法规，参与蒙藏委员会蒙藏事务条例的制定。1935 年 6 月至 1936 年 5 月，任西康省委员、西康宣慰使，从西康民众的认识角度出发，力促缓解川藏间的张离关系，依民本意识为契点衔接佛教利益众生与政府政策阐发宣慰的主旨。追述历史上川藏、康汉关系的密切共生过往，认为汉藏民族之间的隔阂源于清末民初政策推行过程中，治藏官员对藏族宗教信仰的回避和淡漠，新政的举措短促而盲目，对于曾经的历史阵痛缺少补偿与反思，逐渐沉积发酵进而反弹回转，随后，肯定认识时下国民政府民族政策的合理性与宗教政策的纳容性。

　　在中原文化泛化且分散并存以及与藏民族聚心共信的民族宗教情感相差异的情况下，为修补彼此的间隙与裂痕，缩小汉藏民族之间的历史隔阂，增进凝聚，诺那呼图克图提出首要之务是消除汉族普通民

---

① 《诺那在西康宣慰大会讲演宣慰的使命》，《四川省政府公报》1935 年 10 月 1 日，第 22 期，第 157、158 页。

② 《诺那在西康宣慰大会讲演宣慰的使命》，《四川省政府公报》1935 年 10 月 1 日，第 22 期，第 159、160 页。

③ 《西康宣慰使诺那抵泸》，《康藏前锋》1935 年 8 月，第 2 卷，第 12 期，第 51 页。

众自身概念上的民族中心化意识，注重民族间的理解和尊重，反对使用蛮字称呼康人。[①] 首从矫正内地矮化藏族的歧视书写与角色定位入手，将民族平等的概念作为藏族民权赋予的前提，在权利守护和平等表达的基础上建立彼此间承认差异、淡化隔膜、重视认同的民族关系。

三 授传密法，协办佛学团体

1925 年 12 月至 1926 年 4 月，诺那呼图克图启建川康祈祷法会，诵经 120 天，以求和平。在重庆传法期间，各界僧士求开示传法，诺那呼图克图在传法开示中谈到学佛"必须先明经典教理，后详行证方法！藏中学者，大都先学显教二十年，密教二十年，行解相应后，始学红教大密宗。觉道次第，法应尔尔"[②]，并详释藏传佛教发展的历史，宁玛派、噶举派和格鲁派教义的差别，从宁玛派和格鲁派修行方式和途径的不同引入分析人天乘、声闻乘、菩萨乘和密乘的次第关系。[③] 同时，结合儒家文化阐释佛教的奥义，以世间法的规则喻指佛教至善至信的逻辑，提出"世法即佛法，而与子言孝，与父言慈，与夫言义，与妇言顺"[④]。

1929 年 4 月 30 日，诺那呼图克图奉国民政府之召前往南京，途经宜昌时黄心怡居士亲赴船上邀其讲法。[⑤] 5 月 1 日，宜昌佛学同人全

[①] "通令全康，并会呈国民政府，通令全国，今后不准沿用蛮子夷人等称谓。改用康人、康贷、木里人、梭磨人，等名称为善，称谓平等，乃第一步融洽，乃真联欢，乃真实现中华民族平等的精神。"（《诺那在西康宣慰大会讲演宣慰的使命》，《四川省政府公报》1935 年 10 月 1 日，第 22 期，第 159 页）

[②] 徐少凡：《西康昌都诺那呼图克图传略》，《海潮音》1933 年 7 月，第 14 卷，第 7 号，第 22 页。

[③] 徐少凡：《西康昌都诺那呼图克图传略》，《海潮音》1933 年 7 月，第 14 卷，第 7 号，第 22~24 页。

[④] 徐少凡：《西康昌都诺那呼图克图传略》，《海潮音》1933 年 7 月，第 14 卷，第 7 号，第 24 页。

[⑤] 1928 年，九世班禅代表公敦札西在宜昌曾向佛学界人士推荐诺那呼图克图，并函请诺那呼图克图赴宜昌传授藏密，但受时局阻扰，未能如愿。此次诺那前往南京途中经过宜昌，黄心怡居士请其暂留五日（钟宜民：《诺那活佛游宜日记》，《海潮音》1929 年 6 月，第 10 卷，第 5 期，《佛教史料》第 14 页）。

体出迎，诺那呼图克图"略以汉语表示诚意，允为修法后特别结缘，凡有求者，均可传授无上秘密正法"①。2 日，"结缘灌顶……自晨至晚，计求法者二百余人，先由活佛持咒为大众消业，传大白伞盖等咒咒文。由王吟香、曾绍云二居士翻译成幅，石印后发给传习，用洋砂印梵文咒语供养"②。3 日，"修大法禳灾，遵照藏密设种种供，如仪供奉"③。由于信众求法热望，因机传授密法，为求医者念咒施药。4 日，在广场设道场为信众消灾、传咒、灌顶、治病。④

诺那呼图克图以西藏代表的身份当选为全国佛教团体、佛学组织的委员，参与中国佛教会的活动。1931 年 4 月 8 日召开的中国佛教会第三届全国佛教徒代表大会公推诺那呼图克图为主席团成员，并被选举为第三届监察委员。⑤ 此后，历任第四⑥、第五⑦、第

① 钟宜民：《诺那活佛游宜日记》，《海潮音》1929 年 6 月，第 10 卷，第 5 期，《佛教史料》第 14 页。
② 钟宜民：《诺那活佛游宜日记》，《海潮音》1929 年 6 月，第 10 卷，第 5 期，《佛教史料》第 14 页。
③ 钟宜民：《诺那活佛游宜日记》，《海潮音》1929 年 6 月，第 10 卷，第 5 期，《佛教史料》第 14 页。
④ 钟宜民：《诺那活佛游宜日记》，《海潮音》1929 年 6 月，第 10 卷，第 5 期，《佛教史料》第 14 页。
⑤ "公推圆瑛法师、太虚法师、台源法师、诺那呼图克图、王一亭居士五人为主席团。"（《中国佛教会议事录》，《四川佛教月刊》1931 年 7 月，第 1 卷，第 4 期，第 5 页）"监察委员：谛闲四十八票，印光三十七票，诺那呼图克图二十五票，德峻二十三票，圣钦十六票，章嘉呼图克图十五票，胡子笏二十四票，梅撷云十八票，庄思缄十八票，朱庆澜十七票，焦易堂十五票，陈仲嗜十一票。"（《中国佛教会第三届全国佛教徒代表大会当选人》，《四川佛教月刊》1931 年 7 月，第 1 卷，第 4 期，第 9 页）
⑥ 1932 年 6 月 26 日，诺那呼图克图以十五票再次当选为中国佛教会第四届监察委员。"监察委员（十二人）：谛闲法师四五，印光法师四五，德竣〔峻〕和尚三〇，章嘉活佛二九，焦易堂居士二一，慧轮和尚二〇，圣钦和尚二〇，台源和尚一九，诺那活佛一五，梅撷云居士一〇，胡子笏居士八，法权和尚八。"（《中国佛教会第四届执监委员会当选人名单》，《四川佛教月刊》1932 年 11 月，第 2 卷，第 11 期，第 4 页）
⑦ 1933 年 6 月 1 日，选出中国佛教会第五届委员："监察委员：印光三四，大〔太〕虚二二，章嘉二〇，梅撷云一九，诺那一八，圣钦一〇，胡子笏七，妙莲五，台源四，和修三，王妙廷三，范子愚二。"（《国佛教会当选委员》，《四川佛教月刊》1933 年 11 月，第 3 卷，第 11 期，第 4 页）

六①届监察委员。1933 年 5 月 26 日，中国佛学会第三届第二次评干联席会议决议，加聘诺那呼图克图为该会名誉会长，6 月 21 日，中国佛学会致函诺那呼图克图，诺那呼图克图次日复电应诺。② 在地方性汉藏佛教研究团体的组织建立方面，诺那呼图克图也参与佛教经典的翻译和刊印出版工作。1934 年 11 月 10 日，上海居士界组织成立菩提学会，大会选举诺那呼图克图为副会长。从全国性佛教组织到地方佛教团体，诺那呼图克图参与建立各宗学院、整理僧伽制度、拟立僧教育体系、完善寺庙管理和寺产保护方案等议题的讨论与拟定。

诺那呼图克图应各地佛学会、寺院的邀请，前往杭州、上海、南京、香港、广州、南昌、庐山、武汉等地举办息灾祈福法会，向皈依弟子及信众灌顶授法。以切近的法会方式安抚慰藉民众在战争频仍中的紧迫之情，呼吁信众以共同修持密法的功德利益挽救社会的凋敝与压抑，告诫信众以整齐自我、发心向善为基点，以个人行动实证佛教的因果关系，以共同行动认知社会困苦的根源，通过因果推证寻找纾解的途径与方法。

1932 年 8 月 25 日，诺那呼图克图应邀抵达杭州，"同来者有包寿饮、丁石僧等十余人，诺那由西康来杭……到杭后，当往省佛教会访钟康候居士，由钟君接待。次日在功德林蔬食处设席为诺那洗尘，连日各处宴会，颇为忙碌"③。次年 4 月 19 日~5 月 7 日，诺那呼图克图在上海世界佛教居士林建息灾法会，传大白伞盖法、大悲观世音法、十三轮金刚法、消除世间种种灾难、刀兵战争一切大法，并作护摩息

---

① 1934 年 6 月 10 日，选出中国佛教会第六届委员："监察委员：印光三〇，诺那一九，章嘉一九，德宽一六，梅撷云一五，胡子笏一一，台源九，德峻九，圣钦八。"（《国佛教会当选职员》，《四川佛教月刊》1934 年 10 月，第 4 卷，第 10 期，第 9 页）
② 灯霞：《中国佛学会欢迎诺那呼图克图》，《海潮音》1933 年 10 月，第 14 卷，第 10 号，第 99 页。
③ 《西康活佛之莅杭》，《威音》1932 年 9 月，第 43 期，《新闻》第 1 页。

灾祈愿。6月，再至上海，与秘书谢铸陈及随从由南京下关启程抵达
上海北站①，"同时到站欢迎者，有王一亭、关炯之、包寿引、李经
纬、孙厚载、王少湖、刘灵华、袁希濂等十余人……陪送至西藏路爵
禄饭店安息"②。"西康诺那呼图克图，应上海息灾法会、联义善会二
会之请，于阳历六月十七日（古历五月二十五日）午后五点钟，传授
阿弥陀佛密法及长寿佛法。按此二法在西藏接引生西消灾延寿，极有
感应。今来上海希有难逢，各界善信及奉佛缁白如愿请求受法者，该
会极表欢迎。会场在北站旱桥联义善会内。"③ 参加法会的信众达400
余人，"朱子桥、王一亭等均到，诺那操藏语诵经说法以后，嗣后持
杨枝遍洒甘露"④。7月2日，诺那呼图克图应中国佛学会为其祝寿的
邀请，前往传授无量寿佛大法，开示学法者须持大菩提心，远离三种
器过闻受上师法语，援引医患关系讲授求法轨理，设坛传授咒教的观
想与诵念心境。⑤

　　1933年11月，诺那呼图克图在登隆巷驻京办事处与蒙藏委员会
委员商讨康藏问题后，27日"传授莲花生祖师灌顶全法……关于手
印与一切仪轨，亦详为指示"⑥。1934年3月，诺那呼图克图准备
启程从上海前往广州⑦，出发前折返驻京办事处传法，"到者百余
人，每人各如法灌顶，赠以红哈达，并合摄一影以留纪念"⑧。3月
28日，诺那呼图克图作为杭州时轮金刚法会理事，前往广州为法

① 《诺那活佛修息灾法会》，《海潮音》1933年6月，第14卷，第6号，第109页。
② 《诺那活佛修息灾法会》，《海潮音》1933年6月，第14卷，第6号，第109、110页。
③ 《诺那呼图克图传授密法》，《威音》1933年7月，第49期，《新闻》第7、8页。
④ 《现代佛教》1933年，第6期，第94页。
⑤ 灯霞：《中国佛学会欢迎诺那呼图克图》，《海潮音》1933年10月，第14卷，第10号，
第100页。
⑥ 《诺那活佛在京传授莲花生祖师灌顶全法》，《威音》1934年1月，第55期，《新闻》
第2页。
⑦ 《诺那活佛由沪赴粤宣传密法》，《海潮音》1934年，第4号，第112页。
⑧ 《诺那喇嘛在京临别传法》，《佛学半月刊》1934年4月1日，第76期，第4卷，第7号，
第14页。

会募捐。① 30 日，诺那呼图克图与随从抵达香港②，"于十九日传授莲花生大士、四臂观音及廿一度母等咒，灌顶者数百人。留港约两星期，乃赴广州弘法。法事既毕，旋于四月念一日，假道香港北返。港中善信，以弥陀、白伞盖等法未蒙传授，复请活佛开坛灌顶。乃假利园行道，计廿二日传授莲花生、大日如来等法。廿三日传白伞盖佛顶、阿閦佛、药师佛、释迦佛、四面观音、十一面观音、阿弥陀佛（即开顶门法）、长寿佛等法。廿四日修露天护摩，以为灌顶道侣及港中人民息灾增福。每次参加法会者数百人，而踵门求医者为数亦众，法事圆满。上师旋于廿五日离港北归"③。信众受持经咒承佛神力以利益众生，消除苦难之因、困厄与障碍，获得息灾延寿的功德。

1934 年 4 月 8 日，诺那呼图克图及随行人员④抵达广州，广州息灾利民法会⑤、佛教总会等团体、佛教徒、记者和信众齐集码头欢迎，暂时驻锡六榕寺⑥举行欢迎仪式，"佛教会刘筱云读欢迎词，诺那旋即启示大众，皆欢喜赞叹。……下午一时赴中华北路民众教育馆大礼堂欢迎诺那上师莅粤大会，凡曾受藏咒及经挂号灌顶之道侣，

---

① "朝野名流，发起在杭州修建时轮金刚法会……嗣即在沪假云南路仁济堂为办事处，组织理事会，公推段芝泉为理事长。……（五）推理事分赴各处募捐，计陈圆白、曹亚伯、诺那呼图克图赴粤桂。"（《时轮金刚法会近闻》，《佛学半月刊》1934 年 4 月 1 日，第 76 期，第 4 卷，第 7 号，第 16 页）

② "随侍佛驾者有秘书长李公烈、西康三十九族代表雍仲喇嘛、法会名誉会长曹亚伯、随侍高寿年、谷耀珊、王子才、钱文豪、医官王慰伯、京方代表吴莲祝、沪方代表连觉生，赴沪迎驾代表弘清执，多哲端、迦施宏布、啤嘛则之聂。"（雨簷：《西康教主诺那活佛抵港》，《佛教居士林特刊》1934 年 4 月 15 日，第 6 期，第 9 页）

③ 多杰谢若：《诺那活佛过港弘法记》，《佛学半月刊》1934 年 7 月 1 日，第 82 期，第 4 卷，第 13 号，第 16 页。

④ "上师率随从人员，如秘书长李公烈、书记王理成、西康三十九族代表雍仲喇（嘛）等，及广东息灾会晋京迎驾代表黎竞庵、梁少东等十余人。"（雨簷：《西康教主诺那上师抵粤后种种见闻》，《山西佛教杂志》1934 年 6 月，第 1 卷，第 6 期，第 81 页）

⑤ 广州拟邀请诺那呼图克图传法，成立广州息灾利民法会，两次派代表前往南京邀请诺那呼图克图，并采办一切法器经典等（雨簷：《西康教主诺那活佛抵港》，《佛教居士林特刊》1934 年 4 月 15 日，第 6 期，第 8 页）。

⑥ 1912 年，广东省佛教会成立，会址设于六榕寺。

均赴会参加"①。后驻白云山能仁寺，接受信众和记者②参访问法，后应弟子之请，在上海西关多宝路为省内外弟子2000多人灌顶。5月13日（阴历四月初一），诺那呼图克图传授莲花生大士法灌顶。随后，男女隔日传授，主要传授大日如来法、金刚萨埵法、阿閦佛法、阿弥陀佛法、药师佛法、观音法、大白伞盖佛母法，传授观音心咒、二十一度母总咒、第十六度母咒。③ 5月26日，应陈济棠司令邀请，诺那呼图克图在多宝路举行息灾利民超荐法会，超荐会场正中安置革命阵亡战士牌位④，以佛教灵魂不灭、轮回转世观念唤起信众在战争衰败之外的神圣向往与心灵安放。6月2日，离开广州。

1934年7月29日，庐山黄龙寺住持宽静法师"礼请诺那佛爷传授弥陀大法及二十一度母。闻风与会者有九江能仁寺退居、慧禅等五十余人，暨夏斗寅、拓鲁生、周仲良、夏亮工、甘德明、陈圆白、梁和甫、韩大载、傅真吾、罗奉僧居士等百余人，同乞灌顶，极一时之盛。在会四众，拟就黄龙建筑密宗坛场，以期弘扬法化，已得宽静和尚同意，当推陈圆白、韩大载居士等起草筹备"⑤。信众希望在黄龙寺建坛场，传续密法，得到住持和居士的支持。寺院希求共修显密的考量也成为汉地佛教界理解藏传佛教的契机。诺那呼图克图弘法过程中注重传授汉地皈依弟子，皈依弟子为专修精进，希望在汉传佛教寺院建立密法修习场所。

---

① 《诺那活佛之来粤：一花一世界一叶一如来》，《老实话》1934年6月，第31期，第445页。

② 《诺那活佛访问记》中记载了记者与诺那呼图克图会面的具体内容（黄剑豪：《诺那活佛访问记》，《人言周刊》1934年3月，第1卷，第13期，第260页）。

③ 雨篱：《西康教主诺那上师抵粤后种种见闻》，《山西佛教杂志》1934年6月，第1卷，第6期，第82、83页。

④ 元元：《诺那活佛到广州的前后》，《人言周刊》1934年6月，第1卷，第20期，第399页。

⑤ 《金刚上师诺那呼图克图在黄龙寺灌顶》，《佛学半月刊》1934年8月16日，第85期，第4卷，第16号，第15页。

1934 年 11 月，诺那呼图克图在武昌佛学院用汉语从民族国家观念的角度，分析国难存亡是由汉民族的自利性而引起的社会、政治与军事上团结性的失却，可借鉴藏民族一致不涣的团结性推促汉、满、蒙、藏、回共同收复失地锻造五族共和的固汤。① 11 月 31 日，诺那呼图克图"应湘省当局之迎请，赴湘省修法，道经武汉，由武汉学佛人士挽留，首先在汉口佛教正信会传法，受学者千余人。所传为弥陀、长寿、二十一度母等密法，并结缘灌顶。继在武昌县佛教正信会传法灌顶后，汉阳县长李寂园氏、县正信会长罗奉僧等，以上师过汉，因缘殊胜，爰礼请上师就汉阳县佛教正信会新建会址内，启建护国息灾普利金刚法会，祈祷世界和平。于十二月一日开坛，三日圆满，并烧护摩一座"②。诺那呼图克图将密法传授与和平呼吁联系在一起，力证佛教利他意识与回归和平之间的深层次关系，以共向意识凝聚民众认识佛教思想与国族关系之间的内在一致性。

四　融通佛教息宁边事

诺那呼图克图以国民政府官员和藏传佛教高僧的双重身份宣慰弘法，以其自身亲力亲为在川藏问题上向政府提出建议和主张。以康人的身份分析西康的未来发展、汉藏及康藏关系、国难救拯等问题，提出以民国约法的规范、民族共和的意识，尊重不同地域文化的特质，作为民族间共生的理念，以期实现息战宁边、守土固疆、民族融洽的良秩格局。九一八事变以后，民族危机加深，诺那呼图克图在法会上追荐超度阵亡将士，提出民族团结方可拯救国民离灾离难。在佛学会或佛教团体举行法会灌顶开示时，诺那呼图克图以佛教徒的身份为国呼求，提出团结救世的理论，集中阐发佛教理论、政府政策与救国之

---

① 智藏：《巩固边疆与佛教》，《海潮音》1934 年 12 月，第 15 卷，第 12 号，第 44 页。
② 周文澜：《汉阳佛教正信会请诺那呼图克图启建法会》，《佛学半月刊》1934 年 12 月 16 日，第 93 期，第 4 卷，第 24 号，第 16 页。

间的关联，逻辑分析佛教和政治、佛教和国家、佛教和民族相互作用的关系，明确表达佛教在救世和民族共和中的意义，并从民族国家的角度分析边疆与内地间的唇齿相依，引发汉地佛教界对边疆民族问题的研究和讨论。①

1931 年 7 月 15 日，诺那呼图克图致书太虚法师，希望太虚法师从改变中国佛教凋敝困苦出发继续留在中国佛教会，信中表达了对改变内地佛教现状的焦虑与期待。② 诺那呼图克图融贯宁玛派、噶举派和格鲁派的经典教义，精通藏密的仪轨与修持，应各省佛学组织邀请多次举办法会，将密法的经咒和修法的仪轨传授于汉地佛教界，并且灌顶皈依弟子袭法相续。九世班禅启建时轮法会期间，诺那呼图克图作为理事助援奔走，履责勤勉，筹备募款，共同复兴汉地佛教，弘传藏传佛教。

面临国内社会动荡和民族危难的情势，佛教界认为自唐以来传续的密教陀罗尼神咒具有护国神力，祈求通过建立显密圆融法会的殊胜功德攘除战变、获得和平和安宁。诺那呼图克图应邀多次在佛学会启建息灾法会，传授汉地佛教界长期修持的阿弥陀佛法、长寿法和大白伞盖法等法门，同时传授藏传佛教大悲下摄有情的度母法。在传法的过程中，以灌顶加持的方式让信众在信仰心理上获得安宁与凭借。护国息灾法会作为佛教救国的重要方式，包括军界、政界在内的社会各阶层信众同赴法会，诺那呼图克图以慈悲和平、显密共修的理念涵喻佛教文化不分等阶、民族和地域的可依价值。

上海菩提学会的成立"是有关于专门弘扬西藏佛教的一件佛事"③，诺那呼图克图被选为该会副会长，并与"王净圆居士合译西藏红教教

① 诺那呼图克图在武昌佛学院演讲后，智藏撰《巩固边疆与佛教》一文，向佛教界呼吁共同关注蒙藏边疆地区的安危和前途（智藏：《巩固边疆与佛教》，《海潮音》1934 年 12 月，第 15 卷，第 12 号，第 44 页）。
② 《诺那呼图克图上太虚大师书》，《海潮音》1931 年 9 月，第 12 卷，第 9 号，第 85、86 页。
③ 法舫：《今年的几件佛事》，《海潮音》1934 年 12 月，第 15 卷，第 12 号，第 3 页。

祖莲生大师史略，印行流通"①。菩提学会陆续翻译出版宗喀巴大师的《菩提正道菩萨戒论》等经典，以及时轮金刚、密聚金刚、上乐金刚和欢喜金刚等仪轨。译著及经卷的出版发行"对于西藏佛教，颇多供献，研究西藏佛教及史地者，亦宜读也"②，裨益于西藏佛教及文化的传播，消除彼此由于文化差异形成的蔽障与误识。诺那呼图克图还协助汉传佛教居士筹建藏传佛教研究组织，从文字翻译、信解含义入手阐释佛法，位列 20 世纪 30 年代翻译经典、讲习传播藏传佛教的法林。

诺那呼图克图因通晓汉语的机缘③，汉地弟子方便直接领会理解其灌顶传承的经典内容，根据其讲释依止密法仪轨修行。诺那呼图克图不区分弟子的教派语别、社会阶层和民族而传续佛法，亦不将传法内容及仪轨局限于出家僧人。因此，皈依弟子结禅宗的手印，诵中阴度亡咒语，秉持大圆满法、那洛六法，尊奉莲花生大士，融合汉藏佛教的经典和仪轨，以复合信仰的方式延续诺那传承体系。诺那呼图克图详细传授灌顶观想和念诵法，并由弟子记录成文④，形成依居士弟子传续、兼修汉藏佛教的法脉系统。1936 年 6 月 26 日，在诺那呼图克图圆寂后的 45 天，"上海菩提学会全体同人暨诺佛在沪门弟子众王一亭、朱子桥、简玉阶、屈文六、汤住心、郑灼臣、关炯之、赵云韶、冯仰山诸居士等，恭请菩提学会导师荣增堪布及喇嘛多人，在龙华菩提学会内启建诺那佛圆寂荐经法会"⑤。法会历时 8 天之久，信众以兼

---

① 法舫：《今年的几件佛事》，《海潮音》1934 年 12 月，第 15 卷，第 12 号，第 3 页。

② 法舫：《今年的几件佛事》，《海潮音》1934 年 12 月，第 15 卷，第 12 号，第 3 页。

③ "诺那活佛是七十一岁的老喇嘛，他能操很流利的国语（普通话）。"（智藏：《巩固边疆与佛教》，《海潮音》1934 年 12 月，第 15 卷，第 12 号，第 44 页）

④ 灌顶观想和念诵法的主要内容为坛外澡浴含义、入坛后上师作法含义、行者对金刚上师的观想、供达曼、请求观想、随上师诵受戒偈及聆开示、随上师得戒、灌顶观想、宝瓶观想、长寿丸长寿酒观想和传咒三遍观想（《金刚上师诺那尊者所传行者受灌顶时应知之观想及念诵法》，《四川佛教月刊》，1935 年 7 月，第 5 卷，第 7 期，第 12、13 页）。

⑤ 《诺那呼图克图圆寂荐经法会纪要》，《佛学半月刊》1936 年 7 月 16 日，第 131 期，第 6 卷，第 14 号，第 20 页。

修显密法①的方式悼念诺那呼图克图，以信仰文化传承的方式续写诺那呼图克图汉藏佛学交流历程。

第四节　安钦和贡噶呼图克图弘法历程

安钦呼图克图作为九世班禅在内地的代表受邀前来内地，不仅与九世班禅一起参与汉藏关系的沟通，启建法会，而且应内地佛教团体邀请讲经，弘法活动与汉藏关系改善大使的身份相复合，其往来的历程是汉藏双方回馈与了解的窗口，是佛教文化交流的历史符号。诺那呼图克图邀请贡噶呼图克图前来内地弘法，在内地传续噶举派的密法修行及仪轨。作为民国时期在内地讲述并传承噶举派的高僧，安钦呼图克图和贡噶呼图克图因弘教获得国民政府褒赐封号，在内地及香港传法灌顶并弘传法脉，其弘法活动表达着对汉藏佛教文化交流的期待与执着。

一　安钦呼图克图启建法会，讲授经典

安钦呼图克图（1884～1947），后藏司喜人。24岁任札什伦布纪康部②导师，27岁修大威德金刚法，任传承部③导师，法号安钦多杰羌④。1926年7月，前往内地拜谒九世班禅，开始在上海、杭州、天津、北京等地弘法，参与磋商九世班禅返藏事宜。⑤安钦呼图克图作

---

① "初日修不动如来法，第二日修一尊大威德法，第三日修十三尊大威德法，第四日修药师法，第五日修大悲法，第六日修那洛空行佛母法，第七日供度母曼打，第八日为诺那佛诞辰，特修密乘中最庄严之尊胜佛十灯供，以资回向。"（《诺那呼图克图圆寂荐经法会纪要》，《佛学半月刊》1936年7月16日，第131期，第6卷，第14号，第20页）
② 纪康部，也音译为吉康札仓。
③ 传承部，也音译为阿巴札仓。
④ 多杰羌，也意译为"执金刚""金刚总持"。
⑤ 妙舟：《安钦呼图克图略史》，《北平佛教会月刊》1935年3月，第1卷，第5期，《传记》第1页。

为前往内地的后藏格鲁派密宗传承的高僧，除讲授宗喀巴大师的显教经典外，首次在内地传授麻底宗白文殊修习仪轨、绿度母三尊简修仪轨、金刚萨埵修习仪轨、白如意摩尼怙主供养仪轨等密法法门，在汉地佛教复兴及建立世界佛教体系的过程中，安钦呼图克图认为信仰佛教才能达到真实的和平。①

1932 年，应汉地佛教界祈请，安钦呼图克图提出"护国息灾，时轮法最为当机"②，并与九世班禅、辛大法师③共同商议启建时轮金刚法会④，10 月 21 日，九世班禅在故宫太和殿主持法会，28 日，法会圆满。⑤ 1933 年 3 月中旬，"中国佛教会等于十三日在觉园设宴欢迎，并请安钦喇嘛说法，由王一亭、黄涵之、屈文六、关炯之、李云书诸君拈香迎请。……略谓此次至内地各处，见佛教兴盛，甚为欣慰。释迦牟尼为一大事因缘，出现世间，即欲使人发菩提心，念一切众生如自己父母，均须救度。次述西藏佛教之情形，及显密二宗之大旨"⑥。安钦呼图克图表达对汉地佛教发展复兴的欣慰及基于大乘佛教核心思想的世间利益，并突出介绍西藏佛教的特点乃显密结合的学修体系。

1935 年，安钦呼图克图在密藏院讲授宗喀巴造《菩提道次第摄颂》⑦，法尊法师担任翻译。安钦呼图克图结合信众修行的心智特点，运用譬喻与演绎的推证方式阐明三士道修持。首先，在皈依发心之初，

① 《本会成立之经过》，《佛教同愿会会刊》1939 年 6 月，《创刊号》第 99、100 页。
② 《北平时轮金刚法会殿言》，《时轮金刚法会专号》（《佛学半月刊》1934 年，第 78 期），第 34 页。
③ 辛大法师，诺章·洛桑坚赞，ཚ་ཚན་བློ་བཟང་རྒྱལ་མཚན། 汉译名王明庆、王乐阶、王罗阶、王罗皆。1923 年 11 月，随九世班禅出走内地，历任班禅堪布会议厅秘书长、蒙藏委员会委员等职。
④ 《北平时轮金刚法会殿言》，《时轮金刚法会专号》（《佛学半月刊》1934 年，第 78 期），第 34 页。
⑤ 《北平时轮金刚法会殿言》，《时轮金刚法会专号》（《佛学半月刊》1934 年，第 78 期），第 34 页。
⑥ 《安钦喇嘛在觉园说法》，《海潮音》1933 年 5 月，第 14 卷，第 5 号，第 117 页。
⑦ 《菩提道次第摄颂略解》，北京菩提学会 1939 年版，第 1~30 页（参见吕铁钢《藏密修法秘典》卷一，华夏出版社，1995，第 49~78 页）。

安钦呼图克图将佛、法、僧譬喻为医生、医药、大师，从病患关系切入阐明发菩提心远离三过的含义；其次，讲述《菩提道次第摄颂》涵盖菩提道次第经论内涵及修持要诀，引导信众理解依照《菩提道次第摄颂》学修的殊胜因缘；最后，分别论述每一偈颂的含义，引证印度和中国西藏佛教历史进行解释。

安钦呼图克图在论述菩提道次第的过程中，以藏传佛教经典内涵、思想承载和显密法门为基础，结合内地信众的希求及汉地佛教发展的特点，以及早期佛教及大乘经典，阐释格鲁派的中观思想及"三士道"的修行方法。在解释礼敬上师偈颂中，依次叙述格鲁派的法脉体系、归纳分析传承上师的佛学思想渊源及特点。在修三业忏罪障依止对治力上，从礼拜、持咒、诵经、画像、供养和观空六个方面予以具体指导。在经典的选择上，立足国族危殆局面的困境，强调诵读护国经典《法华经》《金光明经》的深意，并提及存有藏文注疏的早期佛教经典《八千颂般若》，"般若经于一切经中最为殊胜"[1]。引导信众礼拜药师七佛、三十五佛，将藏传佛教除难净障的主要法门介绍到内地，亦与民国时期汉地药师佛信仰复兴相契合。在"观空"的过程中，安钦呼图克图指出应理解一切法无自性，成佛毁堕的善恶因果"皆由缘起有而自性空"[2]，集中阐发宗喀巴"缘起性空"的佛学思想。在中士道修法次第上，以果因逻辑方式引导信众思维四谛、了悟四法印，在此基础上"知苦断集证灭修道"[3]，以求解脱。在"大乘行"根本所依"发菩提心"的修持上，安钦呼图克图阐释《菩提道次第广论》中金洲大师的 7 种次第与寂天菩萨的"自他互易修"菩提心法。

---

① 《菩提道次第摄颂略解》，北京菩提学会 1939 年版，第 26 页（参见吕铁钢《藏密修法秘典》卷一，华夏出版社，1995，第 74 页）。

② 《菩提道次第摄颂略解》，北京菩提学会 1939 年版，第 12 页（参见吕铁钢《藏密修法秘典》卷一，华夏出版社，1995，第 60 页）。

③ 《菩提道次第摄颂略解》，北京菩提学会 1939 年版，第 16 页（参见吕铁钢《藏密修法秘典》卷一，华夏出版社，1995，第 64 页）。

在菩萨行的次第上，将六度、四摄与华严十地相结合以阐述《菩提道次第广论》中显密修持圆满的路径及境界；在止观双运修行方式上，通过观想形成对大乘佛教中观与格鲁派空性的正确理解与客观认知，"能令通达真实之慧日渐得增长也"①。在金刚乘圆满讲授上，分别阐述大乘和密教经典的核心内容、修持次第及三士道与显密修行之间的关系。

安钦呼图克图是民国时期首次在汉地系统讲授《菩提道次第摄颂》的高僧，讲授内容于 1939 年由北京菩提学会以汉文版本《菩提道次第略解》刊行。在讲授过程中，安钦呼图克图关注汉地社会境况与信众希求解脱的愿望，依照汉藏佛教经典专门论述阐释修持次第和境界，以及藏传佛教显密经续及观修方式，其讲记成为《菩提道次第摄颂》的注疏经典，也是民国时期汉地佛教界理解格鲁派历史与佛学思想的重要参照文本。

安钦呼图克图注重以汉藏历史联结引述双方关系发展的渊源与承接，例如，在讲述《班禅佛事迹》时，首先梳理格鲁派的传承和思想体系，以勾勒典型历史人物的手法和宗教比较的视角阐述格鲁派与藏传佛教其他派别在显密修学及佛学思想上的差异及格鲁派的优势所在。在详细阐述格鲁派两大活佛系统之一的班禅世系发展脉络过程时，追溯曾经前往汉地的藏传佛教高僧，记录藏传佛教在内地传播的历史印迹，将九世班禅前往内地的弘法活动融入历史源流来加以认识。

在书写前代班禅的历史时，追溯到释迦牟尼佛前出家的弟子善现，"转三世诸佛母般若波罗密多法轮时，善依问答，于上解脱者，决断疑网，而得授记"②。后有龙树两大弟子传承中观、空性思想，

---

① 《菩提道次第摄颂略解》，北京菩提学会 1939 年版，第 27 页（参见吕铁钢《藏密修法秘典》卷一，华夏出版社，1995，第 75 页）。

② 安钦呼图克图：《班禅佛事迹》，《康藏前锋》1937 年 3 月，第 4 卷，第 7 期，第 19 页。

"大法师勒单姐特……为德尊胜文殊龙树第一弟子，立中道攘且德拔之乱，以宏扬佛法。……大力腻古足法师……为龙植菩萨弟子，抉东真①空见"②。表明格鲁派是中观应成派而非自续派的立场，进而叙述宣扬噶当派、修无上密宗得以圆满成就的上师，后谈及护持显密经续及通晓诸法见本尊度母的大成就者，尤其详细叙述曾应邀前往汉地与蒙古大汗窝阔台在凉州会盟的萨迦班智达运用幻术为汗王疗愈的历史。③

安钦呼图克图将格鲁派的创立归结为藏地佛教发展阶段中显密难容、教派纷争状况下以教派创立的方式而进行的历史性弥合。由文殊菩萨化身的宗喀巴持显密教法，创立教派，然后逐一记载宗喀巴大师、班禅系统弟子传承，并着重描绘乾隆皇帝召见六世班禅的历史画面，"罗桑巴达也写……四十五年己亥，至汉地，与天子见于热河，蒙赐盛宴，旋诣北京，帝实信向之诚，不能自禁，礼敬供养，不可悉数"④。六世班禅前往内地是班禅系统前往汉地弘法的历史延续，也是藏传佛教在汉地兴盛传播的重要历史阶段。

安钦呼图克图详细记述九世班禅降生吉兆、剃度受戒升座的庄严、加行思修、讲辩经疏、写经造像、随愿灌顶，以及1905年九世班禅前往印度金刚座朝拜供养、1925年初前往内地佛教道场谒佛、在蒙古及内地举办灌顶法会的殊胜圆满等。安钦呼图克图在叙述班禅历史传承时，不仅勾勒出格鲁派发展的历史过程，尤其突出前往内地的各教派高僧的弘法活动及影响，叙述汉藏佛教交流的历史渊源，宣说九世班禅前往内地利乐众生圆满解脱，将显密圆融的格鲁派教法传播至内地的殊胜因缘。

---

① 东真，藏语转写音译，意为空性。
② 安钦呼图克图：《班禅佛事迹》，《康藏前锋》1937年3月，第4卷，第7期，第19页。
③ 安钦呼图克图：《班禅佛事迹》，《康藏前锋》1937年3月，第4卷，第7期，第20页。
④ 安钦呼图克图：《班禅佛事迹》，《康藏前锋》1937年3月，第4卷，第7期，第20页。

《班禅佛事迹》是民国时期首次从思想史的角度书写格鲁派及历代班禅佛学造诣及弘法活动的文本，是汉地佛教界理解和认识格鲁派及班禅系统的重要参考，尤其通过论述九世班禅的宗教地位、派别身份及其历史连接性表征格鲁派与汉地佛教之间交流的神圣性。安钦呼图克图将格鲁派班禅的身份追溯到印度佛教创立的历史，着重叙述格鲁派佛学思想及与此相连接的高僧、宗派，清晰勾勒出格鲁派经典与思想的学理和实践基础，同时，安钦呼图克图也记载了萨迦派和噶举派高僧前往内地的历史，借以呈现汉藏佛教之间过往文化连接的历史节点及彼此间基于佛教信仰形成的文化印象和身份概念。

1934 年 10 月 3 日，安钦呼图克图抵达上海，4 日起在上海佛教净业社讲《喜金刚经》，由王明庆翻译①，其间举行密法传授法会。"法坛即设于净业社二楼佛堂，传法程序如下：十月五日传上乐金刚法、六日传密聚金刚法、七日传空智金刚法、八日传观世音法。"② 其中密法法门未普及传授，观世音法门则不限制信众身份广泛灌顶听闻。安钦呼图克图集中传授藏传佛教师承谨严的密宗无上瑜伽父续密聚金刚法和母续上乐金刚、空智金刚法与持诵六字大明咒的观世音法门，并将涵盖格鲁派中观思想的密宗法门及汉藏较为普遍且观修形式多元的观世音法门介绍到内地。在传授密法的过程中不仅叙述藏传佛教的次第修行，而且将方便法门一并传授。向具有佛教经典诠释基础的汉地佛教组织团体成员灌顶无上瑜伽父续和母续法门，以具象的密法观想作为理解格鲁派显教经典的内涵。

1937 年 4 月 22 日，安钦呼图克图经由天津抵达北平。③ 25 日，在密藏院传香巴拉愿文。安钦呼图克图驻锡北平刘宇民居士家，5 月 16

① 《安钦佛启程返藏》，《蒙藏月报》1934 年 10 月，第 2 卷，第 1 期，第 32 页。
② 《安钦大师过沪传法》，《佛学半月刊》1934 年 9 月 16 日，第 89 期，第 4 卷，第 20 号，第 16 页。
③ 《安钦抵平》，《康藏前锋》1937 年 4、5、6 月，第 4 卷，第 8、9 期，第 71 页。

日起进行为期两周的密法法门传授，"传陇莱经①，经中计分事师五十颂释、密乘戒释悉地穗、菩提正道菩萨戒释论、苾刍学处、纳则等马四种瑜珈次第、密聚五级明炬论释、上乐总续广释密义普明论、上乐观证广释如意珠、鸦曼答嘎十三尊中围仪轨宝蔓、怖畏十三尊成就仪轨宝箧经、怖畏独勇成就方便仪轨胜魔法、怖畏护摩悉地海、怖畏四十九尊述记、迁诣法广释、现观庄严论疏、中观论疏、入中论疏、分别了义不了义释论"②。这是民国时期首次在内地系统讲授宗喀巴大师经续。在系统传授宗喀巴大师经典的基础上，安钦呼图克图应多地佛教居士团体和信众之请传承密法仪轨。5 月 17 日，北平缁素各界及现明老和尚③、显宗和尚④、梵月和尚⑤、观空法师⑥等"恭请安钦活佛，在广济寺举行观音弥陀法两种灌顶，参加善信二十余人"⑦。24 日，在白塔寺诵经，祈祷国泰民安，包括吴佩孚在内的社会名流前往参加法会。⑧

安钦呼图克图在密藏院和菩提学会传授的密法仪轨陆续经由汤芗茗、观空等翻译成汉文，首次在内地出版刊行，仪轨主要为四加行观行述记、事师五十颂释、阿弥陀佛简修仪轨、佛顶尊胜佛母念诵略轨、绿度母三尊简修仪轨、十一面观自在修习仪轨、金刚怖畏双尊简修仪轨、黄阎曼德迦修习仪轨、白如意摩尼怙主供养仪轨、大威德金刚怖畏十三尊成就仪轨宝箧汇易知观诵文殊真言经、佛说

① 陇莱，藏文ལམ་རིམ།，宗喀巴大师所造《菩提道次第广论》的音译，此处系宗喀巴所造显密经典和注疏的统称。
② 《安钦大师在平传授种种密法》，《佛教半月刊》1937 年 6 月 16 日，第 153 期，第 7 卷，第 12 号，第 18 页。
③ 现明，1916~1928 年任广济寺住持。
④ 显宗，时任广济寺住持。
⑤ 梵月，时任法源寺住持。
⑥ 观空，时在法源寺讲经。
⑦ 《安钦活佛在北平传观音弥陀灌顶法》，《康藏前锋》1937 年 7 月，第 4 卷，第 10 期，第 43 页。
⑧ 《白塔寺诵费》，《康藏前锋》1937 年 4、5、6 月，第 4 卷，第 8、9 期，第 84 页。

大悲观自在修习仪轨悉地宝藏宣演疏、六臂麻哈噶拉念诵仪轨、八关斋简易仪轨、大乘长净仪轨、金刚萨埵修习仪轨、药师王佛修法满愿宝藏、麻底宗白文殊修习仪轨、至尊能明母咕噜咕勒历代传承师祈请文、俱生游戏王承至尊母亲传教诫古噜古勒佛母仪轨。① 这些密法仪轨包括修行皈依、发心、持戒的前行基础，以及佛母、度母和观音信仰仪轨、明王护法仪轨、密法本尊金刚仪轨等，涵括四加行、根本部、金刚部、佛部、佛母部、菩萨部、护法部。安钦呼图克图以格鲁派密宗院主要修行仪轨进行讲授，较为系统地呈现格鲁派四部瑜伽修行的主要本尊及仪轨，由之，格鲁派部分密法仪轨得以在内地寺院传承至今。

二 贡噶呼图克图传授噶举教法

贡噶呼图克图（1893~1957），西康木雅人。西藏噶举派第五世呼图克图，是白教兼红教的弘传者。1910 年，在德格八蚌寺受沙弥戒。1916 年，受比丘戒。② 1935 年，诺那呼图克图邀请贡噶呼图克图至汉地弘法。"于是贡噶呼图克图受诺那活佛之嘱，由西康东至四川成都弘法，所传经教，均系诺那活佛的原本。诺那活佛于民国二十五年（一九三六）五月圆寂，其遗骨由韩大载居士捡拾送至江西庐山，建塔供养。民国二十六年，贡噶呼图克图专程至江西庐山，为诺那呼活佛的灵骨塔及莲师殿装脏开光。在庐山事毕，复应南京国民政府之请赴南京启建法会，兼为大众灌顶说教。"③ 贡噶呼图克图虔修法会，弘法护国，度生利民。

1936 年，贡噶呼图克图驻锡重庆传法。"一九三六年在重庆传授噶举派的大法《恒河大手印》时，他神通展现，腾空而起，跏趺坐于

---

① 参见吕铁钢《藏密修法秘典》卷一~卷四，华夏出版社，1995。
② 于凌波：《民国高僧传四编》，台北慧明文化事业有限公司，2002，第 340、341 页。
③ 于凌波：《民国高僧传四编》，台北慧明文化事业有限公司，2002，第 341、342 页。

离地两尺高的空中，向众弟子说法。"① 1939 年 5 月，应成都佛学社的邀请，贡噶呼图克图从重庆前往少城公园佛学社驻锡，"传授金刚亥母大法，入坛受法者约一百余众"②。1940 年，在西康寺院开设显密学塾，"接受僧侣入塾受教，贡噶活佛在寺中主讲显教，并迎请德格八蚌寺大德察渣堪布，莅寺主讲密教经论"③。贡噶呼图克图讲授"新旧二密精义，为精进修学者，传授大印、六法、心滴品类，大圆满立断超越之口诀，间或闭关，修持特宗本尊数月，如莲花阿阇黎至尊、绿度母、金刚瑜伽母等，三种根本法，现前觉受，及睡梦中得诸尊加持，常获应证"④。贡噶呼图克图传授大圆满心髓教授的因缘与修持法门，主要分为"（一）身心可成器而修前行。（二）依于无漏智之相续开示正行。（三）依四瑜伽修持说解脱理之结归次第"⑤。所传法要由皈依弟子翻译成汉文"依黑物上金字显出大圆满最胜心中心引导略要趋入光明道"⑥，传承至今。贡噶呼图克图详细传授乐空境界成就解脱的大圆满无上瑜伽部观修方法，气、明点和脉轮的修习与身、语、心的修持相结合，依靠种子字、气与脉轮的结合观察感受身生空乐智慧之极乐，观察心之体性，依有相持心、依清净本尊持心、依气持心、依见、修、行、果修持，显示解脱理之果。⑦ 汉地佛教皈依弟子依止贡噶呼图克图所授大圆满法门，通过观修体认汉藏佛教共同成就解脱的心识变化与殊胜境界，理解认识藏密大圆满修持与禅宗顿悟不二的境界与

① 邢肃芝口述，张健飞、杨念群笔述：《雪域求法记——一个汉人喇嘛的口述史》，生活·读书·新知三联书店，2003，第 45 页。
② 《贡噶活佛传金刚亥母法》，《佛教月刊》1939 年 5 月，第 10 年，第 4 期，第 94 号，第 5 页。
③ 于凌波：《民国高僧传四编》，台北慧明文化事业有限公司，2002，第 342 页。
④ 贡噶口授，朱同生、桂汝丹、余悟凡、陈济博译：《辅教广觉禅师本传》，《觉有情》1948 年 3 月，第 9 卷，第 3 期，第 3 页。
⑤ 吴信如：《大圆满精萃》，中国藏学出版社，2005，第 8 页。
⑥ 吴信如：《大圆满精萃》，中国藏学出版社，2005，第 1 页。
⑦ 吴信如：《大圆满精萃》，中国藏学出版社，2005，第 8~52 页。

路径。

1946年3月，"陪都各界佛学人士迎请西康贡噶喇嘛来渝设坛诵经，并发起西康译经院"①。抗战胜利后，贡噶呼图克图"历经成都、重庆、昆明、汉口、长沙、南京、上海、杭州等地，应机说法。三十六年六月，于江苏无锡传破瓦法时，入坛开顶者数百人，门外伫立着，不知其数，同沾法益，法缘殊胜。继而抵达南京，驻锡玄武湖诺那塔院，传授喜金刚、上乐、金刚玄〔亥〕母等法。三十七年移锡大油坊巷弘化，法会因缘格外殊胜"②。贡噶呼图克图传承噶举派无上瑜伽的密续和"那若六法"，系统传授迁识往生净土的"破瓦法"，依靠心识收摄气、脉轮、明点，依止不同的本尊往生不同的净土，信众通过"自力"与"他力"的依赖差异及"开顶"征显等认识藏传佛教"破瓦法"与汉地净土法门之间的异同。

1947年1月25日，国民政府明令颁给贡噶呼图克图以"辅教广觉禅师"封号，"令文曰：'贡噶呼图克图，夙明教义，遐绍宗风，缮性传经，边民信仰。二十六年，抗战军兴，远来赣蜀诸省，虔修法会，祈愿和平，护国之诚，殊堪嘉尚，着加给辅教广觉禅师名号，以示优隆。此令。'册文曰：'觉民辅世，本政教之同源，旌善酬庸，亦国家之令典。西康贡噶呼图克图，修持坚卓，慧性证明。振鹿苑之宗风，化行南服，弥狼烽之劫运，志拯群生。着予辅教广觉禅师名号，于乎慈惠为心，能召祥和于大地，精诚护国，宜申褒锡于中枢，特授嘉名，祗承显命。'"③ 4月19日，在蒙藏委员会举行颁发册印典礼，贡噶法师与翻译侍从等人莅会，蒙藏委员会委员长罗良鉴、副委员长赵丕廉代表国民政府出席授册典礼。④ 9月，贡噶呼图克图"由沪赴平结缘，

---

① 《一月佛教纪要》，《海潮音》1946年3月，第27卷，第3期，第38页。
② 于凌波：《民国高僧传四编》，台北慧明文化事业有限公司，2002，第342页。
③ 何叔达：《参观册封贡噶禅师记》，《礼乐半月刊》1947年4月，第4期，第8页。
④ 何叔达：《参观册封贡噶禅师记》，《礼乐半月刊》1947年4月，第4期，第8页。

本拟驻锡一月即行南下，因四众挽留，组织北平金刚乘学会，领导红白黄三密……拟留一月，即前往庐山，为诺那精舍开光……平市黄教系喇嘛发心率众弟子皈依，尤可异者，师修护国息灾法会圆满"①。

1948年3月22日，贡噶呼图克图抵达南京，驻锡长乐路大油坊巷77号诺那精舍，准备为诺那上师造像开光。② 7月28日，贡噶呼图克图从上海抵达昆明，"省府代表及金刚乘弟子等齐集机场迎候。上师即乘汽车赴城内金刚乘学会驻锡，连日前往礼拜及皈依求加持者络绎不绝。自八月十日起至十四日止，每日下午七时至九时，在市礼堂开讲般若波罗密多心经，仍由胡亚龙女居士翻译，每日听众均千数百余人"③。法会最后三天为信众灌顶传法。贡噶呼图克图在讲授汉藏大乘佛教界熟悉的《心经》后，再以密法灌顶与弟子结缘，"传莲花生，四臂观音，绿度母及颇哇法等，受法开顶者甚众。旧历中元节④，曾为大众追荐先灵"⑤。在刚刚修缮完成的昆明妙高寺，寺院专门修建精舍一座，作为贡噶上师的常驻道场。⑥ "八月朔起，率弟子二十八人闭关三七日，薰修基本体性事业大法。"⑦ 贡噶呼图克图不仅讲授修法的仪轨及功德，而且引导弟子闭关实修以实证的方式传授密法精要。"九月朔，复传大圆满法，宣讲二七日，举康藏最上秘密心要详明开示，凡历来说是法者不宣之奥义，悉为宣说。闻法者凡二十八人，皆大欢喜，得未曾有。"⑧ 与灌顶弟子传授密法观音法门、度亡法门、大圆满法。贡噶呼图克图是民国时期首位抵达昆明讲法的藏传佛教高僧，将汉藏佛学之间的交流范围扩展至西南边地。

① 吴吉青：《贡噶禅师弘法异征》，《觉有情》1948年1月，第9卷，第1期，第9页。
② 《觉有情》1948年4月，第9卷，第4期，第22页。
③ 《觉有情》1948年9月，第9卷，第9期，第25页。
④ 即1948年8月19日。
⑤ 《觉有情》1948年11月，第9卷，第11期，第26页。
⑥ 吴吉青：《贡噶禅师弘法异征》，《觉有情》1948年1月，第9卷，第1期，第9页。
⑦ 《觉有情》1948年11月，第9卷，第11期，第26页。
⑧ 《觉有情》1948年11月，第9卷，第11期，第26页。

贡噶呼图克图在内地以西康为中心，再扩及其他省份进行弘法。在修持方面，藏密传到四川后，虽然净土宗仍保持优势，但是随着许多学僧转向修习密法，在四川僧教育发展初期，密宗在僧教育会中占有一定的地位。诺那呼图克图圆寂后，贡噶呼图克图协助建立诺那精舍和诺那塔院，延续诺那呼图克图在内地弘法的遗愿，前往多省市弘法。贡噶呼图克图注重从密法实修的见证中让信众认识噶举派修行的特点，系统地呈现噶举派的思想和修行方法。

作为噶举派的高僧，贡噶呼图克图向居士传授祝拔宗大手印、恒河大手印，并由居士抄录或付印。① 在居士中传承噶举派的核心思想和修行仪轨，使汉地佛教界可以更为全面地认识藏传佛教不同派别的思想，从而把握彼此间修证上的差异，同时能够解除汉地佛教以藏密进行笼统性界定或以格鲁派为藏传佛教全部的片面认识。在此基础上，进而应机学习和传承藏传佛教，同时在比较的过程中获知佛教派别只是方法和途径的不同，而在共同问答世间和生死问题上具有本质的统一性。从藏传佛教文化在川康地区僧教育学校中的研修，以及在民众中享有的崇奉，可以看出西康地区藏传佛教文化的发展及其与汉地佛教之间的交流，都与在西康长期弘法的诺那和贡噶呼图克图的活动密切相关。同时，西康作为中央政府在康藏关系上的筹码，采取以佛教为政治的侧翼，与维系康藏民众的政策相互推进，有利于立足民族地区的实际境况解决问题，化解冲突。

第五节　喜饶嘉措法师在内地弘法讲学

喜饶嘉措法师，青海循化人，幼年在古雷寺出家，后前往拉卜

---

① 陈微明：《贡噶上师口授祝拔宗大手印序》，《觉有情》1948 年 6 月，第 9 卷，第 6 期，第 21 页。

楞寺学经受戒。21 岁入西藏哲蚌寺学法。① 1915 年，喜饶嘉措法师
考取拉然巴格西，旋任哲蚌寺经师。2 月，受第十三世达赖喇嘛之
命，入罗布林卡校对《甘珠尔》和《布顿全集》。1916～1931 年，
历时 15 年完成《布顿全集》《甘珠尔》《第悉·桑结嘉措全集》等
典籍的校勘工作。② 20 世纪 30 年代，在十三世达赖喇嘛圆寂、九世
班禅返藏谈判进展滞缓的情势下，国民政府主动邀请喜饶嘉措前来
内地推进汉藏文化交流，拓展彼此文化接触与认知空间，增进西藏
地方认识国民政府边疆政策措施的维度。作为国民政府邀请的唯一
一位拥有大学讲座讲师身份的藏传佛教高僧，喜饶嘉措法师以佛学
讲授、提案参与、宣慰宣达和开办讲习所等方式进行多层面的文化
交流活动。

一　受聘前往内地沟通汉藏文化

1934 年 10 月，国民党中央监察委员兼任青海藏文研究社社长黎
丹与杨质夫、欧阳鸷③组织"西藏巡礼团"经西宁抵达拉萨④，入哲蚌
寺师从喜饶嘉措法师学习藏文及佛教经典，听授《菩提道次第广论》，
后"经黎丹和蒙藏委员会派驻拉萨办事处的代表蒋致余（通称蒋参
议）的介绍，国民政府决定聘大师赴京讲学"⑤。1936 年 12 月 1 日
（藏历），喜饶嘉措法师与"观巴色呼图克图、格西噶桑嘉措、格西官

---

① 《沟通汉藏文化的基件》，《蒙藏学校校刊》1937 年 4 月，第 19 期，第 19 页。
② 任常生：《边疆政教人物介绍》，《边疆通讯》1943 年，第 1 卷，第 10 期，第 14 页。
③ 欧阳鸷（1913～1991），字无畏，藏文名为君庇亟美，江西兴国人。1930 年毕业于东北冯
　庸大学政治系。1933 年在青海省立第一师范学校任教，后在青海藏文研究会学习藏文。
　1934 年 9 月随"西藏巡礼团"到达拉萨，入哲蚌寺果芒扎仓学习，同年剃度。1941 年返
　回内地。1949 年 3 月再度入藏，抵达拉萨［萧金松：《欧阳无畏教授（君庇亟美喇嘛）
　的学术贡献与影响》，《中国藏学》2011 年 S1 期］。
④ 《青海巡礼团安抵拉萨》，《开发西北》1934 年，第 2 卷，第 5 期，第 94 页。
⑤ 屈焕：《喜饶嘉措法师生平记略》，吴均译，载于青海省政协文史资料委员会《青海文史
　资料选辑》第二十三辑，《喜饶嘉措大师》，中国人民政治协商会议青海省委员会文史资
　料委员会，1994，第 169 页。

却丹津、达赖喇嘛之侍卫古丹图丹南卓、赴藏演讲西藏文化之监察委员黎丹及翻译杨质夫等二十一人"①，从拉萨启程，经江孜、噶伦堡，再经加尔各答乘轮船抵达香港。② 在加尔各答登船时，英国远征军荣赫鹏以佛教拯救世界、美国学者毕纳德以佛法利益众生等名义邀其前往英、美宣扬佛法，喜饶嘉措法师婉拒英、美之邀登船离开印度。③

　　1937年3月24日，中央党部、蒙藏委员会、教育部及西藏驻京办事处代表等前往上海迎接喜饶嘉措，随后一同前往南京。④ 教育部、蒙藏委员会、西藏驻京办事处、中央大学代表及蒙藏政治训练班生员等二三百人在南京下关站迎接，国际社新闻记者访问摄影。⑤ 记者前往东亚旅社拜谒时，喜饶嘉措法师讲述"汉藏文化关系之由来，及此次应国立五大学担任西藏文化讲师之志愿"⑥，随后，追溯元初聘萨迦派八思巴及元末聘噶举派哈立麻，明成祖时期释迦益西前来内地，清初五世达赖与中央关系更深，六百年如一日⑦等历史过往，定位此次内地讲学的意义，"民国成立，西藏学者来内地，虽为数不少，正式受中央聘者，自本人始，故本人实可谓第一人……此次系中央命为国立五大学讲学，实为沟通藏汉文化"⑧。在回答记者询问时，喜饶嘉措法师肯定热振摄政的政治立场与施政作为，僧俗民众殷切期待寻访达赖喇嘛灵童、九世班禅返藏，从政治和宗教方面分析西藏地方的形势

① 《西藏格西喜饶嘉错来京讲学》，《蒙藏月报》1937年3月，第6卷，第6期，《边疆时事》第11、12页。
② 贡巴萨·土登吉扎：《喜饶嘉措法师返回内地实况追记》，载于青海省政协文史资料委员会《青海文史资料选辑》第二十三辑，《喜饶嘉措大师》，中国人民政治协商会议青海省委员会文史资料委员会，1994，第112页。
③ 《西藏大格西喜饶嘉错抵沪后续志》，《佛教日报》1937年3月25日，第1版。
④ 《康藏前锋》1937年3月，第4卷，第7期，第46页。
⑤ 胡明春：《介绍西藏一位学者格西喜大师》，《边疆》1937年4月，第2卷，第7期，第1页。
⑥ 《西藏大格西喜饶嘉错抵沪后续志》，《佛教日报》1937年3月25日，第1版。
⑦ 《西藏大格西喜饶嘉错抵沪后续志》，《佛教日报》1937年3月25日，第1版。
⑧ 《西藏大格西喜饶嘉错抵沪后续志》，《佛教日报》1937年3月25日，第1版。

及未来亟须解决的焦点问题。①

1937 年 3 月 27 日，黎丹向汪精卫报告"西藏巡礼团"跟随喜饶
嘉措法师学习佛学经典及在藏从事藏汉、汉藏大字典编著工作的状况，
汪精卫详细询问西藏情形，商谈中央与西藏文化沟通事宜。② 3 月 30 日，
喜饶嘉措法师一行前往蒙藏委员会，与吴忠信会谈讨论世界宗教发展状
况与汉藏文化沟通问题。③ 5 月 21 日，吴忠信陪同喜饶嘉措法师晋谒蒋
介石，黎丹、孔庆宗随同前往。蒋介石详细询问西藏政教近情，慰勉格
西前往内地讲学。在谒见国民政府官员期间，喜饶嘉措法师详细报告西
藏局势及宗教信仰状况，并了解国民政府力图改善汉藏关系的努力，希
望以引介佛教文化与经典研究为基础建立汉藏文化交流渠道。5 月 31
日，教育部将聘书送往南京绣花巷 14 号寓所，喜饶嘉措法师"正式敦
聘为中央、中山、北平、清华、武汉五大学'西藏文化讲座讲师'"④，
高等教育司司长黄建中访晤喜饶嘉措法师，商定大学讲学办法。⑤ "首
都各大学既表示欢迎于前，北大与清华又函电敦促于后。"⑥ 此前 4 月
4 日喜饶嘉措法师在中央电台发表演讲时，谈及从西藏前往内地讲学的
行程及到南京后受到欢迎的状况，感受内地各界佛教信众、佛学研究机
构和团体对佛法的希求，将致力在内地弘法利生，沟通汉藏文化。⑦

20 世纪 30 年代以来，蒙藏委员会遴选补助汉地僧侣入藏学法，
此次邀请哲蚌寺格西前往内地弘法，尝试推进汉藏僧侣双向往来交

① 《喜饶嘉错抵京谈西藏现状良好》，《西北导报》1937 年 4 月 10 日，第 3 卷，第 5 期，第
22 页。

② 《喜饶嘉错昨谒教长暨汪主席》，《康藏前锋》1937 年 3 月，第 4 卷，第 7 期，第 47、
48 页。

③ 《喜饶大师晋谒吴委员长》，《边疆》1937 年 4 月，第 2 卷，第 7 期，第 68 页。

④ 《西藏格西喜饶嘉错在京讲学》，《蒙藏月报》1937 年 4 月，第 7 卷，第 1 期，《边疆时
事》第 3 页。

⑤ 《喜饶大师讲学办法已商定》，《边疆》1937 年 4 月，第 2 卷，第 7 期，第 67 页。

⑥ 太爻：《各大学欢迎喜饶大师感言》，《佛教日报》1937 年 4 月 27 日，第 1 版。

⑦ 喜饶嘉错：《本人由藏抵京及中央崇敬佛法优礼藏人之情形》，《广播周报》1937 年 4 月
17 日，第 133 期，第 22 页。

流，以信仰文化辐射影响增进彼此认知，以之利于缓解政治交涉曲折反复的困势。黎丹公开发表聘请喜饶嘉措法师的缘由与意义，敦聘高僧内地讲学以消除藏族人对内地崇信佛法的疑虑；喜饶嘉措法师系达赖喇嘛优遇的高僧，受到前后藏的普遍尊奉；国民政府唯以政治方策推进汉藏关系，西藏地方僧俗各界易产生误会；系统翻译出版流通汉藏佛教经典，着力以信仰文化为基础建立汉藏交往平台；政府同步刊印藏文政策译本，及时有效地宣传中央旨意，增进彼此了解，融通汉藏关系。① 曾经入藏求法返回内地在汉藏教理院担任讲师的法舫法师，从汉地佛教复兴与文化交流角度表达对喜饶嘉措法师内地讲学的期许，佛教作为凝结边疆民族的文化载体，能够成为边疆和内地共同信仰秉承的文化合力点。以之，法舫法师呼吁政府着力保护汉藏佛学研究机构平台，拓展佛学研究团体的文化外延，敦促国民政府以宗教文化政策为主导建立汉藏佛教共向发展的基础。②

二 秉持佛教利世思想推进汉藏文化互鉴

1937 年 4 月 10 日下午，喜饶嘉措法师在中央大学科学馆致知堂举行首场专题学术讲座，讲题为"西藏佛学简史"。③ 主要讲述宁玛派、萨迦派、噶当派、噶举派、觉囊派和格鲁派的起源、思想与现状，"西藏各派佛学思想，分为八目：（一）导言；（二）宁玛派之起源思想现状；（三）萨嘉派之起源思想现状；（四）迦丹派之起源思想现状；（五）迦居派之起源思想现状；（六）爵曩派之起源思想现状；（七）格鲁派之起源思想现状；（八）结论"④。5 月 21 日下午，喜饶

① 黎丹：《本人此次随同喜饶嘉错先生内返之经过》，《广播周报》1937 年 4 月 24 日，第 134 期，第 17 页。
② 法舫：《喜饶格什应聘讲学》，《海潮音》1937 年 5 月，第 18 卷，第 5 号，第 2 页。
③ 《国立中央大学日刊》1937 年 4 月 17 日，第 1902 期校闻。
④ 《喜饶嘉错氏在京讲学近讯》，《海潮音》1937 年 5 月，第 18 卷，第 5 号，第 101 页。

嘉措法师在中央大学做最后一讲，题为"西藏各派佛学思想格鲁派之起源思想现状及结论"。① 演讲由秘书杨质夫翻译，每次听讲座者不下200人②，历次演讲题目和基本内容均在《国立中央大学日刊》发布通告。③《中华月报》结合汉藏关系状况与达赖喇嘛圆寂后的西藏局势阐述喜饶嘉措法师讲学的意义，"必可助知识界对藏情得到较正确的认识，同时更由知识界的介绍而广播于人民大众"④，有利于消除双方隔膜，解决西藏前途问题。⑤ 讲座结束后，中央大学教务长陈剑修计划特设西藏文化研究班，请喜饶嘉措法师按时讲授，本校学生自由选修，校外人士如欲研究西藏文化者，亦可以来函自由报名。⑥ 喜饶嘉措法师在中央大学先后进行5次学术讲演，由于战争原因，内地其他4所大学的学术讲座未能如期举办。

4月，喜饶嘉措法师应亚细亚学会邀请到考试院讲法。首先，比较佛教与印度外道的差异，提出运用因明的方法研究外道，可以摒弃外道的观点；其次，从佛教戒杀令人心生慈悲，论证佛教消除杀机与罪恶、安定社会秩序的意义⑦；再次，提出僧人需要培养慧力才能深明教义，洞彻生死，躬行实践，永矢无畔，引以孔子学行俱优、智识超绝作为僧人苦修励进的参照；最后，解释上智、中资、下愚之人不同的学佛途径，研究佛教经律论得其玄妙者须戒除杀戮心，确切相信因果，有和睦的心。⑧ 喜饶嘉措法师以佛教轮回报应思想劝导息战，

① 《西藏格西喜饶嘉错谒蒋致敬》，《蒙藏月报》1937年5月，第7卷，第2期，《边疆时事》第11页。
② 《喜饶嘉错氏在京讲学近讯》，《海潮音》1937年5月，第18卷，第5号，第101页。
③ 参见《国立中央大学日刊》，1937年3月25日第1884期、4月17日第1902期、4月24日第1908期、5月1日第1914期、5月21日第1931期校闻。
④ 青：《喜饶嘉错先生东来讲学的意义》，《中华月报》1937年，第5卷，第4期，第2页。
⑤ 青：《喜饶嘉错先生东来讲学的意义》，《中华月报》1937年，第5卷，第4期，第2页。
⑥ 《喜饶嘉错大师在京各大学讲演详讯》，《佛教日报》1937年4月27日，第1版。
⑦ 《喜饶嘉错大师讲辞》，《佛教日报》1937年4月12日，第2版。
⑧ 《喜饶嘉错大师讲辞》（续），《佛教日报》1937年4月13日，第2版。

以佛教慈悲利世思想肯定佛学研究的社会价值，并提出以孔子为僧伽现证实践的范本，以之阐释抽象的研习修持与戒律持守。

5月9日，喜饶嘉措法师抵达觉园净业社。① 5月10日，菩提学会理事屈文六表达对喜饶嘉措法师参与菩提学会翻译经论、纂辑要点等工作计划的期许。② 喜饶嘉措法师认为"欲以佛法宏扬于全世界，乃佛弟子应有之责"③，惜叹经典翻译、整理条件不足及人力限制，希望菩提学会进行经典系统翻译与出版。④ 菩提学会汉藏经典翻译工作计划与喜饶嘉措法师翻译互鉴观念契合，菩提学会及分会组织翻译并陆续出版多部汉译藏传佛教经论。随后，从西藏佛教源流叙述汉藏佛教联系，侧重讲授《菩提道次第广论》"三士道"与"缘起性空"思想，"十六日讲传皈依法，十七日下午，传授长寿灌顶法"⑤。讲法过程中，喜饶嘉措法师勉励佛教徒"须具恭敬虔诚之心，方有功德……当发胜心，寻求出离，救度有情"⑥，佛教离苦利他的思想内涵是皈依信仰的存依，汉藏佛教融通利益社会意识与菩提学会"弘扬佛法、利乐众生"⑦ 的宗旨相一致。

6月，喜饶嘉措法师应汕头佛教居士林邀请前往讲授《皈依的意义》。⑧ 主要包括皈依的境地、皈依的方式、皈依的所学和皈依的利益

---

① 《喜饶大师到沪说法》，《佛学半月刊》1937 年 5 月 16 日，第 151 期，第 7 卷，第 10 号，第 18 页。

② 《喜饶大师到沪说法》，《佛学半月刊》1937 年 5 月 16 日，第 151 期，第 7 卷，第 10 号，第 18 页。

③ 《喜饶大师到沪说法》，《佛学半月刊》1937 年 5 月 16 日，第 151 期，第 7 卷，第 10 号，第 18 页。

④ 《喜饶大师到沪说法》，《佛学半月刊》1937 年 5 月 16 日，第 151 期，第 7 卷，第 10 号，第 18 页。

⑤ 《各地法师讲经一束》，《海潮音》1937 年 5 月，第 18 卷，第 6 号，第 96 页。

⑥ 《喜饶大师在沪说法圆满》，《佛学半月刊》1937 年 6 月 1 日，第 152 期，第 7 卷，第 11 号，第 20 页。

⑦ 《菩提学会章程》，《西陲宣化使公署月刊》1936 年 3 月，第 1 卷，第 4、5 期，第 138 页。

⑧ 喜饶嘉错大师讲，杨质夫译：《皈依的意义》，《新亚细亚》1937 年 4 月，第 13 卷，第 4 期，第 7 页。

4 层含义。首先，讲述如何认识不同宗教并作出判断，商讨问题须从公心正理出发，不持爱憎思维之心；其次，详细阐述皈依三宝的基本内容，运用藏传佛教因明论式详细分析皈依的利益及究竟皈依的含义；最后，以烹茶为比喻谈经典与修持的内涵，概括藏传佛教各教派内在一致性。①《皈依的意义》与汕头佛教居士林以研究三藏经典、训练弘法人才为宗旨的"宏法研究班"② 不分宗派研究各教派思想，不执着宗派分别的研究方法及行解并进、弘法利生的研究目的相吻合，皆以佛教皈依利益认识不同教派教义差异阐释的共性所在，以共向性利益为汉藏佛教交流深入拓展的基础。

1938 年 8 月，喜饶嘉措法师与随员格桑格西、翻译杨质夫等应太虚法师邀请前往汉藏教理院讲学，共同讨论如何发展汉藏佛教文化。太虚法师冀望喜饶嘉措法师在宣扬西藏佛教文化的同时汲取汉地佛教文化释解西藏传统束缚成分，更多地了解内地佛教的发展、佛教经典的浩渺及佛学研究的昌盛，以期扩大西藏与内地文化交流的范围与空间。③ 喜饶嘉措法师在汉藏教理院专题讲授佛教学修过程中存在的问题，以历史的视角表达汉藏佛教着重以经典文本及思想研究为基础的共相发展路径。首先，明辨历史上伪托佛意作经作咒的汉藏僧人与印度僧人间的差异，批驳宣称通达中观理论、显现神通与妄称修法境界等欺诳的学修言论，强调应按照佛陀教法进行修习；其次，在修习密法问题上，破斥未遵循修行次第，依照欢喜密法功德，追求成圣成佛的神通与方便；又次，结合楼阁顶层、毒蛇顶珠与佛位修习的譬喻关系分析显密道果与根基，探讨不同学习层位修习密法的结果差异，以烈性马与驭

---

① 喜饶嘉错大师讲，杨质夫译：《皈依的意义》，《新亚细亚》1937 年 4 月，第 13 卷，第 4 期，第 7~10 页。
② 《汕头佛教居士林宏法研究班开幕演讲词》，《佛教居士特刊》1936 年，第 34 期，第 3 卷，第 10 号，第 3、4 页。
③ 喜饶嘉错：《从沟通汉藏文化说到融合汉藏民族》，《海潮音》1938 年 10 月，第 19 卷，第 10 号，第 3 页。

乘人关系阐明密法利在具备显教的基础，不可盲目蹋等近利；再次，喜饶嘉措法师希望通过汉藏文本互译弥补彼此的不足与缺失，平行研究汉藏佛教，深入探讨藏传佛教的理论精髓与加行观修实践，将汉地佛教历史上鸠摩罗什、玄奘、义净等高僧弘法利生的贡献及复兴发展的现状介绍到西藏；最后，希望内地佛学研究机构积极宣传佛教文化，深入研究儒家思想作为现世法的社会价值，将内地的新学识介绍到西藏，西藏僧人前往内地佛学机构学习，构筑汉藏僧人共同研究的学术资依。① 喜饶嘉措法师离开汉藏教理院之际，作"汉藏教理院赞"和"缙云山汉藏院赞"②，以诗句"汉资西藏如来法，蕃达中华政治情。愿此精明教理力，院中功德尽圆成"③ 肯认汉藏教理院研究经典教理推进佛学交流的积极作为。1940 年 10 月，成都密宗第一道场近慈寺台源法师派比丘迎请喜饶嘉措法师驻锡，在寺院大殿讲"大威德显密各宗颂"。喜饶嘉措法师祈愿佛教发扬光大，国家振兴，不为敌人所害，安乐和平等内容。④ 腊月初八，成都近慈寺宗喀巴佛殿主体竣工，喜饶嘉措法师依照西藏佛制为宗喀巴佛像装藏，主持开光殊胜典礼⑤，鼓励并示范汉地藏传佛教寺院系统学修经典，遵照仪轨举办法事活动。

喜饶嘉措法师追溯西藏和内地僧侣传播佛教的历史轨迹，将佛教利益社会作为汉藏文化共进的基础，提倡汉藏双方通过僧侣往来、经典翻译进行文化间的补充与添益。在国立大学、研究学会和佛学团体机构讲学过程中，将不同文化类型、不同教派思想内涵作为既有文化外在差异元素的弥合剂，结合儒家文化特征阐释佛教思想内涵，从文化共性与历史联结诠释汉藏共依的认同依据。喜饶嘉措法师与章嘉呼

---

① 喜饶嘉措：《从沟通汉藏文化说到融合汉藏民族》，《海潮音》1938 年 10 月，第 19 卷，第 10 号，第 3~6 页。

② 《喜饶嘉措赠汉藏教理院赞辞》，《佛化新闻》1938 年 9 月 29 日，第 4 版。

③ 《喜饶嘉措赠汉藏教理院赞辞》，《佛化新闻》1938 年 9 月 29 日，第 4 版。

④ 《佛化新闻》1940 年 10 月 31 日，第 1 版。

⑤ 《佛化新闻》1941 年 1 月 9 日，第 1 版。

图克图、贡嘎呼图克图、超一法师等在无锡梅园开原寺发起成立无锡
汉藏佛学院，希望通过佛法拯救饶益人心，通过汉藏文化交流融洽消
除因文字语言障碍产生的感情隔阂，改变双方关系，巩固国防，引导
僧众学习藏文，培养翻译人才①，以汉藏佛教的共通性为基础建立信
仰文化交流渠道，逐渐消除基于语言、地域等差异形成的隔阂与误识。

三　维护佛教文化凝聚汉藏团结抗战意识

1937 年 7 月 5 日，喜饶嘉措法师与蒙藏委员会参事赵锡昌、观巴
色呼图克图、格西罗桑嘉措等十余人由南京前往北平，拟经西安转返
青海过夏。② 7 月 23 日，国民政府颁令"任命白云梯、喜饶嘉错为蒙
藏委员会副委员长"③。8 月，蒙藏委员会呈请国民政府"以西藏格西
托喜饶嘉错返青之便，经会托其劝导喇嘛踊跃登记，并予补助赴青旅
费一千元"④，以协助内政部在甘青地区推进实施《寺庙登记规则》，
劝促甘肃、青海寺庙进行人口、财产和法物登记。8 月 25 日，喜饶嘉
措法师与随行贡萨呼图克图、格西格桑、杨质夫等经由郑州、洛阳龙
门石窟抵达西安，应陕西省政府主席孙蔚如之邀谈论佛学，同游广仁
寺，瞻览古版梵藏文密教典籍，陕西佛教界联合教育界名流欢迎喜饶
嘉措法师讲演妙谛，以广法施。⑤

1938 年 6 月，依照《国民参政会组织条例》⑥，喜饶嘉措法师以西
藏代表身份当选为国民参政会参政员。⑦ 次月 17 日，由青海返回武汉

① 《无锡汉藏佛学院缘起》，《觉有情》1947 年 9 月，第 8 卷，第 9 号，第 9、10 版。
② 《西藏格西喜饶嘉错离京赴平》，《蒙藏月报》1937 年 7 月，第 7 卷，第 4 期，《边疆时事》第 5 页。
③ 《国民政府公报》（二日刊）1937 年 7 月 23 日，第 2884 号，第 1 版。
④ 《国民政府公报》1937 年 8 月 10 日，第 2430 号，第 5 页。
⑤ 《喜饶嘉错大师离沪后之踪迹》，《佛化新闻》1937 年 8 月 26 日，第 1 版。
⑥ 《立法院公报》1938 年 4 月，第 96 期，第 131 页。
⑦ 重庆政协文史资料研究委员会、中共重庆市委党校：《国民参政会纪实》（上），重庆出版社，1985，第 67 页。

参加国民参政会报到时，以两月参政员公费为"七七"献金捐献给国民政府。[①] 7月31日，由宜昌前往重庆长安寺佛学社，记者询问青海最近情形，喜饶嘉措法师谈及"青海虽因满蒙回藏各族杂居，但对敌人之侵略，均一致同仇敌忾，故青海并不畏惧敌人之觊觎也"[②]。8月7日，在中国佛学会于长安寺佛学社召开的第二次执监会议上，太虚法师致辞颂赞喜饶嘉措法师不仅数十年修学佛教教理，显密佛学研究精深广博，明达世间学问，倾心中央，且以政治、经济等力量协助抗战建设，救国济民，出席国民参政会议，对抗战大有裨益。[③] 新闻界代表希望喜饶嘉措法师与太虚法师联手，实为汉藏两族联合一致御侮之先声。[④] 10月，喜饶嘉措法师在《告蒙藏人士书》中追溯不同宗教传入内地的历史，论述诸宗教与儒家学说俱为促进大同、谋求和平的思想，剖析日本标榜信奉佛教但背离净信的侵华行为[⑤]，切中宗教信仰意识与行为之间的关系评判日本佛教界的行动。抗战爆发以来，喜饶嘉措法师将汉藏文化交流的内涵与重心转向以文化团结共同宣传抵抗日本侵略行动，尤其向民众解释日本佛教界利用佛教劝诱行动的实质，理性辨识佛教信仰与文化渗透的界限与差异。

11月4日、5日，第一届国民参政会第二次会议一致通过喜饶嘉措法师的"请团结边民以增加抗战力量案""请注意佛教文化以增进汉藏感情案"。[⑥] 国民参政会议长汪精卫称许喜饶嘉措法师在国民大会中参政议政的作为。[⑦] 次年2月12日，依据国民参政会决议，中国边

① 《西藏参政员喜饶嘉错抵汉口》，《佛化新闻》1938年7月21日，第1版。

② 《喜饶嘉错由汉返渝》，《蒙藏旬刊》1938年7月31日，第153期，第22页。

③ 《佛教会佛学会与佛学社之意义》，《佛化新闻》1938年8月11日，第2版。

④ 《佛化新闻》1938年8月11日，第1版。

⑤ 喜饶嘉错：《告蒙藏人士书》，《蒙藏旬刊》1938年9月30日，第156、157、158合期，第8页。

⑥ 重庆政协文史资料研究委员会、中共重庆市委党校：《国民参政会纪实》（上），重庆出版社，1985，第312页。

⑦ 《康藏前锋》1938年10月，第5卷，第5期，第12页。

疆文化促进会在重庆市党部成立，中央社会部部长陈立夫及沙王、喜饶嘉措法师等 100 余人参加成立大会。中国边疆文化促进会旨在从文化沟通着手推进边疆政治，增强抗战建国力量。喜饶嘉措法师致辞希望共同发扬边疆文化，巩固各民族间的团结。喜饶嘉措法师、张元夫、阿旺嘉措等 21 人当选为理事。① 4 月，行政院分别饬知各主管部会切实办理喜饶嘉措法师的相关提案，并随时予以督促。② 为唤起西藏喇嘛及普通民众参加抗战，喜饶嘉措法师特将国民政府官员近来讲演和最近抗战情形译成藏文，分送西藏各大寺院，借以增加抗战实力。③ 1941 年 10 月，在第二届国民参政会第一次会议上，喜饶嘉措法师递交"请迅速确定挽回国运团结民族之根本方案，以增强抗战建国之力量"④ 提案。喜饶嘉措法师以团结抗战为提案议题，旨在希望政府制定联合边疆民众共同抗战的边疆宗教文化政策。

　　1939 年 5 月，根据喜饶嘉措法师国民参政会"关于注意佛教文化、增进汉藏感情"提案第三项"兹值抗战已至严重阶段，暴日利用僧侣，借佛教关系，四出活动，冀图内以煽动我边疆民族之分化，外以削减我国际同情之援助"⑤，蒙藏委员会与教育部制定出台关于委派喜饶嘉措法师等人赴青海各大寺庙宣传佛教文化、增强边民抗战意识的文件。"一、拟派喜绕嘉错格西前往青海各大寺庙，视察佛教，宣传三民主义及抗战实况，以慰边民。二、时间由六个月至一年。三、经费全额一万元，由喜绕格西统筹支配。四、工作计画由喜饶格西自行拟定，分报部会存查。"⑥ 6 月 11 日，喜饶嘉措法师提交"前赴青海

① 《中国边疆文化促进会成立》，《康藏前锋》1939 年 3 月，第 5 卷，第 10 期，第 1、2 页。
② 张羽新、张双志：《民国藏事史料汇编》第六册，学苑出版社，2005，第 428、429 页。
③ 《佛化新闻》1938 年 11 月 17 日，第 1 版。
④ 重庆政协文史资料研究委员会、中共重庆市委党校：《国民参政会纪实》（下），重庆出版社，1985，第 848 页。
⑤ 张双志：《民国治藏法规全编》第二册，学苑出版社，2008，第 574 页。
⑥ 张双志：《民国治藏法规全编》第二册，学苑出版社，2008，第 574 页。

视察寺院宣传抗战工作计画概要"，包括前往地点、行程路线、期限及视察宣传方式、要点等内容，计划利用讲经法会之机，以佛教道理分析对比中日心存善恶与行为良暴的不同因果，证明抗战必胜；运用宣传品、收音机、留声机和照片等方式进行宣慰，了解民众疾苦与寺院现状，汇报中央。① 旨在向边疆民众说明国际国内情势，阐明国民政府的民族平等观念，以及尊崇佛法、关念边民的政策，以增强民族意识；揭示日本利用佛教进行侵略的本质，以及宣扬以佛教为国教的欺骗性。② 11 月，喜饶嘉措法师"抵达拉卜楞寺，向该地各界宣传抗战"③。1940 年 5 月，喜饶嘉措法师在兰州讲学。④ 次年 3 月 23 日，喜饶嘉措法师从重庆抵达成都⑤，随后，启程前往天水⑥、兰州、西宁、贵德、湟源、互助、同仁、保安、循化、夏河、临夏等地，受到当地机关学校寺僧民众热烈欢迎，除视察庙宇学院及民间状况外，喜饶嘉措法师并在各地宣扬中央爱护边民尊重佛法之至意，讲述抗战情形、国际现势。先后集会演讲达 50 余次，听众 3 万余人，主持僧众为国诵经祈祷十余次，并编印宣传书报，利用唱片、收音机为宣传工具，逐日将广播消息译成藏文，油印散发，编为壁报，以广宣传。⑦ 喜饶嘉措法师不仅在国民参政会上递交团结抗战提案，会后即前往甘肃青海多地寺院阐释边疆政策、进行抗战宣传，抚慰唤醒边民。1942 年 12 月 25 日，国民政府颁令"喜饶嘉错格西，内典精通，修持坚苦，早岁传经说法，僧俗皈依。抗战以还，受命前经青海地方视察宣传，启导

① 张羽新、张双志：《民国藏事史料汇编》第二册，学苑出版社，2005，第 153、154 页。
② 张羽新、张双志：《民国藏事史料汇编》第二册，学苑出版社，2005，第 154 页。
③ 《喜饶嘉错行抵拉卜楞》，《佛化新闻》1939 年 11 月 30 日，第 1 版。
④ 《佛化新闻》1940 年 5 月 16 日，第 1 版。
⑤ 《喜饶嘉错大师抵蓉将飞青海》，《佛化新闻》1941 年 3 月 27 日，第 1 版。
⑥ "在天水对高中学生二千余人演讲抗战形势。"（鸣凤：《喜饶嘉错大师行踪》，《新西北月刊》第 2 卷，第 1 期，第 20 页）
⑦ 《喜饶嘉错至西北宣扬中央德意收效极大》，《狮子吼月刊》1941 年 3 月 15 日，第 1 卷，第 3、4 期合刊，第 33 页。

边民，咸知趋响，行胜卓锡，劳瘁弗辞，护国精诚，深堪嘉尚。着颁给辅教宣济禅师名号，以示优隆"①，封赐名号褒奖喜饶嘉措法师在内地弘法、宣传抗战、抚慰边民等文化交流与救国行动。

1943年9月，在第三届国民参政会上，喜饶嘉措法师的提案"请政府维护佛教以安民心而固团结"以利他意识谈维护佛教复兴发展的理由，佛教的慈悲宗旨与救世精神宏传广被，影响人心至深。中国民族酷爱和平与坚强不屈的精神，缘于儒佛融合的优美文化。内地一半以上民众信奉佛教，佛教为中国一般民众中心信仰。②"边疆蒙藏各地，一切政治经济社会生活，悉以佛教为依归。宗教信仰重于生命，年来敌伪利用此点极宣传诱惑之能事，而对我国之反宣传，亦无所不至。驯使边地人民疑虑徘徊，无所适从。"③喜饶嘉措法师从佛教文化内涵与民族国家之间的关系论述维护佛教以安定民心的裨益；从日本利用宗教进行文化侵略造成边疆民众危机影响国族团结，详述尊崇佛教有利于稳定边疆的积极作用。提案提出维护汉地和边疆佛教的具体措施："一、请行政院、军事委员会通令各省维护佛教，禁止强占寺产驱逐寺僧，及毁坏佛像。二、请令饬各省发还已往被提之庙产，通令全国佛教徒组织宗教团体，自动整顿寺庙僧律，提倡修学，并饬其经常建立法会，为增进国运及抗战胜利祈祷。三、内地各省市佛教学术团体之有成绩者，中央应予以奖励及补助。四、随时派员前往边疆蒙藏地带，宣扬中央尊重佛法之意旨，以坚其内向之心。"④结合汉地佛教发展现状与边疆地区的安全隐忧，喜饶嘉措法师提出借以国民政

① 《边疆通讯》1943年，第1卷，第3期，第14页。
② 重庆市政协文史资料研究委员会、中共重庆市党校、中国第二历史档案馆：《国民参政会纪实续编》，重庆出版社，1987，第184页。
③ 重庆市政协文史资料研究委员会、中共重庆市党校、中国第二历史档案馆：《国民参政会纪实续编》，重庆出版社，1987，第184页。
④ 重庆市政协文史资料研究委员会、中共重庆市党校、中国第二历史档案馆：《国民参政会纪实续编》，重庆出版社，1987，第184、185页。

府尊重宗教信仰政策为基础凝聚民众团结抗战，佛教界以法会祈祷的方式进行抗战宣传，增进边疆民众的国族意识。喜饶嘉措法师多次参加国民参政会并提交提案，前往甘青进行抗战宣传宣慰，1943 年的提案聚焦"请政府维护佛教"，较之于第一届国民参政会"请注意佛教文化"，提案更为注重如何切实制定维护佛教发展的具体措施，增进佛教文化的自身张力与凝聚力。提案内容从注重宣传佛教文化转向呼吁出台保护佛教的措施，旨在借以宗教文化政策实施的社会效应持久辐射影响边疆地区，以尊重信仰的具体行动为基础维系边疆民众的国族观念。

　　1947 年 1 月，喜饶嘉措法师参加制宪会议期间，会见西藏国民大会代表团图登桑批、索朗汪堆、策旺顿珠等僧俗代表，阐发国民政府对国内各民族一视同仁，无分轩轾，希望西藏地方促进汉藏关系发展的想法。① 代表团成员讲述西藏地方政府和僧俗民众的政治倾向，并希望喜饶嘉措法师明年再次返回西藏，促进汉藏团结。10 月，喜饶嘉措法师偕秘书陈木子、顾问格桑嘉措等一行由兰州前往西宁，西藏班禅驻京办事处处长计晋美及班禅卫士队总队长何敦巴等亦一同前往塔尔寺宣慰。② "旋即前往蒙古二十九旗及大通、湟源、贵德、果密一带草地，抚慰宣化，并应马主席之邀参加朱司令长官所代表总裁之祭海典礼。"③ 喜饶嘉措法师慰问团返回南京，报告"蒙藏同胞对中央至诚拥护……多数均有祈祷戡乱胜利之举……惟交通不便，教育落后，极待改进，尤以卫生工作，更为需要，边胞有望于政府协助者，至深且巨"④。喜饶嘉措法师在边疆多地宣慰抗战过程中，了解边疆社

① 中国藏学研究中心、中国第一历史档案馆、中国第二历史档案馆：《元以来西藏地方与中央政府关系档案史料汇编》，中国藏学出版社，1994，第 3025、3026 页。

② 《蒙藏委员会喜饶嘉错副委员长赴青藏区宣慰》，《边疆通讯》1947 年，第 4 卷，第 10、11 期，第 17 页。

③ 任常生：《边疆政教人物介绍》，《边疆通讯》1943 年，第 1 卷，第 10 期，第 14 页。

④ 《蒙藏委员会喜饶嘉错副委员长谈藏胞拥护戡乱情形》，《边疆通讯》1948 年，第 5 卷，第 2、3 期，第 25 页。

会生活状况，切中亟须政府协助改善的教育与卫生问题，提出在民生政策实施过程中不断增进民众对边疆政策的理解认同与民族国家依存关系的理性认知。

四 实践边疆教育，培养汉藏交流人才

"文化是民族国家形成的天然依据和屏障。"① 文化依存关系是民族国家凝聚并进的载体，边疆地区主动开展多层次的教育是文化共生的积极作为，引入新式教育内容与人才培养理念是现代社会意识融入边疆地区的关键。1937年，喜饶嘉措法师在青海旅京全体同乡欢迎会上，追溯青海在沟通西藏关系方面的历史贡献，指出应注重发展教育，培养人才担负当今国族责任。② 在国民政府边疆教育发展和寺院教育改进办法推进实施阶段，喜饶嘉措法师认为"教育为沟通汉藏之唯一利器"③，从提高边疆民族教育水平入手，着力推进汉藏佛教文化与国族思想相联系的教育实践，同时，以寺庙附设社会教育学校的方式培养僧才，改革传统僧教育模式，以汉藏文同步课程设置培养文化交流人才，主张不强调文化差异与民族界限，以寺院为基础培养具有社会示范性角色的僧人群体，让僧众了解国民政府对宗教信仰的尊重，以文化、宗教和语言为基础逐渐形成民族国家归属意识。

1939年4月，第三次全国教育会议《关于推进边疆教育方案的决议案》提出推进边疆社会教育，"使人民了解民族国家意义，认识国际情况，并具备近代科学常识，增进知能及养成其优良之生活习惯。……寺院应附设民众学校"④。1940年7月15日，蒙藏委员会公布《改进边疆寺庙教育暂行办法》，边疆各地应视地方需要与该寺庙经济能力

① 徐迅：《民族主义》，中国社会科学出版社，2005，第55页。
② 《欢迎格西喜饶嘉错》，《新青海》1937年，第5卷，第4期，第4、5页。
③ 《喜饶嘉错在青创办佛教讲习所》，《佛化新闻》1942年5月8日，第1版。
④ 张双志：《民国治藏法规全编》第二册，学苑出版社，2008，第506~508页。

办理民众学校及其他切合社会需要的教育。寺庙办理各种教育具有成绩者，由当地主管教育行政机关酌予补助，或转呈教育部、蒙藏委员会核准补助。① 7 月 27 日，教育部公布《边远区域劝学暂行办法》，规定奖励寺庙住持、土司、土官等兴办各项教育事业，喇嘛在寺庙附设学校担任教职员，视学生人数发放薪资。② 另外，教育部、蒙藏委员会和边疆教育委员会分别出台资助奖励边疆教育发展的政策与办法，并敦促地方政府教育行政部门支持举办各级学校和边疆教育机构。

1941 年，教育部批准在循化古雷寺成立青海喇嘛教义国文讲习所，拨付校舍建筑建设、学校开办等各项费用，并按月拨付经常费用以求学校发展。学校成立之初，招收青年喇嘛 70 余名。1942 年 2 月 1 日开始授课，"科目除教义，国文，常识外，每日并有演讲及祈祷各一小时"③。"按国民政府教育部的规定，下设教导、事务二处，各设主任一人，教员三人，学生有 90 余人，按年龄分童僧和壮僧两班，凡年龄在 8 岁至 20 岁的编入童僧班（50 人），课程有国文、讲演、藏文拼音，因明初步等；凡年龄在 21 岁以上的学生编入壮僧班（40 余人），课程除国文、讲演外，一律学习文法，从五部大典中选习一种。"④ 学校课程安排、内容设置和讲授办法依照教育部边疆社会教育发展目标制定，学习国文和常识，举行通俗演讲。⑤ 讲习所课程以寺院佛教经典学习为基础，增设国文和常识课程，采用讲演与传统讲授相结合的方式进行课程学习。1942 年 6 月，教育部关于经办有关蒙藏教育文化设施概况致函蒙藏委员会，要求在社会教育发展方面，青海

① 张羽新、张双志：《民国藏事史料汇编》第七册，学苑出版社，2005，第 45 页。
② 张双志：《民国治藏法规全编》第二册，学苑出版社，2008，第 515、516 页。
③ 《喜饶嘉错创办青海喇嘛教义国文讲习所》，《图书月刊》1942 年，第 2 卷，第 5 期，第 42 页。
④ 嘎玛·侃本：《青海喇嘛教义国文讲习所概述》，《青海民族研究》（社会科学版）1994 年第 1 期。
⑤ 张双志：《民国治藏法规全编》第二册，学苑出版社，2008，第 514 页。

喇嘛教义国文讲习所与汉藏教理院并列呈报。[①] 8 月，教育部、社会部将该校作为发展边疆教育文化的工作事项呈报行政院。[②]《教育部一九四三年边疆教育工作报告》"藏胞住区教育"将青海喇嘛教义国文讲习所列为在民众信仰佛教的藏地由教育部补助、喇嘛着手设立的社会教育典型。[③] 喇嘛教义国文讲习所成立仅 1 年，已成为以寺庙为办学基础，培养汉藏语言、文化、常识等兼备僧才为主体的规范性民众学校。

喜饶嘉措法师参照教育部边疆教育政策及蒙藏委员会边疆教育计划，结合青海僧教育发展实际及抗战国情，经由教育部批准资助在青海循化创办喇嘛教育学校。青海喇嘛教义国文讲习所从寺院教育入手，尝试进行边疆教育变革，将宗教教育与社会价值观相联系，借鉴汉地多元教育课程模式和佛学讲座专题，开设汉藏语言课程，培养通晓汉语的藏传佛教僧人。作为边疆社会教育实践的范本，讲习所践行抗战建国方略和教育救国理念，以佛教文化教育为主体引入中华文化教育，采取汉藏双语教学方法，将现代教育理念与国家民族观念融入课程学习。青海喇嘛教义国文讲习所是宗教教育与世俗教育相结合的现代僧侣培养模式的初步探索，是以寺院为基础进行汉藏文化复合教育的实践，是青海藏族地区以寺庙教育为基础进行汉藏文化交流的开端，亦是喜饶嘉措法师在国民参政会上提交的发展边疆教育提案的具体实践。

喜饶嘉措法师是民国时期唯一一位受国民政府邀请、教育部聘任、由西藏前往内地进行文化交流的格鲁派高僧，聘任喜饶嘉措法师讲学与国民政府注重研究边疆文化政策密切相关。教育部、蒙藏委员会在中央大学设立蒙藏班培养边疆人才，邀请喜饶嘉措法师以僧人讲

① 张羽新、张双志：《民国藏事史料汇编》第七册，学苑出版社，2005，第 156 页。
② 张羽新、张双志：《民国藏事史料汇编》第七册，学苑出版社，2005，第 164 页。
③ 张双志：《民国治藏法规全编》第二册，学苑出版社，2008，第 535 页。

师身份在中央大学开设宗教文化专题讲座讲授西藏佛教历史与思想，"必可助知识界对藏情得到较正确的认识，同时更由知识界的介绍而广播于人民大众，这对于解决藏事前途也是非常必要的一点"①。同时，佛学团体主动推进致力佛教复兴发展的意识，沟通汉藏佛教文化交流佛学团体、研究机构的建立，邀请高僧整理翻译藏文经典。喜饶嘉措法师以对汉藏佛教文化同源的分析、文化交流路径选择的理性判断及对构建民族国族观念的理解认知为基础，强调汉藏佛教经典的翻译研究与刊印出版，建立汉藏佛教互鉴互补的渠道；引入儒家文化思想内涵和文化符号，讲授佛教经典内容、信仰择选与皈依修持等问题，进而阐释文化差异内涵的相似性、可鉴性。

喜饶嘉措法师在国民参政会上的提案中，基于信仰文化的社会意识提出以佛教文化团结边民，以佛教的因果善恶逻辑宣传国族相依观念慰藉边民；维护佛教发展不仅可以作为边疆民众信赖国民政府尊重宗教信仰的措施，同时有利于内地寺庙与佛学机构的运作，促进汉藏佛教文化研究交流平台建立。宣慰报告中提出改进边疆教育民生问题，在边疆发展的基础上，由政府被动的宗教文化政策宣传转向引导民众主动理解进行自我评判。1947年8月3日，喜饶嘉措法师在青海旅京同乡会上谈及汉藏关系现状的症结时，指出"西藏问题的不能得到圆满的解决，主要的原因是由于中央方面不了解西藏的内情，而自以为非常了解，西藏方面也是这样，由于两方面的这种不清楚的认识，便铸成了今日的局面"②，立足佛教利世理念与思想价值阐释汉藏文化的共性特征，将彼此疏离的地域文化和差异的佛教传承体系联结在一起，以共同的宗教信仰与文化内涵消除彼此表象差异的陌生想象。

喜饶嘉措法师以宗教教理祛魅阐释藏传佛教的历史与教派思想，

① 青：《喜饶嘉错先生东来讲学的意义》，《中华月报》1937年，第5卷，第4期，第3页。

② 李得贤：《青海旅京同乡欢迎喜饶大师记》，《西北通讯（南京）》1947年，第6期，第35页。

以续写汉藏融合历史脉络的意识构建佛学团体的交流平台，将不同宗教信仰文化间思想内涵的一致性作为交流续写的基础；呈交提案聚焦保护佛教文化、发展边疆地区教育与维护边民团结等问题，以佛教文化为维系边疆民众稳定的基础，结合蒙藏地区民众信仰提出符合民族文化心理特点的边疆问题提案；在甘肃、青海宣慰演讲表达国民政府的宗教文化政策对佛教文化的保护与尊重，从宗教信仰层面增进民众对国民政府的认同，凝聚国族依存意识；举办喇嘛讲习所培养僧众，尝试推进民族宗教地区社会教育，提高边疆地区文化自身发展水平，在藏地寺院建立汉藏文化交流平台，与同样以汉藏文化交流为办学宗旨的重庆汉藏教理院相呼应。

第三章　汉地僧侣入藏游学

汉地佛教界在佛教革新和复兴的过程中，或以杨文会[①]、欧阳渐、太虚法师为代表，旨在以思辨体系为特征重新重视唯识宗、天台宗等哲学思想，或以王弘愿、持松法师为主导，提出传承发展日本东密补充汉地佛学历史断层，或以印光法师为代表，倡导以重振莲风、普摄群机的净土宗参禅净修、明心见性、回归佛道本怀，或以留日归来的阿阇黎大勇法师为先起，将佛学复兴转向严密体系的藏传佛教。在不同教派发展过程中，大勇法师根据自身留学日本的经历，在武昌佛学院学习的基础上，希望通过重建汉地佛学理论体系、补充经典、完善佛学传承、修持仪轨等，拓展民国汉地佛教在近代社会中被挤压的空间，以内在的文化底蕴、僧团素养和社会价值建构现代佛教发展模式。从佛教藏文学院的基础语言学习到组建"留藏学法团"，面临川藏边境的战事、经费困难、学员离开和病痛的折磨，有些学员长期在康区依止喇嘛学法。大勇法师圆寂后，其他学员坚持入藏跋涉，法尊、能海、观空等陆续入藏长期学法。"留藏学法团"组织汉地僧侣入藏学法的行动，成为民国时期汉藏佛教界交流的新思维。此后，汉藏教理院也派学僧入藏学法，其行动的突破性和有效性成为蒙藏委员会颁布

---

① 杨文会（1837~1911），字仁山，安徽石埭（今石台）人。中国近代佛教复兴启蒙者。1866年，创办金陵刻经处。1908年，在金陵刻经处内创办中国近代第一所新式教育的佛教学堂——祇洹精舍（于凌波：《中国近现代佛教人物志》，宗教文化出版社，1995，第297~308页）。

资助条例的参照。

法尊法师求法返回内地后，主要在汉藏教理院从事格鲁派经典和藏文的教授工作，其间翻译阐释经典，撰文探讨佛理和修行方法，互译补充汉藏经典，注重从经典引介渠道构建汉藏佛学体系。作为曾经接受格鲁派显密经典系统学习并得到密法灌顶的高僧，法尊法师在民国时期的讲学和文章旨在为汉地佛教的发展寻求路径，在讲授格鲁派经典的同时，对于汉地法相唯识的讨论，以及月称中观思想的引介均在佛学界引起学术争鸣，太虚法师也曾撰驳文回应法尊法师所释的《入中观论》，在彼此间的佛学讨论中切近汉地佛教界对藏传佛教经典的理解与认识。佛学复兴过程中应该执着某一派别的思想，还是在融会大小乘思想、中观、唯识和律宗思想基础上进行止观修习，由法尊法师的引介而带来的学术辩争也是汉地佛教界反思和重新定位发展轨迹的节点。法尊法师撰文详述藏密的修行方法并矫正内地对藏密的模糊认识，以及因个体违戒僧人所引起的误读与诋毁。法尊法师在汉藏教理院主持教务工作，在僧教育方面的改革与尝试将汉藏佛学研究与实践结合在一起，在借鉴藏传佛教尤其是格鲁派显密修行方法的前提下，以行动重建汉藏佛学体系和汉地佛学教育方法，探索汉地佛教发展的新路径。

能海法师首次入藏归来后，在上海、五台山、成都等地讲经修法。1937 年 7 月，因战时局势压力，能海法师开始以成都、重庆为中心建立显密兼修的道场，翻译经典，后来再次入藏请回经典。能海法师与法尊法师在格鲁派经典的讲授上存有交叉之处，但能海法师更注重对汉地僧团戒律的整顿，强调僧人的个人资质。对于僧教育问题，主张以自建道场培养僧人为主，通过僧团规范复兴汉地佛教发展。能海法师认为建立道场和修建佛塔可以有形的佛教象征约束僧人无形的烦恼与障碍，而汉藏佛教之间的差异除经典文本外，戒律的守持是两者境遇迥异的根本所在。在战争环境中，能海法师虽然被迫将活动的范围收缩至远离战场的西南地区，但是他对于战争环境中佛教的改革和佛教如何经历激荡之变有着明确的观点：自主建立寺庙管理制度，保持严守戒律的僧团，推进以寺院为基础的教育，保持僧团教内发展的示范与传续。

汉地僧侣在佛教复兴时期为佛教寻找可以在历史夹缝中存续并能经历思潮和社会变革的发展方式，是从佛学体系、哲学体系和理论体系上胜出？是在佛教僧团的世俗社会参与中发挥示范性？是佛教在教育上补充或超越国民教育？是以僧人为主体建立完善的僧团体系延续佛教？还是佛学研究和修行在学理和行动上双重呈现？入藏求法的僧人希望通过目睹西藏佛教的发展、教育模式、僧制建设、管理制度等，全方位客观认识西藏佛教的优势所在，在尝试中对比、借鉴和实践，寻求汉地佛教发展的路径。入藏僧侣在对藏传佛教经典学习和修行实践认识的基础上，以讲经、译经、法会等方式向汉地佛教界引介藏传佛教，从人员的往来到佛学理论的探讨以及佛教修行方法的推介，多渠道推进汉藏佛教界文化交流的深度和广度。

民国时期入藏求法的汉族僧人往返于汉藏间，以他者的文化视角认识西藏的历史、人文与信仰，以研究者的视角著述论疏、翻译传授经典，以师承弟子身份传承法脉，从汉藏佛教文化同源的角度审视自我和他者，进而反观不同地域、不同语系、不同传承模式存有的差异，以之，可以更为客观地认识汉藏佛教文化交流曾经的历史凝结与彼此间互鉴共进的内核所在。

第一节　大勇法师组织"留藏学法团"

为研求藏传佛教密法，大勇法师由武昌佛学院前往北京，成立佛教藏文学院，并得到白普仁喇嘛、多杰觉拔格西、九世班禅的支持。
在佛教居士界的经费资助下，追随大勇法师的僧众也得以前往佛教藏
文学院学习。随后，大勇法师组建以"赴藏求法"为宗旨的"留藏学
法团"。大勇法师从日本归来重新选择学习藏文经典，不仅为入藏闻
习藏文经典，从前期藏文学习班的筹建、开课到组团出发的行程安排，
均体现大勇法师借鉴藏传佛教发展汉地佛教的迫切期待，希望从藏传
佛教的发展中觅到拯救汉地佛教的新途径。大勇法师属于主动鉴外立
己以复兴佛教的学者型僧人，所尝试的复兴之路是借鉴经典各派及修
行方法的学院派探索。因此，"留藏学法团"的求法长路也是汉地佛
教复兴发展的回归之旅，是将佛教发展回归佛学、回归修持的佛子本
怀之路。

一　成立北京佛教藏文学院

20 世纪 20 年代日本高野山密宗兴盛，中国掀起赴日学法的风潮。
1921 年，大勇法师随觉随阿阇黎到日本学习密宗，并向金山穆昭阿阇
黎求法。次年，返回杭州筹措费用，约同华严大学毕业、嗣法月霞法
师的常熟兴福寺住持持松法师于当年冬赴日本，入高野山密宗大学
（日本大宗的根本道场）专修密教。又师从金山穆昭阿阇黎学习金刚、
胎藏二部曼荼罗大法，受传法大灌顶，得大阿阇黎学位。1923 年 10
月，大勇法师回国，为江味农、吴璧华等居士所劝请，先在上海开坛
传法，继至杭州设坛灌顶，随其修习印咒大法者多至百人。1924 年 1
月，抵达武汉，在太虚法师改革佛教的根本道场武昌佛学院内开坛传
法，掀起学密风潮，入坛学法者 237 人，包括武汉三镇名流居士李隐
尘、赵南山、孙自平、杜汉三、杨选承、黄子理等。①
　　大勇法师受益于白普仁喇嘛和多杰觉拔格西的引导，结合亲往日

---

① 于凌波：《民国高僧传三编》，台北慧明文化事业有限公司，2001，第 341、342 页。

本学法的经历与体会，析解东密本源及其与藏密差异所在，认为西藏密教之盛超过日本而"发了一个'融和日本、西藏的密教而创设中国密教'的大愿，并且预备学习藏文藏语，想到西藏留学"①，他从佛教源流和佛学系统上慎思重定藏密的根本性地位，发现藏密在教派传承及保存经典方面均有东密不可替代之处，并从汉藏民族的历史融合及藏传佛教高僧在内地弘法的影响来认识，认为入藏求法是汉地佛教界学习藏密的有效可行之举。佛教历史的同源性与汉藏历史的切近性成为大勇法师入藏求法考量的文化要素，也成为吸引汉地僧侣陆续入藏的关键所在。

随大勇法师留日归来的显荫法师在《留东随笔》中，阐述蒙古僧侣旅日学习密宗的状况，论述藏密与东密的关系，援引日本《佛学大辞典》印证藏密的丰富与精深之处，以为从事佛学密宗研究应从藏密着手，切中本源，同时分析日本各宗派之间互为攻诘的关系碍于佛教隆盛，"不若中华之含融而少诤也"②。"留学东瀛，请回经论，虽窥一斑，未见全豹。据最近考察，密法最盛，其惟西藏，盖彼正〔政〕教不分，邻近印度，其所保守之经论，较各国亦为完备。故大勇法师等创立佛教藏文学院，广择海内有志之士，预备文字语言，订于明岁，留学西藏，意欲取彼国之特长，补华国之溏漏，诚快事也。"③比较日本宗派之间诤论非和的关系与西藏不同教派间并行不悖的差异，认识到日本佛教偏离佛陀思想，借以狭隘的世俗意识发展佛教，未能触及佛教之精要；在比较东密与藏密经论差异的过程中，认识到日本佛教存在本土异化特征，无以作为汉地佛教借鉴的资具。因此，秉持追寻佛教本源与佛教和合思想建立利益现世的模式成为汉地佛教发展的理

① 《记留藏学法团》，《四川佛教旬刊》1925 年 9 月 25 日，第 4 版。
② 显荫：《留东随笔》，《海潮音》1924 年 7 月，第 5 卷，第 6 期，《附录》第 19 页。
③ 会中：《送同院大刚晓一法师等入北京佛教藏文学院序》，《海潮音》1925 年 3 月，第 6 卷，第 2 期，《杂文》第 10 页。

性选择。

1924 年 5 月，大勇法师在回复显荫法师的信中，陈述拟办藏文学院的因由和计划，"西藏佛化，不但密宗一派形神俱完，相用兼备，即其现所保存之经籍及医方、工巧二明诸书，以视吾华所已译出者，乃多至百倍或数十倍不等，且均承传不绝"①。藏文佛教经典与汉文佛教经典在密教方面有所差异，汉文经典和五明学问经典存有缺失，需要通过经典的转译进行补充，"故欲考订古籍，搜求遗经，非通晓藏文藏语，则无从着手。现拟设一佛教藏文学院于北京，以作西行求法之准备"②，刊行招生简章广告③揽请志向西行求法者入学。

1924 年 9 月，在汤铸新、胡子笏、但怒刚、刘亚休、陶初白等名流居士的支持下，大勇法师于北京慈因寺成立佛教藏文学院。10 月 11 日，正式开学。学院延请多杰觉拔格西为导师，为学僧开示西藏佛教住持传承规模、学法习定、修持浅深和成就过程等内容。同时，聘请曾留驻西藏多年的充宝琳先生讲授藏文和西藏佛法，后来由学生记录整理出版《藏事纪录》一书。学院招生对象为出家或在家皈戒者，以及发心入藏求法济世誓愿的佛教学校毕业生或具备一定佛学基础的僧人居士。武昌佛学院第一届毕业生法尊、观空、严

---

① 《大勇阇梨复显荫法师函》，《世界佛教居士林林刊》1924 年 9 月，第 7 期，《通信》第 2 页。

② 《大勇阇梨复显荫法师函》，《世界佛教居士林林刊》1924 年 9 月，第 7 期，《通信》第 2 页。

③ "（一）资格：年在二十岁以上，三十五岁以下，曾习佛学，汉文优长，愿赴西藏留学，或在内地研读西藏佛典，将来能担任翻译者。（二）试验：（甲）口头问答；（乙）作文；（丙）入院共住一星期，察验品性行持。（三）报名期限：自甲子年阴历七月二十日起，至九月初一日止，道远者可先通函报名。（四）报名手续：（甲）简明履历；（乙）最近半身科头像片；（丙）缴报名费一元，不取者退回；（丁）取定后，须觅妥实保证人。（五）课程每日藏文藏语共三小时，英文一小时随意。（六）膳宿与学费：一律在院，膳宿概不收费，惟衣履、被褥、书籍等自备。（七）修学时期：甲子年九月初十日上课，丙寅年五月毕业。（八）院址：北京西城阜城〔成〕门大街宫门口头条十号慈因寺。凡有志研究佛学者，尽兴乎来。"（《北京藏文学院之发起》，《世界佛教居士林林刊》1924 年 9 月，第 7 期，《志林》第 3 页）

定、法舫，职员大刚、超一等先后到学院学习。作为入藏求法的预备学校，学院侧重加强学僧的藏文学习，以备入藏览读翻译，通晓佛法。为在时局动荡形势下实践求法意愿，学院不久重新调整建制计划，"……学院本定一年半卒业，后来到了今年，观察时势，恐怕今年以后，时局愈坏，赴藏也就愈有阻力，与其迁延时日，不能赴藏，不如先行入藏，再谋学习，趁了今年夏季，国家粗定，可以启程。因此在阴历四月，就把学院结束了。赴藏学生，改组留藏学法团，推定大勇法师为团长"①。

二 组建"留藏学法团"

"留藏学法团"的成立，源于汉地佛教僧人重建佛学理论、再塑修行法则以振兴汉地佛教的目标，参以比较藏密与东密的发展源流与现状的差异，选择确立共同理念，承继汉藏佛教彼此融合的历史传统作为稳定的组织基础，超越个人学佛与研修旨趣，以共同利益指导约束学员的行为方式与终极追求。学僧求法经历及其贡献诠释着大勇法师最初建立佛教藏文学院的基础性作用，长期绵延求法的过程记录着"留藏学法团"作为结构性宗教团体的可适文化特质。

1925年6月，大勇法师率"留藏学法团"由北京出发，途经汉口、宜昌、重庆、峨眉、成都、雅安等地，抵达打箭炉（今康定）。从账目收支登记明细到具体事务筹措安排，"留藏学法团"采取分股②辖组、学员责任分担编制管理，总务股：主任大刚，股员严定（记录）、观空，杜居士（管账）。事务股：主任超一，副主任一广，下分

---

① 《记留藏学法团》，《四川佛教旬刊》1925年9月25日，第4版。
② "（六）总务股承办关于行程规画、撰拟函牍、登记账目及其他不属于各股事项；（七）事务股承办关于出纳物品、接洽各站宿舍及舟车轿马、管理伙食医药、照料行李等事项；（八）法务股承办关于传法引礼、香灯供品、保管经像图书、油印文件，每日早晚唱念礼诵及承待服务等事项。"（《佛教藏文学院赴藏学法团行程规约及办事简章》，《四川佛教旬刊》1925年10月15日，第3版）

采办伙食组：股员天然、密严，孙居士（管账）；行李组：股员圆住、会中、密哷，霍居士（登记）；医药组：股员恒照、〔圆住〕。法务股：主任朗禅（兼油印），下分悦众组：股员法尊、粟菴、智三；侍者组：股员法芳（管理闻记）、恒演（管钱）；香灯组：股员恒明。① "此外，尚有团员法舫、密悟、密慧、密字、广润、观严等，及一位不是藏文学院学僧。四川还有中途随团同行入藏的能海法师。"② 按照分工进行规范，制定规约简章③，形成分责管理、自我约束的软秩序。在共同宗教信仰和价值体系基础上形成深层心理上的文化归属，建立起彼此间价值认同的内文化环境，遵守互相依赖和支撑的内聚文化理念。在排斥外部环境因素负面影响和退避自我消极心理上具有抵御和约束功用，依此成为曲折的求法历程中的精神维系。前行途中有六人先后退学，"初为二十八人，嗣以共住规约颇严，先后退学者计有释密鍐、释愿航、释唔一、释月华及崔学实、陆度等六名，现同行者仅得二十二人"④。除 5 名学员前往成都办理行装及通信外，其他均暂驻在嘉定乌尤寺学习藏文藏语。⑤

"留藏学法团"求法沿途继续传法修习，讲经答疑。"勇师传法于汉皋者数日，再传法于荆沙者十余日。更被战事阻于重庆者一月余。次于峨山修加行者，又二月许。"⑥ 9 月，在成都女青年会、广益学会，

---

① 《佛教藏文学院赴藏学法团职员表》，《四川佛教旬刊》1925 年 10 月 15 日，第 2、3 版。

② 于凌波：《民国高僧传三编》，台北慧明文化事业有限公司，2001，第 344 页。

③ "……（十八）凡遇各站或舟车团聚时，但遇无妨碍之场合，同人每日早晚仍应照常礼诵各一小时，并按期诵戒，不得无故缺席。又无论行时住时同人除礼诵外，每日至少须自习藏文语一小时，看经论一小时，能多习多看者尤善，此礼诵自习之四小时。如因病、缘公务不能诵习者，临时须向值日主任请假，倘不诵习而又不请假，查出即行斥退。……（二十二）凡阅书限于经、律、论、藏文、藏语、佛法著作及有关西藏政教、民俗之著述，其他世学杂书无关佛化者，概不许阅览，违者斥退。"（《佛教藏文学院赴藏学法团行程规约及办事简章》，《四川佛教旬刊》1925 年 10 月 15 日，第 3 版）

④ 《佛教藏文学院留藏学法团之数人》，《四川佛教旬刊》1925 年 10 月 15 日，第 4 版。

⑤ 《佛教藏文学院留藏学法团之数人》，《四川佛教旬刊》1925 年 10 月 15 日，第 4 版。

⑥ 天然：《西藏行》，《海潮音》1926 年 9 月，第 7 卷，第 8 期，《采录》第 1 页。

大勇法师演说谈论佛教与基督教在劝善和救世上的共同性①，随后回答记者有关佛教理论、佛教修行等相关提问。② 1925 年 10 月 4 日，大勇法师由嘉定前往成都购买赴藏物品，"学法者请求阿阇黎为说两次皈戒及结缘灌顶，其学密者男女不下二千余人，实都中法会以来未有之盛举。师住大慈禅院，而每日前往问难及治病者众"③。并向前来学法的居士提出交相勉力以慈悲喜舍之缘与自力于学行之境力求精进。11 月 3 日，大勇法师在文殊院为能净等"说菩萨戒，入坛受戒男女共三十余人……为成就菩萨戒等，至说瑜伽菩萨戒品"④。另外，大勇法师在四川佛学院阐析目前皈依弟子群体及佛教发展现状，并对出家僧人提出学佛建议，希望以佛法的研究为基础来复兴佛教。⑤

---

① "故佛耶两教努力携手以从事于教旨之宣传，以勉救此苦恼迷妄之世间，是两教教徒目下最急切需要的事。盖佛耶皆以勉人为善又有超出人世间之希望，为其最后、最大之目的，此为两教之共通点。故有互相提携辅助之可能。至佛教修行次第，可分为信、解、行、证四个段落，当释迦应世时有等人见佛之相好神通，闻佛之音声言教，信佛有超过人类特殊能力，因而生心动念从其教化。既信之后，佛为宣说种种姊〔妙〕法，令其领解人生宇宙之真理，如实彻底觉悟，这就叫解。既解以后，依解而见诸实行，使其日用行为与所解义理相契一致，就叫做行。由久行熟习之故，令行者亲身确切得到一种感应证验，就叫做证。到此田地，佛家谓之证果，从科学方面解释，即是对于真理得到一种亲自实验，以证明前时所信、所解、所行之真理毫不虚谬。此四段落，虽有次第，亦互圆融，并非截然呆饭〔板〕隔别不相贯摄，且佛灭度后——即教主逝世后，亦颇有先后了解教理而后信以作行为之标准者，大勇亦即先解后信之一人。"（大刚：《大勇法师演讲问答》，《四川佛教旬刊》1925 年 11 月 14 日，第 2 版）
② 大刚：《大勇法师演讲问答》（续），《四川佛教旬刊》，1925 年 12 月 23 日，第 3 版。
③ 大心凡夫：《大勇阿阇黎来蓉传密志闻》，《四川佛教旬刊》1925 年 11 月 24 日，第 4 版。
④ 《大勇阿阇黎在文殊院传受菩萨戒之纪盛》，《四川佛教旬刊》1925 年 11 月 24 日，第 4 版。
⑤ "现在的佛法较前清时代尤为兴盛，但是我们累累受社会上的蹂躏，这个缘因就是现在皈依佛法的人很多，其中就有两种：一种是深信佛法，为脱生死而来皈依者，不消说都是竭力维持的；又有一种，稍稍看几卷佛经，就拿在世途上高谈阔论，究其实处，才是口头三昧，于行持上全未讲究，并且他见我们出家人学问上稍不敌他的，于是便起骄傲，更以种种侮辱的情形对付我们，此等都不足讨论。甚至于深信佛法的居士，现在亦在摧我们了，这个重大的祸根就在出家人信心不及人家，学问不及人家，行持亦不及人家。所以下江地方的居士，每每登座讲经，或者说法传戒，以为僧人不如他能干，故所以生我慢心，践踏我们，总要晓得不知佛法的人，都不要紧，既学佛法的人，已经知道我们的内容，那一摧残起来，就更利害了。即如山东、河南的庙宇现在尽行毁坏，片瓦不留，我们再不生一点觉心，后来必定又同山东、河南了。如此看来，那吗我们现在学佛法的这一般同学，首先就要发四种大心：一要思想佛法的前途危险；二要竭力学佛法，才可以 （转下页注）

三 滞留西康学法

1925年冬，由于康藏纠纷阻滞前行路途，"留藏学法团"不得不停驻西康打箭炉伺机再往西藏。大勇法师依大格西洁尊者修学藏文经典，其间，"将宗喀巴大师的《菩提道次第略论》译为汉文"①。1926年成立西康佛学研究社，弘法显著为西康各县佛学社之冠。② 1927年春，"大勇再率一部分团员前进，拟赴拉萨。另一部分仍在打箭炉，大勇一行人行至藏边甘孜县，复为守军所阻，不得已在甘孜停留下来"③。大勇法师率团"依止札迦大喇嘛，修学密宗，精进不懈，大勇并得札迦大喇嘛传以阿阇黎法位"④。恒演法师在《西域行小记》⑤和《晤一师上太虚法师函》⑥中叙述"留藏学法团"在甘孜初步晓识藏传佛教经典、学佛戒律和次第及轮回转世等佛学内容，目睹舍利塔寺院景貌、藏民念经转经和喇嘛诵经场面，了解到藏族全民族信仰藏传佛教的社会状况，感知喇嘛在藏民族中的特殊社会地位，以及普通民众对上师尊奉仪敬、虔诚不疑的信仰差异所在。

1926年3月，大勇法师致函"留藏学法团"后援会干事胡子笏居士，同时函告四川佛学会⑦，叙说留驻西康面临的经费困难问题，请

（接上页注⑤）挽救；三者既学佛法，必要在威仪上讲究，使人人皆生信心，不然，又被在家人所轻慢；四要真真实实的做起来，才算得行解相应，若但在表面上装饰，万难收其效果。"（广文：《大勇法师在四川佛学院讲词》，《海潮音》1926年1月，第6卷，第11期，《采录》第1页）

① 于凌波：《民国高僧传三编》，台北慧明文化事业有限公司，2001，第344页。
② 幻空：《西康佛社之种种改进》，《佛学半月刊》1934年9月16日，第87期，第4卷，第18号，第16页。
③ 于凌波：《民国高僧传三编》，台北慧明文化事业有限公司，2001，第344、345页。
④ 于凌波：《民国高僧传三编》，台北慧明文化事业有限公司，2001，第345页。
⑤ 《西域行小记》，《海潮音》1926年6月，第7卷，第5期，《文苑》第5页。
⑥ 《晤一师上太虚法师函》，《海潮音》1926年7月，第7卷，第6期，《通讯》第8页。
⑦ 1926年3月19日致函四川佛学会，3月22日致函胡子笏居士（《佛教藏文学院大勇法师自西康致四川佛学会同仁函》《大勇法师自西康致北京留藏学法后援会干事胡子笏居士函》，《世界佛教居士林林刊》1926年10月，第14期，《通信》第1~3页）。

求施捐救助以缓解拮据境遇。大刚法师、晤一法师、观空法师也分别向太虚法师致函相求。"留藏学法团"在四川滞留期间，或因破根本戒或犯规贩卖经像被开除或意志不坚退学出院。出发时共 23 人，"在鄂加入五人，在川加入二人，先后退学者有十一人，辞去团体自图前进者，有天然、超一、圆住、恒明四人。至同能海法师来康之六人，现仅存海师及永光师二人，总计尚有十七人"①。

1926 年 6 月，恒演法师在致陈圆白、王理成居士的信中谈到学法团前往四川西康的坎坷经历，"而一路之间，若水陆之颠顿，若伴侣之离合，若经济之支绌，若邪魔之侵扰，若匪徒之狙袭"②。描述亲历康区目睹寺院研修、僧人团体和佛教发展现状，"而到炉后，亲近善知识，就中有一老格西（格西犹汉言法师，惟考得此学位甚难）。坐静（即掩关）已三四十年，其一种悲悯之忱，慈霭之气，令人如坐春风化雨之中，似又是偿百里之劳而有余，学佛乐也，讵不然哉。此间现有喇嘛寺八，格西四，喇嘛二百余，藏教概状于此亦可窥其雏形焉"③。学法团成员抵达炉霍，感受藏传佛教僧人修行实证佛法的虔敬，亲随格西学法，远比在内地佛学院精进勤勉。从字面的认识和理解转向切身的感悟和体验，并对藏传佛教的修学方式和境界重新定位，切身进入他文化环境中的汉地僧侣，反身察省汉地佛教的信仰文化模式与社会自我呈现形态。

在想象与现实的差异中，汉地佛教僧侣开始反思过往概念性认识的疏浅，在与他者文化比较与衡量中再次定位自己的学佛路径和方法，"故诸同学到炉以来，净业加勤，理有固然，若朗法杜之专毅好

① 《佛教藏文学院在康改组及抵藏分住修学之规约》，《海潮音》1926 年 10 月，第 7 卷，第 9 期，《专件》第 16 页。
② 恒演：《留藏学法团致陈圆白王理成两君书》，《净业月刊》1926 年 6 月，第 2 期，《书牍》第 6 页。
③ 恒演：《留藏学法团致陈圆白王理成两君书》，《净业月刊》1926 年 6 月，第 2 期，《书牍》第 6 页。

学，洵有足多其他亦太〔大〕半发心，其情形较之各佛教学堂，似有不同，窃得追随其间，颇引为乐观也。进步之最出人意料外者，为天然师，彼自到峩山起，即与在京渝时改观，而嘉而炉，竟转为一笃实好学之善侣。今兹并为恒明师（最诚为可敬望），先后单身进甘孜（距炉九站），亲近善知识……候齐大家一同进藏焉，人之不易限量如此"[①]。最后，向两位居士陈述学法团面临经费困境，请求经济援助。经济的限制性因素成为"留藏学法团"前行的困扰。在"留藏学法团"滞留四川期间，大勇法师等多次在四川佛学机构演讲，而且以赴藏求法、振兴密法的行动影响四川佛学发展的思路。1926 年 1 月，四川佛学会在成立简章中列出援助留藏学法人员的条款[②]，并在成立志盛演说中提出依照本条款资助皈依大勇法师的弟子，借以精神和经济途径间接弘法利生。[③] "留藏学法团"在四川、重庆等地不仅学习藏文、藏语，依止藏传佛教寺院格西学习佛法，同时介绍内地佛教发展状况，阐发信仰理论与多元宗教环境中的佛教复兴发展问题。在共同交流的过程中寻求组织性建设、翻译经典及组建研修班集体守持戒律，系统学习佛教理论。

1929 年，大勇法师于"八月初十寅时示寂西去"[④]。此后，法尊法师率领"留藏学法团"学员继续西行。能海、朗禅、密悟、密慧、超一、观空等人先后抵达拉萨，多居于哲蚌寺学习。其他学员中在西康驻留十余年之久的恒演、观空、严定等法师，或在留驻西康以后继续入藏，或陆续返回内地。

"留藏学法团"在求法途中遭遇康藏战争，加之汉藏佛教文化的

---

① 恒演：《留藏学法团致陈圆白王理成两君书》，《净业月刊》1926 年 6 月，第 2 期，《书牍》第 6~7 页。
② "第四章 会员……第七条 本会之任务分为左列各种……（乙）本会有资助缁素留学佛法之任务。"（《四川佛学会简章》，《四川佛教旬刊》1926 年 1 月 22 日，第 2、3 版。）
③ 《四川佛学会成立志盛》（续前），《四川佛教旬刊》1926 年 2 月 2 日，第 3 版。
④ 《大勇法师在甘示寂》，《海潮音》1929 年 12 月，第 10 卷，第 11 期，《佛教史料》第 46 页。

差异、地理历史环境的影响，致使汉藏佛教界僧人缺乏在不间断的联系和交往基础上形成信任与理解。汉地僧人缺乏对藏密深入直观的认识，目睹并感受西康藏传佛教寺院的修行后出现暂时的宗教心理震荡与挫败颓迷，未能如期实践组织初建时的原定计划，不得不滞留甘孜。其间，法舫法师返回武昌佛学院任教，密吽法师等中途弃改，后来太虚法师函请观空、超一等前往汉藏教理院。但"留藏学法团"在滞留西康期间，学僧入寺院学法，调查了解藏族风土人情及康藏边界形势①，部分学员留驻西康数年，对藏传佛教经典和西藏佛教的发展进行了较为系统的研究。

"留藏学法团"不仅比较认识汉藏佛教经典翻译、信仰群体的不同，而且认识到前往西藏学法的阻碍更多来自战争环境下对僧人求法群体纯粹性的怀疑、对求法目的的不信任，同时还了解到汉藏边界地区的信仰特点及格鲁派的影响。"西康接近印度，得地域上之便利，复因藏人努力研求弘扬佛教之结果，故显密教乘，灿然大备，典籍之富，甲于全世界，支那内学院竟无、吕徵〔澂〕、质夫诸师，尝谓现在佛典，堪资为汉译诸籍及梵本参证者，无过于西藏佛典。"②"全藏人士，十九崇奉佛教，其信之诚挚热烈，更非泛泛者所能望其项背，洵不愧为第一佛教国，惜世人鲜加注意，甚或鄙为文化未开之弱劣民族，然不知此皆语言文字、交通隔碍之故耳。……行抵藏边，藏人疑有军事、政治、侦探等作用，阻不许前，不得已留滞于西康打箭炉、甘孜等处。"③

---

① 天然法师在《西藏行》中叙述了"留藏学法团"自四月十三（阴历）到十月初五（阴历）抵达炉霍的行程，包括在四川藏地的见闻、藏民族风俗人情、宗教派别、物产、饮食、服饰、交易等内容，并详细叙述了途经寺院喇嘛弟子及其修习等状况（天然：《西藏行》，《海潮音》1926 年 9 月，第 7 卷，第 8 期，《采录》第 1~6 页）。

② 黄警顽：《留学西康佛教团近况》，《海潮音》1930 年 9 月，第 11 卷，第 9 期，《佛教史料》第 4 页。

③ 黄警顽：《留学西康佛教团近况》，《海潮音》1930 年 9 月，第 11 卷，第 9 期，《佛教史料》第 4 页。

四 留藏归来弘法

作为"留藏学法团"的缔造者,大勇法师是组织汉地僧人留藏、汉藏文化书写与双方交流存续的推进者。从藏文学院的建立到逐渐形成有效规范的组织结构,建立以宗教信仰为支撑的价值观,恒定振兴佛教的终极目的,在共同行动的过程中不断将文化精髓渗透融入学法成员的心理层面。因此,经久困境与漫长等待之后,部分学员仍然继续跋涉进抵拉萨并长期驻留寺院学习深造,并在返回内地后翻译出版藏文佛教经典,对规范内地密宗修行方法和重建理论系统具有明示和拓启作用。

"留藏学法团"入藏求法部分学员历经周折如愿抵藏,中途部分学员被迫留驻西康研究佛法。赴藏返回内地学员或开设译经场,或前往僧教育机构讲学,或创办道场、举办法会、译经著述等,作为汉地僧人自发组织前往西藏学习密法以振兴汉地佛教的历史性尝试,学法团学僧对汉藏文化交流起到重要的引介作用。其中,朗禅法师于1931年4月抵达拉萨。密悟法师、恒演法师于1935年入藏驻哲蚌寺,密悟法师后考取格西学位。密慧法师留在西康甘孜东谷喇嘛寺学佛,1940年6月抵达拉萨,驻哲蚌寺甲绒康村。法尊法师于1931年和1935年两次入藏。能海法师、永光法师于1928年6月从康定出发,9月抵达拉萨,驻哲蚌寺,1932年返回内地,1940年12月再次入藏,1941年8月再返内地。严定法师、观空法师和密吽法师"于民二十四年东返,严定、观空皆受聘于汉藏教理院。密吽法师受聘北平法源寺"[1]。超一法师不仅研究和传授密法,在汉藏教理院任教,并到南京、上海等地传法,"住持无锡惠山圣觉寺"[2],还翻译出版"《菩提道次第论颂撮》

---

① 东初:《民国以来海外之留学僧》,载于张曼涛《现代佛教学术丛刊》(86),《民国佛教篇》,北京图书馆出版社,2005,第365页。

② 东初:《民国以来海外之留学僧》,载于张曼涛《现代佛教学术丛刊》(86),《民国佛教篇》,北京图书馆出版社,2005,第365页。

（宗喀巴大师造）、《菩提道次论极略颂》（宗喀巴大师造）、《菩萨戒根堕掇颂》（寂静造）、《菩萨律仪二十颂》（旃檀果尔造）、《集绪学修》（寂静造）、《菩提道次第论掇科判》"①。此后，谋途入藏的学员承继"留藏学法团"的初旨，不仅初定藏密在内地佛教中远胜东密的地位，而且开创系统引介藏传佛教经典，特别是格鲁派经律论典籍、显密修持方法、仪轨的历史阶段，成为藏文佛教经典汉译的鼎盛期，奠定了现代汉藏佛学交流发展对话的共识与基础。其中，法尊法师和能海法师在译经著述方面的贡献尤为突出。

五　组织求法典范

民国时期，汉地佛教处于整顿僧伽制度、规范佛教组织、保护弘法途径的复兴阶段，"留藏学法团"以组织游学的方式研习佛教原著经典，亲身体验学法历程，促进汉地佛教的发展及汉藏文化交流的深入。循沿"留藏学法团"的组织特征、行为方式、价值取向、历史实践等做进一步分析，可以客观认识和定位其内在意义、历史实效性及其影响。

"留藏学法团"开僧团组织赴藏求法之先河，筹备建立、曲折求法和讲法译经的历史进程诠释着自身的本质与内涵。僧人团体不惟局限于览读文本和自省求证的传统研修模式，而是努力规避历史时局的羁绊，主动觅寻可以借鉴发展的渠道，以他者角度反思自身文化存在的差异与缺失，逐步建立起开放交融的系统概念，并不断加以补充和修正。从学僧人员结构、组织管理、求法路径和辗转历程可以看出，基于共同宗教信仰和知识架构基础上形成的文化交流团体不仅能够建立起紧密的合作、持久的目标，以及彼此影响和推促的聚合力，团体性组织以其自身的文化符号和文化体验也影响着他者文化，在彼此排

---

① 东初：《民国以来海外之留学僧》，载于张曼涛《现代佛教学术丛刊》（86），《民国佛教篇》，北京图书馆出版社，2005，第365页。

斥和内化的历史过程中体现出佛教组织行动对汉藏文化关系发展的外发和内促作用。大勇法师圆寂后，在集体性认知理解和期待的感召下，学僧仍经久未懈陆续跋涉入藏，这一行动诠释着"留藏学法团"组织内部形成的追求以佛教为主旨的核心文化的通贯性和主导性特质。

"留藏学法团"以组织行动的方式开启现代汉藏佛教交流的另一种模式。"任何一种沟通过程都发生在文化前理解的背景上"①，有着共同文化背景的汉藏佛教在"留藏学法团"的努力下迎来发展的新阶段，学僧系统翻译解释并引介藏传佛教经典特别是格鲁派的经律论集，关注汉藏佛教发展的历史及佛学研究的不同侧重，阐析汉藏切近教派佛教交流活动及其对后世产生的影响。首先，在翻译经典和著述方面，"留藏学法团"系统翻译出版宗喀巴大师的经典著作，集中阐述和释读藏传佛教的显密佛法理论及其教义，填补汉译藏经因明之缺，补阙汉地佛教经典。在校勘、推证和释经方面，他们从各自不同的理解和认识出发，解析不同地域、不同派别的佛教教典主旨，在佛教与人生、佛教与现代科学、佛教与社会、佛教与国家等方面充实佛教问答现世的理论内容，促进现代佛教哲学思想体系的建立。其次，在引介藏传佛教比照汉地佛教发展方面，叙述西藏佛教不同阶段教派发展兴衰的历史及原因，追溯汉地佛教各宗的建立与发展并提出改革的具体步骤措施。例如，法尊法师提出僧伽依止国家社会政治法律保护整理、整顿完善丛林制度、师师相传的"教正法"与依思而修、学行兼顾的"证正法"修习方式、"住持僧众分别组织"的规范办法，使佛教获得发展的外部空间和自我完善的教制理念；详细介绍西藏的寺僧组织、僧教育制度、僧众参政与僧众生活等建设发展现状；在《海潮音》发表《评〈藏密问答〉》，从比丘戒和菩萨戒的关系入手

①〔德〕尤尔根·哈贝马斯：《交往行为理论：行为合理性与社会合理化》，曹卫东译，上海人民出版社，2004，第100页。

分析汉藏佛法持戒之异同，进而解析西藏生死轮回观与六字真言的内涵，批驳"西藏寺院乃贵族教育"的讹误，剖析双身密法修持仪轨，消除汉地佛教因浅见而添污秽之说。最后，在汉地弘传密法方面，"留藏学法团"讲授藏密经律论、创设金刚道场、举办护国息灾法会，引入藏传佛教的密法仪轨。他们结合自身在西藏学法的经历和理解，讲经弘法，阐发西藏密法的精要，冲破汉地佛教界的排他主义和自我贬抑否定的两极认识，从宗教自身的特点及终极价值研究彼此间的共同性本质，并自觉认识汉藏佛教的相对性和差异性。在显密之争、汉藏佛教优劣之争、东密与藏密之争的困惑中，理性剖析藏密的弘法活动，促使汉地佛教界不同宗派在自省反观中停止攻讦与对立，寻求协调与共存的缓和空间。"留藏学法团"学僧在西藏寺院长期学习，藏传佛教僧人对汉地佛教的认识由描述性的概念想象变化为具象化的触摸感知，自此，藏传佛教寺院开始尊奉汉地如来佛，建造佛像，历史性见证了汉藏佛教文化交流的借鉴与理解、互促与衍生。

大勇法师率领的"留藏学法团"入藏求法是汉地佛教僧人留学西藏研修密法的首途。从在北京建立佛教藏文学院到组织"留藏学法团"，"通过对行动的终极立场的有意识揭橥，和始终一贯地按部就班朝向其信奉的价值"①，这种价值理性式的宗教组织行为从佛教的本原和经典出发，正视和补充内地佛教，以促进汉地佛教的复兴发展。这种以信仰为指导的组织行动得到民国政府的关注，并视其为整合拓延汉藏佛教交流的锁钥。国民政府采用非政治性符号的方式补增可资条件，将其作为改善汉藏关系长期性、制度性的政策选择和行动方案加以实施。其中，蒙藏委员会于 1935 年和 1942 年先后颁布《汉藏互派僧侣游学办法》《派遣与补助内地僧侣赴藏游学规则》，组织选派资助

---

① 〔德〕马克斯·韦伯：《社会学的基本概念》，顾忠华译，广西师范大学出版社，2005，第33页。

汉地僧人游学西藏。自颁行支持游学办法到 1948 年，驻藏办事处每年都选派和补助自费或公费汉僧入藏。第一个获得拉萨三大寺藏传佛教拉然巴格西学位的汉人喇嘛碧松法师（驻哲蚌寺），1938 年毕业于汉藏教理院，后任教育部和蒙藏委员会聘任的国立拉萨小学校长，曾作为国民政府代表参与国民党中央政府驻藏办事处与西藏地方政府的谈判。1940 年在拉萨设立驻藏办事处，协助办理登记及拨付经费支持僧人在西藏研修译经，处置其他如教育出版等事宜的接洽。政府遴选资助学僧前往西藏，为汉藏佛教关系的发展拓宽空间，同时也促使汉地僧人积极研究和接触藏文、藏族的历史、文化与宗教。汉藏教理院的学员部分凭借其藏语文及藏传佛教知识结构优势，毕业后得到蒙藏委员会支持前往西藏继续深造，返回内地后讲法讲学，在汉藏佛教文化之间建立起官方资助性质的沟通渠道，成为以宗教文化为载体、贴近与理解汉藏关系的重要媒质。在汉地佛教与藏传佛教的文化扩散中，通过彼此碰撞和借鉴不断发现双方共同的普遍性伦理和价值观念，作为汉藏关系发展的文化心理层面的凝结，逐渐影响扩及到不同社会群体之中。

第二节　法尊法师译经著述比较汉藏佛学

民国时期，在汉地佛教历经革新尝试、佛学团体纷立、期刊经文流布的情况下，佛教蓬勃的外象背后缺少整合性的佛学传承建制。在汉藏佛学研究上，法尊法师将翻译的经典在佛学书局和佛学团体出版机构刊印单行本流通，并在佛学期刊、报纸上以故事、短文和节选经典的方式介绍佛学思想，赴法会讲解佛经内容，与信众共同修行体验。前往佛学研究机构组织翻译经典是法尊法师介绍经典之权，而比较研究汉藏佛学，建立汉地佛学教育、传承和理论架构体系则是法尊法师求法之实。

比较认识汉藏佛学的过程是双向呈现和择机学习建立平台的探寻，不应通过否定或排斥对方来论证派别的优劣。法尊法师援引阿底峡大师和宗喀巴大师的传记，围绕《菩提道次第广论》的"三士道"思想和龙树的中观理论，从佛学体系的知识架构中认识佛学内容的广博性、佛学思想的多元性、佛学派别的差异性，在立体辨识佛学经典和派别的基础上，根据修行者的根机选择和修行心智的变化，认识不同派别思想通达圆满的表述，并结合实践进行求证。

法尊法师通过比较研究切近汉藏佛学，以大场域和小自我的观点认识汉藏佛教的历史。不以政治和社会的功用来评判佛教的价值和存在方式，而是回归佛教文化自身，观待佛教的现实环境。在此基础上，法尊法师从佛教终极意义上建立汉地佛教复兴体系，即在研究佛陀三转法轮历史的基础上，选择适合的法门依照戒律和仪轨进行念诵修行。其中，修行者的菩提心是终极价值的基础和圆满的资粮，但任何修行都必须在了悟佛学的理论之后逐渐推进，所有外在的形式和念诵均须在佛典研习的基础上展开。法尊法师力图让信众抛却执着派别、强调形式的佛教复兴方式，将佛学与佛教发展联系起来，僧侣和居士共同在研究佛学的基础上渐次修行。

一 释读汉藏佛学经典

1920 年，法尊法师在玉泉庙听闻大勇法师讲授原始佛教经典《八大人觉经》和《佛遗教经》，初步接触佛教典籍。次年，在广济茅篷得闻大勇法师、远参法师所讲净土经典《阿弥陀经》和大乘戒律经典《梵网经》。1922 年夏，在南京宝华山隆昌律寺闻习天台宗入门经典《天台四教仪》和《教观纲宗》。同年起入武昌佛学院，先学习说一切有部的经典《俱舍颂》、汉传陈那的因明学、佛教史，后学习大乘中观经典《三论》唯识宗的根本经典《解深密经》及唯识集大成经典《成唯识论》、般若经典《文殊般若》，以及日本阿阇黎权田雷斧涉及密法历史和名相的著作《密宗纲要》等。[①] 法尊法师从听闻原始佛教、部派佛教到汉地宗派经典，初步了解密法的基本教相和不同传承。从佛教宗派来讲，法尊法师在净土宗、天台宗和唯识宗经典的闻道上机缘颇深，涵括瑜伽行中观思想、五时八教教观思想、有部思想和法相唯识思想的理论认知等。

在大勇、持松、显荫等留日法师的影响下，民国初期汉地佛教的路径择选模糊，徘徊与革新者各执己见，甚至一度产生争论与攻讦。法尊法师缜密比较衡量日本东密与藏密经典和传承脉络，坚守汉藏佛学理论的交流，修持法门的切磋，增进彼此间文化底蕴的共释，以文化互鉴意识推进汉地佛教发展。作为两次赴藏的汉地格鲁派僧人，法尊法师以求寻回汉地历史憾失的显密传统，回补未译的经典文本，而在文本的释读中，法尊法师以重建佛教体系复兴汉地佛教为追求，不分教派差异，不揣文化优劣意识，将汉藏佛教文化交流融入撰述的卷本，以文化回归的坚守联结续写汉藏佛教交流。

1924 年 8 月起法尊法师入北京佛教藏文学院学习。次年 9 月，作为"留藏学法团"的首批学员随团长大勇法师赴藏求法。在滞留西康期间，师从慈愿法师学习藏文基础，闻习宗喀巴大师的著述。[②] 不仅奠定此后互译汉藏经典的语言修辞基础，而且初步晓识格鲁派的戒律内容、"三士道"次第思想和修证佛果的方法。1927 年，在甘孜札噶寺"依止俄让巴师父，听了《菩提道次第广论》的毗钵舍那。后又依

---

① 法尊：《法尊法师自述》，《法音》1985 年，第 6 期，第 34 页。

② "上跑马山，亲近慈愿大师，先学藏文文法《三十颂》《转相论》《异名论》《一名多义论》《字书》等关于藏文的初级书籍。次学宗喀巴大师讲的《苾刍学处》《菩萨戒品释》《菩提道次第略论》等佛教正式典籍，为学习藏文佛学打下了一个较好的基础。"（法尊：《法尊法师自述》，《法音》1985 年，第 6 期，第 34、35 页。）

止格陀诸古，学了《因明初机入门》及《现观庄严论》《辨了不了义论》等多种"①。初识藏传佛教格鲁派止观禅修、因明学、般若学和中观的理论基础。1931 年，"与慧深师以亲近安东恩师为目的，便住在昌都求学。是年的春、夏、秋三季，受了四十余部的大灌顶，对于显教诸论亦略闻纲要。八月间又随恩师进藏，路过拿墟达朴大师处，依止达朴大师受绿度母身曼陀罗之不共修法等。十月底到拉萨，奉恩师之命，冬月间入别邦寺放札仓郡则，名义填在寺中，实际仍住拉萨依止恩师求学"②。法尊法师接受密续的灌顶，初步了解密法的仪轨，并作为安东格西灌顶弟子在拉萨学法。

在拉萨学经期间，法尊法师研习格鲁派格西课程的基本经典及各种密法仪轨。1932 年，"学习《因明总义论》及《菩提道次第广论》"③。次年，"学习《现观庄严论金鬘释》及《密宗道次第广论》《五次第广论》，三百余尊结缘灌顶，《大威德二种次第》及《护摩大疏》并空行佛母修法教授等。此外尚依止格登墀巴听俱舍，绛则法王听戒律，颇章喀大师受胜乐金刚之大灌顶等"④。法尊法师是"留藏学法团"中系统学习格鲁派经典和法脉源流的汉地求法僧人。学经期间"试译了宗喀巴大师的《缘起赞》并略加解释。⑤ 摘译了《宗喀巴大师传》和《阿底峡尊者传》，俱在《海潮音》上发表"⑥，法尊法师翻译宗喀巴大师著作并在期刊上公开发表，进而介绍格鲁派著名高僧的弘法事迹、修行范式和境界，译释格鲁派"缘起性空"的教义精髓，通过译释了解格鲁派的显密传承脉络，诠释龙树革新创立教派的中观思想。

---

① 法尊：《现代西藏》，重庆汉藏教理院，1937，第 13 页。
② 法尊：《现代西藏》，重庆汉藏教理院，1937，第 16 页。
③ 法尊：《现代西藏》，重庆汉藏教理院，1937，第 16 页。
④ 法尊：《现代西藏》，重庆汉藏教理院，1937，第 16 页。
⑤ 《缘起赞论略释卷上》《缘起赞颂略释卷下》分别发表在《海潮音》1932 年 7 月第 13 卷第 7 号、1932 年 8 月第 13 卷第 8 号。
⑥ 法尊：《法尊法师自述》，《法音》1985 年，第 6 期，第 35 页。

1936 年 2 月，法尊法师再抵拉萨，依止绛则法王听讲《菩提道次第略论》《苾刍戒广释》《俱舍论》等①，在康藏师从格鲁派格西学习宗喀巴大师的藏文经典和藏译本弥勒菩萨的经论，对格鲁派经典的释读和显密次第的理解成为其重新认识汉传经典和佛教发展现状的参照。

纵观法尊法师研习佛学的过程，先是在汉地寺院学习民国时期较为兴盛的净土宗，着力复兴天台宗和唯识宗的经典及日本回传的东密，其后专门学习藏文并赴藏以闻译结合的方式系统研习格鲁派的经典。在此基础上，法尊法师比较汉藏佛学历史、经典、法门与修行，以译本、释文、评论和专题论文的方式向汉地引介阐释藏传佛教，将汉藏佛教的交流推向佛学经义与名相的探讨、佛学教育的实践、佛教发展与传承追溯等层面，从彼此间的概念性接触深入佛教理论的互相融通，从藏传佛教单方面的流入提升到彼此间切磋发展轨迹的书写。

二 系统讲授汉藏经论

1934 年，法尊法师应太虚法师邀请，自拉萨途经印度、尼泊尔、缅甸、新加坡、香港、上海抵达重庆汉藏教理院，"代理太虚大师院长职，兼任藏文佛学教授"②。在藏文专科和普通科开设藏文、藏文佛学和《菩提道次第广论》③，兼为七名学僧的训育导师，负责学僧的教诫与习行。④ 法尊法师"主持院务以后，特别注重藏文成绩，二十五年第一班毕业后，即将有志专修藏文之高材生选入藏文专修科"⑤。

---

① 法尊：《现代西藏》，重庆汉藏教理院，1937，第 25、26 页。
② 苇舫：《张李两中委参观汉藏》，《海潮音》1935 年 5 月，第 16 卷，第 5 号，第 117 页。
③ 1949 年 3 月，法尊法师将 1934 年翻译的文本加以阐释，在汉藏教理院讲"《菩提道次第广论》的造作、翻译、内容和题解"（吕铁钢、胡和平：《法尊法师佛学论文集》，中国佛教文化研究所，1990，第 259 页）。
④ 法舫：《汉藏教理院教务报告》，《海潮音》1939 年 6 月，第 20 卷，第 3、4、5、6 号合刊，第 38 页。
⑤ 《藏教理院藏文专修科毕业》，《海潮音》1939 年 8 月，第 20 卷，第 7、8 号合刊，第 26 页。

1939 年 7 月，藏文专科第一届 6 名学僧毕业，遂留在汉藏教理院担任助教，协助法尊法师从事翻译工作。汉地信众主要通过灌顶、共修或法会等短期结缘形式闻授格鲁派经咒，法尊法师则通过系统讲授经典和藏文课程，以全日制教学的方式首将格鲁派教理教义的研究引入内地佛学机构，通过培养精通藏文的学僧，引介传承格鲁派教义，并在教学过程中强调格鲁派的修行规范与圆满资格。在汉藏教理院第六期开学时，法尊法师援引《菩提道次第广论》中教证之义和德行标准，从智行、德行的因果关系比较国民教育与僧教育成绩的差异，指出修学圆满的参照标准及基础。学僧应具足品格，勤求学问，注重德行，渐次培育才可以养成真正之僧才。① 法尊法师结合自身求法经历及对格鲁派次第思想的研究，以宗喀巴大师经典阐发现代僧教育范式，是民国时期首次将藏地僧教育思想引入汉地并主持实践的僧人。

在汉藏教理院从事教学工作期间，法尊法师前往四川、重庆等地佛学社协助翻译②并主讲汉藏经典。1935 年春，法尊法师赴四川万县东川佛学总社讲菩提道次第论 30 余日。③ 1937 年 5 月，在重庆佛学社讲菩提道④，并先后在多地讲授《菩提道次第广论》。将格鲁派"三主

---

① 法尊讲，碧松记：《论学僧之成绩》，《海潮音》1935 年 4 月，第 16 卷，第 4 号，第 93～97 页。

② 1935 年 7 月，成都十方堂延请西藏色拉寺格西、金川广化寺堪布阿旺南结上师讲菩提道次第论。（《阿旺南结堪布讲经》，《四川佛教月刊》1935 年 7 月，第 5 卷，第 7 期，第 6 页。）是时，阿旺堪布邀请法尊法师担任翻译。（《法尊法师抵蓉任经筵翻译》，《四川佛教月刊》1935 年 8 月，第 5 卷，第 8 期，第 8 页。）阿旺堪布在世界佛学苑图书馆讲授西藏弥勒详略修法仪轨时，法尊法师当场口译，由弟子释德潜记录，内容包括如何进行观想、结手印、应修礼供、持诵陀罗尼等。7 月 11 日，阿旺堪布来汉藏教理院修法，胡子笏居士和信众希望通过文本通俗翻译理解法会内容，嘱请法尊法师翻译《尊长瑜伽法》，这是民国时期第一次详细翻译讲述格鲁派密法修行次第和仪轨的法门，该法门以《菩提道次第广论》为精要，宗喀巴作为本尊在加行观境、因怖畏而皈依发心，正行观想福田、供养忏悔、随喜请转法轮，结行祈赐成就（法尊：《西藏传弥勒修法》，《海潮音》1937 年 1 月，第 18 卷，第 1 号，第 82～95 页）。

③ 《法尊法师万县讲菩提道》，《海潮音》1935 年 6 月，第 16 卷，第 6 号，第 131 页。

④ 《海潮音》1937 年 6 月，第 18 卷，第 6 号，第 97 页。

要道"的主要内容与次第修持引入汉地佛教界，一方面以宗喀巴大师中观理论的文本诠释藏传佛教的理论精髓，可以消弭汉地部分佛教僧众对藏传佛教仅仅注重密法修行的误读与抵牾；另一方面在毗邻西藏的川康汉传佛学机构讲授藏传佛教，组建汉藏共同弘宣的组织团体，同时参鉴格鲁派的理论架构作为重建汉地佛教传承与修学体系的范式。

1937 年 5 月 30 日，法尊法师前往成都佛学社讲《唯识三十颂诠句》①，以唯识立论所破与所立为切入点，援引阿底峡大师的学说指出西藏学习佛法"三皈依"的入门基要，大乘中观、唯识和小乘有部、经部的差异，并指出在西藏学习大乘、小乘和密乘均须选择一宗获得知见。同时，举例指出莲花生大士、阿底峡大师中观学习与密法的修持，其中涉及以西藏大乘佛教密法的前提为发菩提心、五部大论的课程安排等。接着，从名相上阐述唯识大意及内部的分歧，最后，以清辨和月称法师为例阐释中观与唯识的不同之处。在《悬记》的分析中，法尊法师讲授西藏高僧的中观见解与密法修行，指出汉地佛教不同派别可以根据需要选择实现成佛之道，但不应偏废或抵制其他宗派。在讨论《唯识三十颂》的内涵时，法尊法师强调派别间应注重佛教的普适性价值及实践的终极目的，而不囿于名相解释和境界通达的差异。

1942 年，法尊法师"讲《入中论颂》，由隆莲师逐日笔记"②，讲稿由《佛化新闻》附设永久印书会出版。法尊法师根据三转法轮所摄教乘将龙树时期大乘、小乘、唯识和中观四宗判为中观所摄引出本论。从造论入题，叙述格鲁派传承月称的中观应成派思想，分析《入中论》的组织结构和修学本论的路径与功德，由佛陀、弥勒与文殊菩萨论述佛与菩萨关系，以及菩萨因与菩提心、大悲心的关系切

① 《法尊法师来蓉讲经》，《四川佛教月刊》1937 年 6 月，第 7 卷，第 6 期，第 6 页。
② 隆莲：《法尊法师讲入中论颂》，《佛化新闻》1942 年 8 月，第 246 期，第 2 版。

入函题，比较阐述《华严经》《现观庄严论》《宝积经》《维摩诘经》等经论，逐一分析本论十地菩萨修习的内容、龙树的中观与空性思想。法尊法师运用援引汉地佛教经典融贯佛学教理的释经方式，首次在汉地刊行《入中论颂》。月称的佛学思想遂引起汉地佛教界的关注，太虚、演培等诸多高僧开始研究并引起学界争鸣，集中于月称中观思想、唯识论说的讨论，并逐渐上升为对藏文经典的权威性和本源性的怀疑。太虚法师在《阅入中论记》中以问答的方式驳斥月称所论空性未尽达且曲解龙树中观的真实含义，与《华严经》《法华经》的观点相违背，重点就识、境、自性缘起、如来藏等名相进行回应。在质疑与否定的过程中，将藏传佛教的中观理论及对唯识学的判释引入内地，月称的中观思想为汉地唯识学的回视与解读提供了殊异的参照维度与依据。

三　比照撰述汉藏佛教法要

1935 年 2 月 10 日，法尊法师就汉藏念佛法门撰《汉藏念佛法门的一班》，从信愿行的功德与因果分析汉地佛教弥陀信仰的概要，对明代莲池、藕益大师以后专一持名信仰往生净土提出商榷，最后详细介绍西藏流行的四种弥陀法门，"一、发大菩提心。二、观想极乐世界依正庄严。三、持诵弥陀名号。四、勤修福慧二种资粮，回向往生"①。阐析藏传弥陀法门四法的逻辑性和实践性，对汉地仅持佛名号的修持提出疑问，对比介绍汉藏弥陀法门修持的顿与渐之差异，希望信众在净土法门的选择和修持中重新反思。法尊法师先后译格鲁派的《极乐愿文》、宁玛派和萨迦派的《净土发愿文》，信众借此可以比较汉地发愿文，理解藏地净土法门。

汉地佛教界对藏密颇有微词，或予诋毁，法尊法师从显密戒律阐

---

① 　法尊：《汉藏念佛法门的一班》，《净土宗月刊》1935 年 2 月，第 4 册，第 68 页。

明真实秘密灌顶的僧俗身份与证理资格，正语回应犯戒僧人对藏传佛教密法修行的负面影响，向汉地信众讲授藏传佛教密法戒律的严谨与次第，以公开批驳犯戒僧人密法实践的方式纠补因之所形成的负面影响。例如，在密法修行问题上，法尊法师公开回复刘宇民居士对宁玛派恒明法师携妻带子修法问题的疑问，即从大小乘戒律和下三部密宗来衡量恒明法师是否违背戒律，从无上密法来衡量其是否属于秘密灌顶和修法。法尊法师援引《菩提道次第广论》一一辩驳，指出"出家菩萨绝对不许传真实秘密灌顶（即第二大灌顶）及不许传真实智慧灌顶（即第三），以彼二灌顶皆须明妃故，况用明妃而修法乎？若以出家身，未先舍戒，而受彼真实灌顶，既犯比丘第一根本戒，又犯密宗第二根本戒"①。以引生四乐的外道思想混淆密法的无上瑜伽修行，"决无以出家身受用业印之理"②，宁玛派信众有业印母的皆为居士，绝非比丘，指出恒明法师以出家身破坏正法，应还俗或被逐出寺院。

法尊法师在与法舫法师的通信中，解释藏传般若经典《现观庄严论》八品七十事概要，解答法舫法师阅读朗禅法师遗稿后的质疑，以书信公开讨论的方式将藏传唯识学经典的释读与研究不断延伸。支那内学院欧阳渐撰文《法相辞典·叙》批驳法尊法师翻译出版的《辨法法性论》③，指其"虚妄分别"与玄奘译本《辨中边论》含义不相吻合且无梵本留存，《辨法法性论》系西藏伪造，并非弥勒学著作。法尊法师先后两次在《海潮音》发文驳欧阳渐的观点，以因明推理的方式指出汉藏慈氏五论系从不同的角度阐释唯识学，并从法相分析皆为慈尊的弥勒学著作。在民国唯识学复兴时期，法尊法师的檄文旨在呼吁佛教界以不谤而容他的心态，理性研究藏传唯识经典的逻辑体系，不以偏废或障目的角度回避不同传承的法相论证和理论阐发，应在汉

---

① 法尊：《密行比丘与第一戒》，《微妙声》1936 年 11 月，第 2 期，第 47 页。
② 法尊：《密行比丘与第一戒》，《微妙声》1936 年 11 月，第 2 期，第 48 页。
③ 《辨法法性论》译本发表在《海潮音》（1938 年 7 月，第 19 卷，第 7 号，第 24~26 页）。

藏经典传承的差异中悟知唯识学义理与言教的圆融。

针对曾在四川学法的慧定法师对西藏佛教教理、僧制教育和风土文化认识的偏颇，法尊法师发表《评〈藏密问答〉》一文，循序罗列陈明，解释比丘戒和菩萨戒发心内容的不同，依俱舍论与唯识分析西藏轮回转生内涵、六字真言的殊胜、三大寺寺院的教育、汉藏僧食差异，论述依轨修无上密法、佛学比较研究法、净土法门、《华严经》和阿弥陀佛法门的关系等内容。双方撰文展开多轮辩论，法尊法师结合入藏学法和受戒灌顶的经历讲述藏传佛教的戒律、轮回与法门，再讲到西藏寺院的教育与生活，提出比较研究的学佛方法，立体呈现藏传佛教教法与寺院状况，并以《答〈阅评藏密答问随笔〉》回应融空居士的批评。

法尊法师于西藏学法期间密切关注汉地佛学研究动向，在写给胡子笏居士的信中谈及自己的学法经历，以及对汉地佛教与佛学发展深感忧虑①，并长期致力经典翻译和释论。同时，希望学僧从教理入手通晓藏传佛教，运用宗教学与语言学理论提出应以汉语来解译藏文论义。在著述讨论中，法尊法师切中汉地佛教因陌生而产生的对藏传佛教的想象与猜测。其时，内地对藏传佛教在汉地弘传有所排斥与谤议，尤其是对犯戒密法弟子的行为产生怀疑。法尊法师集中阐释与破斥唯识、藏密和修法法门等与汉地佛教切近且模糊的内容，以他者身份认知比较汉藏佛教理论体系的互补性，从佛学研究者的角度引介藏传佛教可鉴可资的显密次第与殊胜法门。

四　端视汉藏佛教发展轨迹

1935 年 11 月 6 日，法尊法师在南京佛学会写成《从西藏佛教学

---

① "又近日国内研究佛学，关于那种经论注释最急须要，示知尊等，以便先学。"（《留学西藏法尊法师致胡子笏居士函》，《海潮音》1932 年 7 月，第 13 卷，第 7 号，《通讯》第 6 页）

派兴衰的演变说到中国佛教之建立》一文[1]，叙述西藏前弘期佛教的历史，以及后弘期噶举派、噶当派和萨迦派的历史，阐析西藏佛教兴衰的原因，对比汉地佛教各宗的发展历程及教证方面的偏颇，提出法律保护、教证并行、整顿僧伽组织与制度等改善佛教的意见。这是民国时期汉地僧人第一次全面详细介绍西藏佛教的历史，通过微观视角比较分析宗教发展与社会、宗教组织与戒律、宗教派别与共生等内容，认识佛教复兴所需要的制度大环境和宗教小氛围，将外部环境与内部融通相结合，并从佛教发展的原因差异中指出汉地佛教复兴的出路，主张从制度和教团两个方面同行并举，以组织建立和制度管理的方式创设自立与护持双向发展的佛教格局与秩序。

1936 年 4 月，法尊法师根据自己在西藏学习的经历及见闻，发表《西藏佛教的建设》一文，详细介绍西藏的寺僧组织、僧众生活、寺僧制度、僧教育和僧众参政等内容。在寺僧组织方面，包括寺院的建筑格局及僧舍分配、僧众组织与职事组织；在僧众生活方面，涉及僧人的日常生活、经费来源；在寺僧制度方面，包括出家与受戒制度、法会举办与仪式；在僧教育方面，详细阐释五部大论课程学习，即因明两年，般若五六年，中观两三年，戒律两三年，然后是俱舍，并设立四级格西辨经考试与选任；在僧众参政方面，谈到达赖喇嘛、班禅喇嘛两大系统以及噶厦职官。[2] 法尊法师以立体视角还原西藏寺院的建设、僧人的学习与生活，以及制度的运作和政治管理的全景，这是民国时期汉地僧人第一次以旁观者手笔描述西藏寺院内部的人文与建制，第一次整体上将西藏佛教发展现状呈现于汉地佛教界，不仅可以改变曾经出现的对西藏寺院的想象与抵牾，而且也可以作为汉地佛教

---

① 法尊：《从西藏佛教学派兴衰的演变说到中国佛教之建立》，《海潮音》1936 年 4 月，第17 卷，第 4 号，第 37~45 页。

② 法尊：《西藏佛教的建设》，《海潮音》1936 年 4 月，第 17 卷，第 4 号，第 46~53 页。

振兴发展的参照。《西藏佛教的建设》成为内地有志于复兴密法的僧人进行研修和课程学习的依照，同时消除对藏密迷信或寺院世俗化等不切实际的猜想和质疑。此后出版的《现代西藏》[①] 一书也详陈西藏的人文、地理、政治与宗教。法尊法师以汉地僧侣身份，在受到藏地文化浸染后透视书写西藏历史和现实状况的文本，成为汉地多边认识西藏社会的可资参考。

在国族抗战面临被动局势与毁教危险的境况下，1938 年 2 月，法尊法师在《致各地同学书》中回顾民国以来佛教界革新、弘化和兴寺等复兴尝试的功用；举陈战争环境中寺院面临被军政机构和学校征用的厄运，僧众遭受驱逐，寺产被没收，佛教界生存的空间和延存的基础遭受社会蚕食几已殆尽；战后国内政治重建，佛教将面临被动适应因政治改变而出台的非合理性佛教制度，佛教界不可冀望于从政治变革中获得扶助或护持，不做政治的浮萍与变革的附属品，而应共同寻求并建立符合佛教延存发展的制度；提出佛教如何以德化消弭战争，如何从大视野的基点定位中国佛教求存的问题。[②]

法尊法师在《元明间与中国有关之西藏佛教》一文中追溯汉藏佛教发展历程，回顾萨迦派、噶举派的创立及其演进过程，述及两大教派与中原王朝之间的密切关系，从凉州会盟、佛道论争、帝师制度论述元代佛教尤其是萨迦派在汉藏关系中发挥的作用和意义[③]，元代赏赐噶玛噶举黑帽、红帽，明代噶举派受封为国师，格鲁派释迦耶协封为大慈法王。文章从格鲁派的发展格局上加以归纳，分析汉藏佛教在

---

① 1937 年 6 月由汉藏教理院出版。

② "1. 我们佛教应如何去适应此中国的和国际的大斗争时代？2. 应以如何的方法去建设今后的中国佛教和世界佛教？"（法尊、法舫：《致各地同学书》，《海潮音》1938 年 2 月，第 19 卷，第 2 号，第 47 页）

③ "汉藏的感情，就由此联络共趣〔趋〕亲密，以至融成一家。所以在汉藏的关系史上，这一派占最重要的一页。"（法尊：《元明间与中国有关之西藏佛教》，《文史杂志》1944 年 11 月，第 4 卷，第 9、10 期，第 32 页）

地域、民族和文化上的切近与融合。① 法尊法师以历史寻根的方式书写与中原关系密切的藏传佛教派别，汉藏信仰的契合源于佛教因明逻辑的严整与教理的圆融，源于佛教的外向型特征与中原容阔的文化心理，不黏连于地域与民族的佛教文化在汉藏交流间的非符号性存在是沿袭传承世系，对他者文化的认同源于自身文化的内在性与弹性。同时，法尊法师以历史长镜头呈现的元代以来藏传佛教的发展轨迹，以及历史脉络中佛教文化的主体性作用促使汉地佛教反思佛教超越政治与地域的文化本位内涵，为中原佛教重新定位寻求复兴路径提供了参考。法尊法师以寻求汉地佛教发展之路的笔端描述西藏佛学的兴衰与历史，忧虑于汉地佛教内在独立性精神的缺失，以镜鉴和白描的方式揭开藏传佛教传承的密钥，寻求汉地佛教复兴之路。法尊法师目睹民国佛教的浮沉和制度的虚位，以佛教的文化特征问答佛教界的彷徨与跌撞，通过历史笔调持认不同传承下的汉藏佛教所具有的文化自主选择的共同性。

　　法尊法师曾两度前往西藏学习佛法，返回内地后在汉藏教理院、佛学团体讲授藏文和格鲁派经典，培养吸收佛教界人士认知藏传佛教，比较分析汉藏佛学经典和理论上的侧重。其间，法尊法师注重对格鲁派经典的翻译和研究，并着手汉文经典的藏译，在汉藏互译的过程中补阙汉藏佛学的梵文译本。在全面系统翻译和校勘宗喀巴大师经典著作的基础上，法尊法师继续求证探究，根据佛教原旨及逻辑哲学对经典加以解释，系统详尽地阐述汉藏佛教理论。他识览西藏佛教的经典文库，对比探讨汉藏佛教显密名相和法门，辨识格鲁派与唯识宗

---

① "末后转入清朝，第五世达赖统治了西藏的教政，班禅常住后藏，章嘉国师常住在京师，哲布尊丹巴宏化在外蒙。青海、甘肃等处更有土官、绛漾耶巴等各大呼图克图，分别宣化。所以造成和内地成为一家的形势，进而和其他民族合成一个中华民族。"（法尊：《元明间与中国有关之西藏佛教》，《文史杂志》1944 年 11 月，第 4 卷，第 9、10 期，第 36 页）

在经典理论和名相上的差异；在显密修行上，对照汉藏净土信仰，阐明比丘密法灌顶须守持戒律，详细归纳汉藏佛学亟待对比研究的内容。① 法尊法师多次前往佛学机构讲述藏传佛教的学修方法，在重庆佛学社谈修止观的过程②，在汉藏教理院纪念周上提出学佛须信心不坏③等佛学感悟，亟待学僧在研习佛学过程中构建出完整的理论体系，寻求适合自身的教证法门。法尊法师对汉藏佛学交流的探究不仅停留在文本的引介上，同时阐发汉藏佛学理论、修持方法、显密次第及僧教育制度等内容，在不同佛教传承之间建立悟识的渠道，在彼此认知与判断中碰撞、借鉴与反观。

藏传佛教在内地和蒙古传播过程中，显示出建立完整制度和体系的佛教文化所具有的主体性和适应性，且在原初地域外仍然保持自身文化的特质。在民国时期汉藏佛教交流的历史行进中，法尊法师发愿学习藏文、赴藏求法翻译补阙汉地经典④，毕生翻译、著述、讲经，同时，不仅介绍和传授经典知识与教理，更以拯救振兴汉地佛教佛学与制度的意识，对照汉文经典讲授藏传佛教中观、因明、唯识学理论，阐释藏密灌顶机缘，在佛学理论上的切磋和问答中厘清佛教过往的文化历程，寻回可依的历史经线和可赖的交流纬度。

法尊法师对藏传佛教发展的纵向梳理与现状论述为汉地佛教的复

---

① "在教典方面，如俱舍婆娑类、经部成实类、唯识因明类、中观深见类、大小乘经律类等，皆可比较研究，皆有比较之价值，由比较始能知道于何义谁为丰富圆满，为缺乏，吾人应学丰富而补缺乏；在行证方面，如传戒法、学戒法、持戒法、诵戒法、修定法、参禅法、闻慧法、思慧法、修慧法及其念佛法、持咒法、如是等类的行持，亦皆可比较，亦皆有比较之价值，由比较始能知取舍之道。"（避嚣室主：《评藏密答问》，《海潮音》1935 年 6 月，第 16 卷，第 6 号，第 24 页）

② 法尊讲：《修止观的过程》，《学僧天地》1948 年 5 月，第 1 卷，第 5 期，第 3、4 页。

③ 法尊讲，林芳、演培记：《信的问题》，《觉音》1940 年 5 月，第 13 期，第 9、10 页。

④ "我对于西藏的佛教典籍，凡是内地所没有的，我都发愿学习翻译出来补充所缺。尤其对于义净法师所翻译的律藏，我很想给他补充圆满。西藏的密法，当然也不是例外的事。就是世间上的地理、历史和工巧、医方、政治、文艺等，我也有学习的志愿。"（法尊：《现代西藏》，重庆汉藏教理院，1937，第 10 页）

兴提供路径参照与借鉴，强调佛教文化的复兴应该不偏赖政治选择的依附性发展，从中可以清晰窥见法尊法师为探寻汉地佛教自主发展的忧虑与祈望，为积极推进汉藏佛学发展而求索并践行彼此交流与切近的途径——比较研究、容纳他者与自主建制。在西藏佛教与人口、社会关系问题上，法尊法师认为以佛教为文化核心与民族心理意识主导的西藏地区，任何问题的解决都不可改变或动摇佛教的神圣地位，而应以之为基点在宗教与政治关系的演进中寻求积极的处理方案。[①] 对于汉地佛教寺院传承体系、僧才培养机制、佛教宗派融通、制度选择和建设方面，需将佛学研究与僧团建制相结合，以求突破派别的藩篱和地域的隔阻。尤其是在汉藏佛教文化沟通过程中应重新思考佛教经典和次第修行的内涵，不限于地域与民族弘传汉藏佛教，不囿于"自我"与"他者"定位汉藏佛教，共同关注佛教文化的存在、自立与发展。

第三节　能海法师讲译弘法建寺育才

民国时期，能海法师在川藏学习格鲁派显密经典，返回内地后继续致力于译介经典，讲经说法，创办密宗道场，注重僧才培养。在弘法活动中，能海法师以汉地佛教僧制为主旨，涤除汉地佛教僧团破败症结与制度重建的障碍，在上海、山西、北平等地讲授经典，设坛修法，借鉴格鲁派寺院的教育和管理模式，建立示范性密教道场，开创民国时期实践寺院教育复兴佛教的典范。在经典翻译方面，能海法师依照僧才培养的课程体系翻译密宗和戒律方面的译本，在佛教内部困窘、战争时局焦灼的危况下，凝聚汉藏佛教文化精要以渐进方式践行佛教复兴。

---

① 避嚣室主：《我去过的西藏》，《海潮音》1937 年 3 月，第 18 卷，第 3 号，第 58~64 页。

一 入藏求法归来奔走弘法

1926 年，能海法师与大勇法师在康定"同往跑马山依止降巴格格学藏文、《比丘戒》、《菩萨戒》、《密乘戒》、《菩提道次第论》、《俱舍论》等，并经灌顶，受度母等密法"①。此后，能海法师加入大勇法师的"留藏学法团"。同年，与永光法师"到里塘那摩寺，依止降阳清丕仁波切学《六加行》《朵马②仪轨》等"③。1928 年 9 月，与永光、永轮、永严法师一起抵达拉萨。1929～1932 年，在拉萨依止康萨喇嘛习得藏文及格鲁派显密法要。"所学显法，以《现证庄严论》为主，结合《般若》五会（即小品般若），兼及《入中论》《俱舍》《戒律》《因明》，包括各派注疏宗要；密法则以《文殊大威德仪轨》为主之四部密法，及灌顶开光等，获得宗大师嫡传二十八代之殊胜传承。"④ 这些译介成为法师此后在内地译经和讲法的基础。

1933 年，前往重庆长安寺讲《心经》，后在成都文殊佛学院讲《俱舍论》，在成都佛学社讲《华严经十地品》，"于大慈寺讲《龙树菩萨劝诫王颂》，冬又讲《仁王护国经》三七"⑤。1934 年，在上海佛教净业社讲经，并赴五台山广济茅篷闭关译经，讲《基本三学》《盂兰盆经》。1935 年赴太原，讲《比丘戒》《金刚经》。⑥ "再赴五台，住广济寺，译集不辍，其时已集《文殊五字真言仪轨》（此乃师自造，曾获康萨喇嘛赞赏）、《菩提道次第科颂》、《定道资粮》、《比丘戒集颂》、（均师自集，非译稿），并译出《大威德十三尊仪轨》等。"⑦

① 释定智：《能海上师传》，台北方广文化事业有限公司，1995，第 16、17 页。
② 朵马，藏文音译，"食子"的意思。
③ 释定智：《能海上师传》，台北方广文化事业有限公司，1995，第 17 页。
④ 释定智：《能海上师传》，台北方广文化事业有限公司，1995，第 22 页。
⑤ 释定智：《能海上师传》，台北方广文化事业有限公司，1995，第 25 页。
⑥ 释定智：《能海上师传》，台北方广文化事业有限公司，1995，第 25、26 页。
⑦ 释定智：《能海上师传》，台北方广文化事业有限公司，1995，第 26 页。

　　1935 年 9 月 15 日，北平广济寺"恭请法师开演四分戒法，藉资宏阐，每日听众数百人，莫不叹为希有。九月二十日，北平佛教会诸委员闻讯，特开会欢迎，由华北居士林胡子笏老居士提议，请法师讲演僧中'六和合义'，法师慈悲应允，于六和合要义，发挥甚详，闻者莫不同声赞叹云"①。能海法师讲述曾经流行汉地而后失传的《四分律》中的比丘戒法，在"六和合义"中指出和合的意义及身、口、意、戒、见、利六和的内容，提出"佛教的生命存在与否，全视我们全部的僧伽和合如何"②的结论，希望汉地佛教界重新守持戒律，建立团结的僧伽组织复兴佛教。1936 年 2 月，能海法师应武昌三佛阁大鑫和尚邀请讲经。③ 3 月，应朱庆澜和周仲良邀请，能海法师在南京毗卢寺修法讲菩提道次第。④ 4 月，能海法师在上海举办的丙子息灾法会上讲《菩提道次第及传菩萨行愿戒》，修大威德法及护摩。⑤ 1948 年 5 月，能海法师再次抵达上海，"在法藏寺设坛修息灾法，并开讲心经、金刚经及宗喀巴大师菩提道次第，其间并修护摩法三次，阴历四月一日圆满。复为诸皈依弟子说'皈依观'……四月十五晚讲毕"⑥。6 月，在净业寺香光堂重讲菩提道次第。⑦

　　能海法师入藏求法学习显密经典，此后在成都、重庆、上海、北平、山西、武昌等地讲经说法，阐释戒律、般若及格鲁派《菩提道次第》等经典，主修大威德金刚密法，翻译整理格鲁派修法仪轨并自建

---

① 明心：《能海法师在北平说法》，《佛学半月刊》1935 年 11 月 16 日，第 115 期，第 5 卷，第 22 号，第 21 页。

② 能海讲，明心记：《六和合义》，《北平佛教会月刊》1935 年 11 月，第 2 卷，第 1 期，《法语》第 1 页。

③ 《能海法师将诣雪山谒虚大师》，《海潮音》1936 年 3 月，第 17 卷，第 3 号，第 114 页。

④ 《海潮音》1936 年 5 月，第 17 卷，第 5 号，第 126 页。

⑤ 《丙子息灾法会法事一览》，《佛学半月刊》1936 年 6 月 1 日，第 128 期，第 6 卷，第 11 号，第 8 页。

⑥ 《觉有情》1948 年 6 月，第 9 卷，第 6 期，第 21 页。

⑦ 《觉有情》1948 年 6 月，第 9 卷，第 6 期，第 21 页。

修行方法，从守持戒律护心到和合僧伽护教、护国佛学理论体系。在弘法过程中，能海法师不限制经典与派别思想之分，而是依持戒律通过修行获得智慧证得佛果为旨要。能海法师不仅强调对戒律的守持，而且还希望僧人能够依照佛教法相与修持体系从日常点滴行动中加以禅观。其关于修行的著述即是汉藏佛教融会的资粮，讲法过程中将汉藏佛教关于修行的理论进行融合再造形成经论。

二 驻锡四川育僧授法

由于七七事变爆发，能海法师在太原讲经后率弟子返回四川，暂时结束其在内地多省弘法的奔波历程。抗战时期，能海法师在重庆和四川多所寺院讲经，建立道场，翻译经典。其行动和思想重心随着奔走足迹的改变也相应有所变化，从宣化逐渐转向以己力筹办僧教育机构，规范僧伽群体。能海法师途经武昌时，应三佛阁和尚之请讲《仁王护国经》，又在万广寺为比丘尼讲《比丘尼戒》①，这是他首次讲授《比丘尼戒》。后入成都，"住文殊院，举办法会，规模远胜重庆，讲《仁王护国经》《菩提道次第》《普贤行愿品》《金刚经》"②。1938年3月，在成都南郊创建近慈寺密宗根本道场，"以总持显密修行三学功德，回向护国利民也。内分学戒堂，五年学戒；学戒之前，先学威仪事相等，名学事堂；学戒以后，进修加行，名加行堂……最上金刚院……专修金刚乘法"③。并于1938年和1940年两次在近慈寺传戒。能海法师在自己恢复建立的道场以谨严的戒律约束弟子，按照次第的密法仪轨规范修行，后以个人对修行的判释、弟子对戒律的践行以及经文的理解为基础，建立起具有内地文化特质的密法传承教育模式。

---

① 释定智：《能海上师传》，台北方广文化事业有限公司，1995，第29页。
② 释定智：《能海上师传》，台北方广文化事业有限公司，1995，第29页。
③ 释定智：《能海上师传》，台北方广文化事业有限公司，1995，第32、33页。

在建立道场培养僧才的同时，能海法师在四川和重庆等寺院翻译和讲授密法仪轨，致力于密法的翻译与研究工作。1938年，应绵竹祥符寺之请，能海法师前往举办讲经法会，并传部分弟子《护摩仪轨》。同年，先后译成《生起次第津要》和《上师无上供养观行法》。[①] 1939年，又在佛学社、文殊院、昭觉寺讲经传戒，并率弟子数十人前往重庆举办息灾法会。能海法师以具体的观修方式来指导弟子修行密法，而不过分强调对显宗经典的研修，所传授的密法观修方式与汉地佛教禅修方式相切近，成为内地结合汉藏佛教修行方式并教授弟子如法进行的典范。

1941年9月，能海法师率弟子照通、融通、普超等抵拉萨，迎请康萨格西来内地弘法，其间"得康萨喇嘛四百多种大灌顶。半年内传完各种仪轨，金科、护摩、坛场等无一不备，即得全部密教传承"[②]，携带宗喀巴三父子全集18函、加倾松绷28函格鲁派经典以及法器返回近慈寺。能海法师再次入藏求得密法传承，为进一步系统翻译学习经典和传授密法提供条件，近慈寺也成为民国时期内地僧人集中学习密法仪轨和复兴内地密法传承的根本道场。

抗战偏安西南期间，能海法师驻锡川渝寺院，始终坚持讲经、修塔和译经活动，他在传授密法的同时也注重恢复寺院建设与僧团组织，对于川渝地区佛教复兴及汉藏经典融合研究具有推动与传续作用。1942年，"师主译《大时轮上师相应法》于近慈寺，并举行大威德金刚大灌顶二十余日。四众云集，兴大供养，盛况空前。安居中讲《大威德生起次第》"[③]。1943年，能海法师在绵竹将西山云悟寺作为专修之所，"译《大威德生圆次第秘密伽陀》《三尊胜赞供

---

① 释定智：《能海上师传》，台北方广文化事业有限公司，1995，第30页。
② 释定智：《能海上师传》，台北方广文化事业有限公司，1995，第44页。
③ 释定智：《能海上师传》，台北方广文化事业有限公司，1995，第49页。

养饮食观行仪轨》《水陆供施仪》《清净法身天香供养法》等"①。1944 年，在彭县龙兴寺安居，"讲《生起次第》《定道资粮》及《圆次大要》，并译出布登大宝论师集造《佛塔修造供养功德义利分别集经》"②。1945 年，在鼓县太平寺安居，"讲《法蕴足论》大意及《大威德圆成次第》。译《律海心要》"③，后赴广汉龙居寺传戒，"讲《菩提道次第》及《佛塔功德经》"④。1946 年，能海法师在昭觉寺法会讲经。5 月，"译经院印出《法蕴足论》及附讲《阿毗达摩义》始译《毗卢仪轨》，并迎来蒙古阿阇黎兴善喇嘛，请示手印事相、金科绘制次第要义，师礼事至诚，率众从学"⑤。1947 年，能海法师在太平寺安居，"讲《法蕴足论》《圆成次第》《生起次第粗细修法》《慧行刻意》等。译校《大威德怖畏金刚甚深道第二圆成次第》前三卷。译完《毗卢仪轨》"⑥。译经院印出玄奘法师译《药师琉璃光如来本愿功德经》）。

抗战胜利后，能海法师于 1948 年"赴京迎请扎萨喇嘛，并发起印行龙藏"⑦，重新开始在内地弘法，发起组织刻印《乾隆版大藏经》，以重新传布佛教经典补阙汉地经典的流失。驻锡上海觉园期间，"传授《大悲仪轨》《五字真言》《雅马达嘎略法》《护摩略法》等。讲《普贤行愿品》约二周"⑧。又赴苏州灵岩山开示法要。1948 年 9 月，抵达北平于"北海菩提学会讲《律海十门》，于居士林讲《定道资粮》"⑨。10 月，迎请扎萨喇嘛驻译经院，教授弟子。

---

① 释定智：《能海上师传》，台北方广文化事业有限公司，1995，第 49、50 页。
② 释定智：《能海上师传》，台北方广文化事业有限公司，1995，第 50 页。
③ 释定智：《能海上师传》，台北方广文化事业有限公司，1995，第 51 页。
④ 释定智：《能海上师传》，台北方广文化事业有限公司，1995，第 51 页。
⑤ 释定智：《能海上师传》，台北方广文化事业有限公司，1995，第 52 页。
⑥ 释定智：《能海上师传》，台北方广文化事业有限公司，1995，第 52 页。
⑦ 释定智：《能海上师传》，台北方广文化事业有限公司，1995，第 53 页。
⑧ 释定智：《能海上师传》，台北方广文化事业有限公司，1995，第 53 页。
⑨ 释定智：《能海上师传》，台北方广文化事业有限公司，1995，第 53 页。

三　律严弘法与伽蓝，文化借鉴与共进

能海法师两次入藏学法，返回内地后于四川近慈寺首开内地密宗根本道场，设立译经院专为培养汉藏译经人才。译经院由能海法师主译，比丘助译，系统翻译藏传佛教经典。能海法师广建三宝，住持正法、常转法轮、绍隆佛种。在弘法方面，能海法师注重师承和佛法的次第，依戒修行，教证并重，精修佛典，"传授所译集经规，除念诵外，要求深入定道，如法观修，指引方向，纠正偏差，解答疑问，自修带人，令学人由浅而深，直入堂奥"①。亲往四川、山西、重庆、上海、北平等地讲经弘法，参加护国息灾法会，主持筹建寺院和道场，先后创建近慈寺和吉祥寺。能海法师在四川寺院之间往来传戒、诵经并延请蒙古喇嘛兴善格西、扎萨喇嘛来近慈寺讲经作法。在促进汉藏佛教文化交流方面，能海法师强化僧教育、严格寺庙管理和戒律、讲经弘法传授弟子，注重讲经和寺院、道场的建立。在译经方面，翻译藏文经论十余部，完备经典戒律仪轨体系。能海法师入藏求法返回内地后积极奔走弘法，并附建学校译介经典，旨在从文本互鉴层面着力形成以传承弟子研习经典的方式促进汉藏佛教界文化交流。

佛教文化的魅力在于僧人个体的标签性作为，更在于由细节化的教育潜默出的个人心性。能海法师的经历是对汉地佛教衰败原因的探寻和重建僧团的尝试，从其多方奔走讲授汉藏佛教经典到微观实践和小范围内培养僧才，他皆从人本思想出发来实践佛教发展之路——注重个体的存在形式和行动准则。佛教发展具有整体性的共同趋势，但个体与整体的依存关系也是个体凝聚成整体的过程，僧团集体性符号的存在凝于僧人个体的持戒与修行之中。能海法师将佛教界发展的思维回归僧人个体的思路中，自建道场讲解律学，以格鲁派的学习次第

---

① 释定智：《能海上师传》，台北方广文化事业有限公司，1995，第120页。

规范僧人，其教育实践不是文化移植和教育模式的复制，而是不分汉藏佛典的学习和研究，遵持依照汉藏佛教戒律修行。能海法师讲经修法，译介经典寻求借鉴的原素和修行的依据，是入藏学法兼顾汉地佛教优势并结合藏地佛教教育进行实践的高僧。

能海法师经历清末民初佛教的衰败和民国时期佛教的复兴革新，前往西藏求法，将西藏学法的戒律和次第引入内地。他自建道场培养僧才，将佛教的复兴回归僧人自身素质的提高、自我规范性团体的建立，以及改变僧团组织的约束机制和规约法则。在个体、团体和阶层之间形成轴心辐射结构，将西藏佛教的戒律制度作为复兴汉地佛教的切口。在能海法师的弘法活动过程中，一方面阅识汉地佛教衰败悲喜参半的担忧与拯救，另一方面注重借鉴其他教派的发展模式力行推拓。佛教文化参与的主体是僧人而不是寺院，佛教的延续是学理的深化而不是基于地域与门户的偏立，在能海法师实践活动背后的隐忍与勤持中，他以开放性的求学心态与执着的求法观念体现着对佛教文化的认知，在点滴尝试探索呼吁中写下汉地佛教复兴的途径——以藏鉴汉，其弘法活动的过程即是藏传佛教在内地传播和落根的过程。

能海法师以格鲁派传承弟子的身份在内地开展弘法活动，多方奔走宣讲显教经典，在探索性尝试和转换中不断思考顾念，后逐渐将重心转移到自建密宗道场、强化寺院教育。在战争危难所迫之下，佛教存在的依据是佛教思想的利益，依托僧人的行为与不分门户的合作。民国时期佛学教育和佛学研究机构多为面向佛教信仰者的开放式团体，能海法师建立道场注重寺院教育是从佛教衰败的内在原因寻求解答，僧人集体性戒律松弛和佛学体系散失是汉地佛教受排挤压制的软肋。能海法师对僧人戒律的强调是基于其对个体和组织关系演进的考量，持戒并具备规范行为的僧人个体可以超越环境、文化比争与派别壁垒建立组织，延续佛法，而寺院制度建设的预设与守持则是佛教复兴的基础，以此建立起来的对佛学理论的学习和修证构成民国时期佛教复兴的主体与实践。

第四节　其他游学汉僧译经著述

大勇法师组建"留藏学法团"入康藏求法，法尊法师、能海法师以经典翻译、阐释和论疏等方式为汉藏佛教文化交流多方奔走，超一法师在汉地佛教和藏传佛教的对比上加以开示，作为汉地僧人认识和理解藏传佛教的切入点重新评断藏密，并列为修行选择的理析参照。蒙藏委员会选派资助汉地僧人游学西藏，于 1935 年和 1942 年先后颁布《汉藏互派僧侣游学办法》和《派遣与补助内地僧侣赴藏游学规则》。

自 1937 年以来，内地僧人公费前往西藏游学的人数明显增多，其中汉藏教理院毕业学生前往西藏的有 1938 年入藏的碧松法师（驻哲蚌寺）、1944 年第三届普通科毕业生永灯（驻色拉寺）、寂禅（驻色拉寺）、善化（驻色拉寺）、满月（驻哲蚌寺）等法师，1937 年由上海途经印度前往哲蚌寺甲绒康村学法的汉藏教理院事务主任满度，随能海法师入藏学习的永光、永轮、永严、普超、照通、慧光、融通等法师，以及在青海藏文研究社任教的君庇亟美（欧阳鸷）等。超一法师、碧松法师在西藏学法及汉藏佛教研究方面颇有收获，亦成为民国时期具有一定影响力的入藏学法僧人。

一　超一法师

超一法师是民国时期汉藏佛教文化交流组织"留藏学法团"的首批学员。民国初年，在汉地寺院发展空间逼仄、角色定位掸阖之际，超一法师联合四川各佛教分会抵制地方政府褫夺寺产，保护寺庙既有产权地位和发展规模。在参与收回长安寺利权运动中，超一法师呼吁各大小寺院培育洞明教理的僧人，以正法引导僧人自治救亡、抵制庙产兴学、遵守寺庙管理条例、保教不保产等运动。① 超一法师认为僧团整齐与人才建设是佛教组织得以联合发展的基础，与太虚法师提出的整理僧伽制度相呼应。1921 年，超一法师首次提出并积极推行佛教师范教育理念，以寺院为基础培养正法僧人，并在主持重庆佛学社期间设立高僧初级养成所，造就佛教师范人才，希望建立与社会教育相并行的僧教育体系。为之，超一法师离开重庆前往内地，随太虚、谛闲、仁山、大勇法师等佛教改革运动的高僧，闻习净土宗、天台宗、东密、藏密等宗派的经典与理论。至此，超一法师开始重新思考佛教世间利益，权衡宗派关系，在受启于大勇法师东密与藏密的传授之后，前往康藏求法。

　　1922 年春，在"杭州西湖灵隐寺亲近慧老法师，蒙开示一切，复于净梵院面晤大慈、大觉、大勇诸师，复至观宗寺亲近谛老法师及仁山、显荫两师"②。在观宗寺研究社，听仁山法师讲授《摩诃止观》③，于天童寺闻静权法师讲《法华经》，前往普陀寺拜访印光法师，随谛闲法师赴杭州讲《仁王护国经》。④ 在闻思汉地佛教不同派别义理与修持方法的基础上，超一法师从佛教与社会的关系上比较认识各宗派的特征与内涵，尤其在净土宗与法相宗之间比较择选，认为净土宗"宜示因果报应、生死轮回之理，投以净土法门，念佛往生之方，应病投药，莫切于此"⑤，而法相宗"唯识义精，专设名相，既非普通人之所

　　① 超一：《愿大家把四川的佛法振兴起来》，《海潮音》1921 年 8 月，第 2 卷，第 8 期，《象王行》第 1 页。
　　② 知幻：《释超一参学来函》，《佛学旬刊》1922 年 5 月 24 日，第 1 卷，第 3 期，第 9 版。
　　③ 知幻：《释超一参学来函》，《佛学旬刊》1922 年 5 月 24 日，第 1 卷，第 3 期，第 9 版。
　　④ 陈学勤：《超一上师四十年纪略》，《佛海灯》1937 年 8 月，第 2 卷，第 9、10 合刊《超一上师弘密特刊号》，第 5 页。
　　⑤ 超一：《复印光法师函》，《海潮音》1922 年 3 月，第 3 卷，第 2 期，《商兑》第 2 页。

能领会，上智之士又恐转增理障"①，认为弘传念佛往生希求清净解脱的净土法门可以缓解信众的现世焦虑，应以积极入世、利益社会的角度思维佛教的发展，提倡净土法门。1924 年夏，超一法师受太虚法师之命赴庐山大林寺任副住持②，兼任世界佛教联合会干事，与妙培、唯净、大愚、证禅等法师一起组织筹建以专事念佛以期往生为宗旨的青莲社。③ 超一法师在青莲社创设缘起疏文中阐明"律教禅密，莫不以求生净土，为返本还元之末后一着"④，认为在汉地佛法衰微时期，居士沙门不须囿于佛教义理的究探，可依据净土宗法门"各持斋戒，清净身口意业，朝暮课诵，三时念佛"⑤，以自证自修方式拯救个人与社会，并在莲社简章中规定念佛的时辰与方法。

超一法师在担任武昌佛学院学监期间，曾听闻大勇法师传授东密十八道。大勇法师在北京成立佛教藏文学院后，"函邀超师襄理院务……超师素蓄此志，与勇师谋，心心相印，乃急倮装北上游燕，受聘为该院事务主任"⑥。超一法师受密法复兴及大勇法师比较东密、藏密传授的影响，依据接触认识藏传佛教教理修行的优势，参与组建入藏求法预备学校，学习藏文文法、藏族历史与文化。

1926 年春，超一法师作为"留藏学法团"首批入藏学员滞留西康打箭炉，"师独诣南郊外南无寺茅蓬〔篷〕，亲逝〔近〕将养确珀老格西，秋，筑茅蓬〔篷〕请老格西代为结界居之。……是年起，

① 超一：《复印光法师函》，《海潮音》1922 年 3 月，第 3 卷，第 2 期，《商兑》第 2 页。
② 超一：《蔡督理游大林寺记》，《海潮音》1924 年 10 月，第 5 卷，第 9 期，《事纪》第 2 页。
③ 《谨将庐山青莲社简章附后》，《海潮音》1925 年 1 月，第 5 卷，第 12 期，《事纪》第 2~4 页。
④ 超一：《庐山青莲寺启建莲社缘起疏》，《海潮音》1925 年 1 月，第 5 卷，第 12 期，《事纪》第 2 页。
⑤ 超一：《庐山青莲寺启建莲社缘起疏》，《海潮音》1925 年 1 月，第 5 卷，第 12 期，《事纪》第 2 页。
⑥ 陈学勤：《超一上师四十年纪略》，《佛海灯》1937 年 8 月，第 2 卷，第 9、10 合刊《超一上师弘密特刊号》，第 5、6 页。

修习忏悔法及十万大礼拜，十六年习诵菩提道次第六加行法仪轨，兼修宗喀巴大师上师合修法，并救度母法、大白伞盖法、长寿法、供养上师仪轨"①。1929 年 7 月，超一法师再次筹划进藏，10 月 20 日抵达拉萨，驻哲蚌寺甲绒康村，"得受传法大灌顶，得阿阇黎位"②，在洛塞林札仓"依止昂往等者格西学威仪，喇嘛格西学因明，康萨拉仁波棋③学密法及庄严论，十八年常学因明，夏间，于康萨拉仁波棋学密法三百余种灌顶法及大灌顶法数尊，其中三百余尊法最为希有……十九年春，闻康萨拉仁波棋讲《菩提（道）次第广论》于哲布寺，其年秋迁色拉寺，依叭榜咔仁波棋学大威德、胜乐金刚、密集金刚等大灌顶法，复专修喀几马十七日"④。

超一法师在康藏学法期间，从忏悔、礼拜和加行基础学起，后研习显宗理论、密法仪轨，兼涉因明和唯识的传授修习，获得密法稀有灌顶法门和无上密法本尊修法传承。超一法师在内地和康藏闻法、晓识汉藏佛教的历史渊源、教理关系及修持差异，从佛教法脉传承和宗义解释的角度分析汉藏佛教的共生义理基础，不囿于汉藏佛教地域区隔，以密法法会、翻译出版的方式引介藏传佛教经典仪轨，在汉地寺院传授密法，建立密法坛城，以历史联结的方式构建汉藏佛教文化的融通共续。

在九世班禅、诺那呼图克图等高僧内地弘法的影响下，汉地佛教界部分居士受戒灌顶，信仰藏传佛教。汉地佛教界显密冲突激烈并质疑藏密诵咒修法消灾法会的作用，怀疑无上瑜伽修行的清净。同时，

---

① 陈学勤：《超一上师四十年纪略》，《佛海灯》1937 年 8 月，第 2 卷，第 9、10 合刊《超一上师弘密特刊号》，第 6 页。

② 浙江金华县佛学会：《超一法师入藏学密缘起及传法事略》，《护生报》1935 年 9 月 20 日，第 81 期，第 6 版。

③ 拉，藏语 laks 的音译，敬语。仁波棋，藏语 Rinpoche 的音译，意为"大宝"，现多译为仁波切，是对藏传佛教上师或高僧的称呼。

④ 陈学勤：《超一上师四十年纪略》，《佛海灯》1937 年 8 月，第 2 卷，第 9、10 合刊《超一上师弘密特刊号》，第 6 页。

汉藏佛教间的沟通交流不断深入，太虚法师在重庆主持成立世界佛学苑分支机构汉藏教理院，在上海参与筹备成立菩提学会。1931 年 7 月 10 日，超一法师离开拉萨，经由后藏、印度、香港返回内地。① 次年 4 月，受太虚法师邀请入汉藏教理院任教。在北平时轮金刚法会接受九世班禅灌顶，随同九世班禅秘授太虚法师大威德灌顶法。超一法师以兼具汉藏佛教僧人的身份，建立汉藏佛教共弘的平台，在汉传佛教寺院建立密坛，结合汉藏佛教经典和仪轨，由汉藏佛教高僧共同主持法会，消弭汉地佛教界对藏密的负面想象与非理性诋毁；讲述格鲁派修行的心识变化，阐述汉藏佛教相续的次第关系，认为佛教徒应显密共通、汉藏佛教平等修习以复兴佛教。

超一法师以具有救世功德的大白伞盖佛母法会为载体，译介经典文本，阐述显密的传承历史、利世理论及修行旨要。1933 年春，超一法师在武昌成立佛学真言研究社，设立密坛，启建法会；10 月 31 日，赴青岛建大白伞盖法会，后莅北平新街口建立密坛②，并先后在宁波延庆寺、浙江嵊县长乐莲社、菩提学会杭州居士处和上海莲花寺传法。③ 次年 6 月 24 日，超一法师在湖北佛学真言研究社启建大白伞盖佛母法会，历时 21 天。④ 传法期间，译介《大白伞盖陀罗尼》《圣救度母二十一种礼赞》《般若波罗蜜多心经》合编，合译为无上三种。⑤ 超一法师首次将藏文《大白伞盖陀罗尼》译成汉文，不仅补缺汉文元代沙罗巴本、俊辨本赞颂文，而且有利于此经文仪轨及密法法门在汉

---

① 陈学勤：《超一上师四十年纪略》，《佛海灯》1937 年 8 月，第 2 卷，第 9、10 合刊《超一上师弘密特刊号》，第 6、7 页。

② 陈学勤：《超一上师四十年纪略》，《佛海灯》1937 年 8 月，第 2 卷，第 9、10 合刊《超一上师弘密特刊号》，第 7 页。

③ 陈学勤：《超一上师四十年纪略》，《佛海灯》1937 年 8 月，第 2 卷，第 9、10 合刊《超一上师弘密特刊号》，第 7 页。

④ 圣钦：《湖北真言佛学研究社虔修大白伞盖息灾法灵感记》，《扬善半月刊》1933 年 9 月 1 日，第 1 卷，第 5 期，第 76 页。

⑤ 《超一上师新译无上三种自序》，《护生报》1935 年 8 月 13 日，第 79 期，第 5 版。

地流传。① 密法经典汉译是汉地佛教界认识藏密咒语仪轨内涵的基础，是汉藏佛学比较研究且彼此客观判断评价的依据。

1934 年，超一法师在奉化雪窦寺"译成二十一尊度母礼赞经意乐解"②，刊行出版显密经典合编，提出显密圆融、宗派息争的佛教发展思路，详细叙述显密兼修方法，即信众在修习净土法门的基础上，辅以密法加行和仪轨持诵，可以观察修行过程中的心识变化。1934 年 6 月 19 日，无锡中国佛学真言研究社及慈善会红万字会发起大白伞盖息灾法会。8 月 18 日，超一法师与芝峰法师、根慧老和尚在宁波延庆寺报恩法会共同修法。③ 10 月，超一法师协助常州清凉寺住持静波老和尚前往北平购置密法法器。11 月 22~29 日，超一法师主持清凉寺密坛开创纪念大白伞盖护国息灾法会④，无锡中国佛学真言研究社、常州佛学会等僧众居士 800 余人莅会⑤。

超一法师在举办法会的过程中，以大乘佛教六度思想为切入点介绍藏传佛教显宗修习的内容，阐明汉藏佛学共同的义理基础及修行境界。在济南开示"佛法要义"，从善恶因果实相谈起，分析五根本烦恼的缘起，提出修无常断除贪，修平等心断除嗔，修十二因缘法断除痴，认识烦恼"相有性空"，发大菩提心依次对治粗分、细分烦恼。⑥ 法师依据《大日经》讲成佛以菩提心为因，以大悲为根本，方便为究竟。菩提心在显密二教均为因之起点，四无量心为悲行，六波罗蜜为

---

① 张莲：《敬跋超一上师新译大白伞盖陀罗尼经》，《四川佛教月刊》1935 年 10 月，第 5 卷，第 10 期，第 8 页。

② 陈学勤：《超一上师四十年纪略》，《佛海灯》1937 年 8 月，第 2 卷，第 9、10 合刊《超一上师弘密特刊号》，第 7 页。

③ 《宁波延庆寺启建显密圆通报恩法会》，《正信》1934 年 8 月，第 4 卷，第 14 期，第 6、7 页。

④ 《常州清凉寺启建大白伞盖护国息灾法会》，《海潮音》1935 年 12 月，第 16 卷，第 12 号，第 93 页。

⑤ 《常州清凉寺息灾法会》，《海潮音》1936 年 1 月，第 17 卷，第 1 号，第 105、106 页。

⑥ 超一讲，阎莲妙记：《佛法要义》（续一），《佛学半月刊》1934 年 3 月 16 日，第 75 期，第 4 卷，第 6 号，第 4、5 页。

方便，详细分析六度的具体修行与利益。[①] 超一法师从佛教因果不虚、"三法印"和缘起性空论证显密共属的意识基础、共依的实践路径及俱生利益，并将佛教与其他各教加以比较，详解佛教与印度外道持戒的差异，分析佛教教理之究竟所在。[②] 比较儒教、道教、伊斯兰教、基督教、祆教等10类宗教，辨明佛教的包容与圆满[③]，并根据佛经内容回应佛教界弥勒掌教说。[④] 1934年12月12~15日，超一法师在山东佛教会、菩提寺女子念佛会、佛经研究社讲授显密教之融通概要及密法要义。[⑤]

超一法师注重介绍西藏的政教发展历史及政治格局，消除民众基于固有的夷夏之辨观念形成的藏族社会蛮荒、文化滞后的刻板印象；以易懂的演讲内容和融通的修法方式阐发佛教的奥义及现世功用，依照信仰心理的转变因机受戒传法，形成汉藏、显密共修的皈依群体。

1935年春，应浙江金华、衢州佛学会邀请，超一法师在金华省立中学讲演西藏政教概要，主持衢州佛学会护国息灾大白伞盖法会。[⑥] 1937年3月7日，超一法师在六通寺开示，"第一讲，发敬信三宝心；第二讲，发大菩提心；第三讲，发信解行证心"[⑦]。传法期间，皈依者

---

① 超一讲，阎莲妙记：《佛法要义》（续完），《佛学半月刊》1934年4月1日，第76期，第4卷，第7号，第4、5页。

② 超一：《佛教与其他各教之比较》，《佛学半月刊》1934年4月16日，第77期，第4卷，第8号，第6页。

③ 超一：《佛教与其他各教之比较》（续），《时轮金刚法会专号》（《佛学半月刊》1934年，第78期），第43、44页。

④ 超一：《佛教与其他各教之比较》（续完），《佛学半月刊》1934年5月16日，第79期，第4卷，第10号，第7页。

⑤ 《超一法师在济南宣讲经过》，《北平佛教会月刊》1935年1月，第1卷，第3期，《轶闻》第2、3页。

⑥ 《超一法师莅浙讲经》，《佛学半月刊》1935年5月1日，第102期，第5卷，第9号，第21页。

⑦ 陈榆孚：《超一金刚上师宏〔弘〕法武汉记》，《佛海灯》1937年8月，第2卷，第9、10合刊《超一上师弘密特刊号》，第27页。

60 余人。① 5 月 20 日，超一法师在湖北荆沙市佛教居士林讲"佛学与人生"；27 日，"计无量寿、无量光、四臂观音、菩萨修法等之仪轨，受灌顶者百七十余人"②。6 月 22 日，超一法师在河南省佛学社传授大白伞盖佛母念诵次第，灌顶者 100 余人。③ 1946 年 9 月，超一法师应邀于甘肃秦安"城南邢家村可泉寺，设祈雨法会七永日"④。法会期间，寺院僧众持大悲咒，10 名居士诵《华严经》，超一法师运三密于瑜伽，祈雨法会圆满，信众赞叹法师不可思议之佛力，瞻仰膜拜法师，皈依灌顶者 300 余人，这是民国时期秦安佛教发展的盛事。⑤ 超一法师在祈雨法会上持诵汉藏佛教经典咒语，实证汉藏佛教联袂的殊胜因缘与信众的共同愿力，因地因机诠释藏密与《华严经》的共融共通。

超一法师以灌顶法会、设坛开示的方式表征密法内涵和仪轨、翻译传授陀罗尼、礼赞文及般若经典，宣说密法修持的观想方法、行持次第及境相呈现，依照信仰者的心识转变论证净土宗与密法并行修习的利益与功德。信众亲临法会悟识藏传佛教法会息灾拯世的利益与谨严的传承仪轨，法会的圆满征相亦成为理解藏传佛教的切入点。部分信众重新辨识藏汉佛教的相续关系，依止超一法师念诵密法咒语仪轨，构成内地兼习汉藏佛教的信仰群体。

超一法师在主持寺院内先后设立多处汉藏佛学修习场所，成立藏文学院，讲授汉藏佛教历史与经典，成为民国时期汉地佛教寺院修行

① 陈榆孚：《超一金刚上师宏〔弘〕法武汉记》，《佛海灯》1937 年 8 月，第 2 卷，第 9、10 合刊《超一上师弘密特刊号》，第 27 页。

② 《超一法师弘法荆沙》，《佛学半月刊》1937 年 7 月 1 日，第 154 期，第 7 卷，第 13 号，第 20 页。

③ 《超一法师弘法开封》，《佛学半月刊》1937 年 7 月 16 日，第 155 期，第 7 卷，第 14 号，第 17 页。

④ 成健伯：《节超一法师在秦安祷雨灵感碑记》，《佛教文摘》1947 年 10 月，第 3 集，第 20、21 页。

⑤ 成健伯：《节超一法师在秦安祷雨灵感碑记》，《佛教文摘》1947 年 10 月，第 3 集，第 21 页。

传授藏传佛教的典型作为。在汉藏佛学切近交流的过程中，超一法师强调佛教救国思想及汉藏共同的国族利益，阐发消除汉藏佛教地域与语言隔阂，建立汉藏佛教共向文化聚合体的理念。

在无锡溥仁慈善会讲经传法期间，信众筹备资金修缮无锡北门外黄埠墩小金山圆通寺供养超一法师。1934 年 1 月 9 日，超一法师发表升座答词，依佛教"无我"思想提出"我们应该要负着教育的责任，做普利群生的事业，收此茫茫的尘海，造成人间的净土"① 之使命。随后，超一法师主持修缮殿堂房舍，在殿楼建立密坛，国民政府林森主席、黄郛、戴传贤题赠圆通寺匾额与对联。② 另外，寺院建成佛教图书馆、阅览室及佛学图书赠阅处，设立放生会，每月放生一次③，并附设中国佛学真言研究社，先后讲演《观世音菩萨密行述要》《释迦牟尼佛略史》。④ 1936 年 3 月，超一法师结合观音菩萨和释迦牟尼的历史讲述自证菩提、济世救苦的践行方法，祈愿世界和平，国土安宁，一切有情，远离灾厄，普施无畏。⑤ 超一法师还在圆通寺修建开放性经典学研场所，组织僧众前往监狱讲演通俗佛法，注重佛教挽救人心、止恶扬善、消弭天灾人祸的社会教育功用。

1935 年 11 月 4 日，超一法师兼任无锡惠山觉圣寺住持⑥，戴传

---

① 《超一法师登位答词》，《北平佛教会月刊》1935 年 1 月，第 1 卷，第 3 期，《轶闻》第 2 页。

② "国府林主席，除颁给圆通寺匾额一方外，又亲书对联一副，文曰'我佛所住真如贝叶，众经之长妙法莲花'；又黄郛联云'熟读金经明本性，饱餐香积事安然'，又有小匾一方，文曰'净观众妙'；戴传贤亦赐大匾一方，文曰'显密圆通。'"（《超一法师住持无锡圆通寺》，《北平佛教会月刊》1935 年 1 月，第 1 卷，第 3 期，《轶闻》第 1 页）

③ 《圆通寺设立佛学图书馆》，《佛教居士林特刊》1935 年 3 月 15 日，第 17 期，第 10 页。

④ 陈学勤：《超一上师四十年纪略》，《佛海灯》1937 年 8 月，第 2 卷，第 9、10 合刊《超一上师弘密特刊号》，第 7、8 页。

⑤ 《无锡圆通寺大悲法会缘起》，《佛学半月刊》1936 年 3 月 1 日，第 122 期，第 6 卷，第 5 号，第 15 页。

⑥ 由于觉圣寺原住持应如不守清规，被拘究法办，寺院被县公安局查封，该县士绅联名呈请县政府请超一法师担任住持，并依法移交寺院财物（《超一法师正式接收觉圣寺》，《四川佛教月刊》1936 年 1 月，第 6 卷，第 1 期，第 7 页）。

贤、太虚法师赠送对联，无锡佛学会、上海市佛学分会、诸山长老、士绅、区长、督察长等参加升座典礼。① 超一法师随后修缮寺院，设立念佛堂和行者自修处②，并去函与太虚法师商讨筹备设立藏文学院。③ 订立寺院招僧简章，招收具有佛学根基的比丘、沙弥驻寺学修，以讲座方式教学，并聘请专任教师指导。④ 觉圣寺不仅成为信众信仰礼拜的宗教场所，而且成为僧众长期研修汉藏佛学的教育机构。

超一法师将汉藏佛学修习研究与拯救国族危局相联系，多次在无锡圆通寺启建大悲法会⑤，为世界和国内和平结曼达，诵陀罗尼、诵十一面咒心。⑥ 法会期间，无锡士绅居士迎请吉祥天女、玛哈嘎拉和狮子明王等密宗造像至圆通寺密坛供养，超一法师领众僧亲迎诵经安位。⑦ 南京、常熟等地居士亦前来观礼，数十人请求皈依传授真言。⑧ 以寺院定期举办护国息灾法会的方式表达佛化救国利世利益，并以菩萨的大愿大行将恶业转为善业、浊世转为净土以息止战争等理论⑨参与救国行动。1936 年 10 月，应无锡县佛教会推举，超一法师负责组建僧众救护训练队，并进行为期两个月的培训。救护训练队秉持佛教在世间的思想，依国难之时国民尽责之理，以慈悲救世无畏之心参与救护。⑩

①　《超一法师任无锡觉圣寺住持》，《海潮音》1936 年 2 月，第 17 卷，第 2 号，第 111 页。
②　陈学勤：《超一上师四十年纪略》，《佛海灯》1937 年 8 月，第 2 卷，第 9、10 合刊《超一上师弘密特刊号》，第 8 页。
③　《无锡超一法师来书》，《海潮音》1935 年 2 月，第 16 卷，第 2 号，第 108 页。
④　《无锡觉圣寺招僧简则》，《佛学半月刊》1936 年 2 月 16 日，第 121 期，第 6 卷，第 4 号，第 23、24 页。
⑤　法会时间为 1935 年 3 月 23～29 日，1936 年 3 月 12～19 日，1937 年 3 月 25～31 日。
⑥　《无锡小金山圆通寺大悲法会缘起》，《四川佛教月刊》1935 年 5 月，第 5 卷，第 5 期，第 13 页。
⑦　《无锡士绅移供密宗圣像》，《佛学半月刊》1936 年 4 月 16 日，第 125 期，第 6 卷，第 8 号，第 20 页。
⑧　《无锡圆通寺迎请三护法金刚供养》，《四川佛教月刊》1936 年 7 月，第 6 卷，第 7 期，第 9 页。
⑨　超一：《佛化救国论》，《海潮音》1923 年 8 月，第 4 卷，第 7 期，《附录》第 8 页。
⑩　超一：《无锡县佛教会僧众救护训练队同学录序》，《佛海灯》1936 年 12 月，第 2 卷，第 2 期，第 12 页。

超一法师针对佛教界门户轩轾比争与宗派蔽障意识，从显密佛教历史同源的角度承续历史态势，复兴内地汉藏佛学。1936 年 10 月，超一法师在《中阴救度密法序》中追溯格鲁派创立以来西藏佛法显密理事无碍的圆融修行，谈及唐密的历史传承与明朝的禁制淹没以及民初东密、藏密复兴的历程，详细阐发显密相依的历史关系。[①] 超一法师在《显密教之融通概要》中结合康藏学法经历及宗派历史，详细梳理内地各宗派、东密与藏密、显宗和密宗之间的关系，以及西藏显密研究现状与密法修持方法，提出佛教研究应以利益现世为根本，不分宗派、显密优劣与义理差异，共习并修。[②]

1937 年 1 月 20 日，超一法师在苏州净心莲社讲述《密宗法语》，这是其系统阐释密法内涵、功德、修持及净密关系的集成之作。首先，结合汉地、西藏及印度密法的历史，阐明密法的含义及殊胜[③]，指出修学密法的前行基础——皈依上师、发菩提心以及修广大供养，全面介绍藏传佛教的经典与修行，破除汉地信众喇嘛偶像崇拜的执见。其次，阐释净土和密宗法门的关系，指出须用密教的义理阐发净土的秘

---

① "论以三学为基础，次以三士为序行，次六度，次四摄，次止观，最后为密乘。既通其业，然后博涉性相等学，故类能泊然于世间之利养，而成就者众。"（超一：《中阴救度密法序》，《佛学半月刊》1937 年 1 月 1 日，第 142 期，第 7 卷，第 1 号，第 8 页）

② 首先，从佛陀悟道到各派立宗讲演大乘各宗缘起与宗义，指出各宗派虽门户不同，所依经教均为佛说，不应各执己见，将无碍佛法壁垒成障，应信任研究各宗教法，以弘法利生为佛教本旨；其次，因佛说密法时机，分析显密差异与关系，显教重教理，密教重实行，密教是显教究竟，显教是密教理趣；再次，指出东密藏密同源印度，不相违背，西藏显密完整合一；最后，提出修持密法须三业清净，显密圆融摄入，理事双圆，现身成就（超一：《显密教之融通概要》，《西陲宣化使公署月刊》1936 年 3 月，第 1 卷，第 4、5 期合刊，第 131~135 页）。

③ "第一件我当使你们知道密宗是甚么？密教者，大日如来身口意三种之业用，其体性功德微妙不可思议，非下〔上〕根胜慧者不能值遇是等秘密之教，金刚顶经谓自性受用佛身，自受法乐故，与自眷属各说'三密门'，谓之密教。……第二我当使你们知道密宗的殊胜，以坚固你们对于密宗的信念……（一）密宗没有末法时代……（二）成佛迅速……（三）能灭定业……（四）见闻蒙益……（五）男女平等……（六）利益现世……（七）诸佛同修。"（超一讲，能正记：《密宗法语录要》，《佛海灯》1937 年 8 月，第 2 卷，第 9、10 合刊《超一上师弘密特刊号》，第 8~13 页）

奥遗义，改变修净土门径难入的问题。修习净土宗，如果也能学密宗，以密理来充实净理，净土宗更可振起颓纲。① 净密结合修行思想是超一法师沟通汉藏佛教的论证起点与理论支撑。

超一法师在著述中阐发显密传承的相续、净密法门间的修行互补，从历史演变的角度分析汉藏佛法体系本源的同一性。超一法师从佛学研究的角度系统论述显密圆融的思想，成为汉藏佛教及汉地各宗派间消弭比争的理论参照。超一法师肯定汉藏佛教间的"族群圆通性"②，认为共同的利世救国行思是系牵彼此、联合复兴发展的价值基础。

超一法师是民国时期将显密佛学融通理论引入汉藏佛教关系并亲证实践的先行者，是综合考量佛教历史渊源、宗派关系与国族责任，寻求汉藏佛教切近发展的尝试者。在了解汉地教派坎坷复兴境遇、康藏佛教教理修行体系的基础上，超一法师以中立者的身份定位汉藏佛教互补角色，构建佛教共进发展模式，从佛教平等的思想出发，提出佛教界亟须超越派别辩争，超越差异历史传续和文化背景，以回归原典的思维凝聚佛教慈悲救度思想，以文化共存、不分主次的相依意识圆融发展汉藏佛教。在佛教利世救国的价值理念上，超一法师结合显密合修法门利益与信众共向功德阐述秉信利他意识可以远离战争与灾难，可以拯救彼此与社会；从历史本源阐述佛教的社会价值与调适功能，提出佛教救世为各宗派同有的社会责任与共向发展基础，基于佛教承载的国族社会价值提出汉藏佛教联合复兴发展的思路及路径选择。

二　碧松法师

碧松法师在前往西藏途中了解康藏的地理、康藏之间的战事及沿

---

① 超一讲，能正记：《密宗法语录要》，《佛海灯》1937 年 8 月，第 2 卷，第 9、10 合刊《超一上师弘密特刊号》，第 13～26 页。
② 尹邦志：《法性的圆通及其宗教功能》，《西南民族大学学报》（人文社会科学版）2014 年第 5 期。

途寺院状况，并结识前往西藏的汉地僧人大刚法师等。1938年8月至
1939年6月，碧松法师在德格著名的寺院学习密法。宗萨寺钦则活佛
向碧松法师传授密法仪轨，包括萨迦派密法167种，其中尤以隐身法
最为稀有。^① 更庆寺活佛则传授给他喜金刚大法，讲解喜金刚生起、
圆满次第。1939年6月，碧松法师作为由中国佛学会推荐并得到蒙藏
委员会资助的汉藏教理院学僧，与圣聪法师一同抵达拉萨。^② 在哲蚌
寺学法期间，师从喜瓦拉学习因明学，赖登喇嘛传授《俱舍论》，上
师衮却丹增格西讲授《现观庄严论》。碧松法师对寺院的管理机构、
佛教经典及其学经体系和师承、结场辩经等都有详尽的了解，同时与
汉地来三大寺学法的僧人有比较深入的接触。碧松法师对汉藏关系的
发展，以及中央政府在西藏的管理等方面也有自己的认识和判断，并
亲往西藏寺院、神山朝圣，在理论和直观认识基础上，了解到西藏和
内地关系发展中双方存在的认识上的偏离，从而促使其在重返西藏时
凭依政治上的机遇和内地太虚法师的支持，在国立拉萨小学从事教育
工作。在公费资助下，碧松法师于1944年通过摄政王面前的辩经，
"成为西藏历史上第一位获得拉然巴格西学位的汉人"^③。碧松法师在
西藏的学识地位及其返回内地后对西藏和内地文化发展的比较认识，
促使其关注教育在汉藏文化中的传递性作用，并且在国民政府支持下
由其主持办理付诸实施。

　　1945年，碧松法师回到重庆谒见太虚法师，再到中央大学讲学。
其后由蒙藏委员会委员长罗良鉴陪同前往蒋介石办公室。在谈及西藏
形势时，碧松法师根据自己在西藏8年的学法经历及对西藏佛教文化

---

① 邢肃芝口述，张健飞、杨念群笔述：《雪域求法记——一个汉人喇嘛的口述史》，生活·
读书·新知三联书店，2003，第93、101页。
② 《碧松圣聪二师已抵拉萨》，《海潮音》1939年9月，第20卷，第9号，第12、13页。
③ 邢肃芝口述，张健飞、杨念群笔述：《雪域求法记——一个汉人喇嘛的口述史》，生活·
读书·新知三联书店，2003，第302页。

认识的感悟作答，"我们要开发西藏，首先要真正了解西藏，懂得人家的文化和风俗，还要和上层阶级有交往，得到他们的信任，才能做成事情。……中央政府对西藏的开发应该以长远和稳健的策略为最佳。长远战略中首先应该是办教育"①。随后，由教育部边政司司长凌纯声亲自选任，教育部委任碧松法师为国立拉萨小学校长。该校直属于教育部，法师以蒙藏委员会专员的身份前往西藏办理学校事宜。1946年，学校正式开学，招收在拉萨的汉族、回族及西藏贵族子弟。1949年，碧松法师以格西和教员的身份与噶厦进行谈判，希望驻藏人员由西藏地方政府颁发护照经印度返回内地。

碧松法师长期在西藏学习佛法，取得格西学位，在西藏具有显殊的社会地位。他在研究西藏佛教的基础上，深刻分析藏传佛教在西藏社会政治中的阶层化地位。作为在西藏学法多年的内地僧人，碧松法师在西藏所开展的教育事业与国民政府发展边疆教育政策相一致。他以在西藏佛教界中的基础及个人对西藏的考察，认识到教育是发展边疆文化的前提，是推进汉藏文化深入交流的基础，最终可以在交流的基础上逐步缩小彼此间的罅隙。碧松法师认为，应该在维护西藏现有佛教文化宗教社会的基础上开展边疆文化教育，从而在补充和适应的环境中得以生存发展。碧松法师以自身作为汉藏佛教文化结合的身份在西藏和内地活动，对佛教与政治之间关系的演进和认识较为深刻，不仅加深了汉藏佛教文化的交流，而且也推促佛教文化在国立拉萨小学发挥无可替代的作用。

碧松法师在西藏办学的成功是前往西藏学法的内地僧人以其特殊身份创办教育的典型例证。在国民政府不断修正边疆教育政策的实践方面，国立拉萨小学是碧松法师以格西身份在西藏成功办理社会教育

---

① 邢肃芝口述，张健飞、杨念群笔述：《雪域求法记——一个汉人喇嘛的口述史》，生活·读书·新知三联书店，2003，第307页。

的范例，表明西藏的民族政策应维持其宗教文化与政府政策之间的平衡状态，才能得以保持民族国家内部不同文化在民族国家概念下共生的共同因素，掩盖政治分歧的敏感和纠纷，使文化作为政治的替代物逐步实现政治的预期目标。

碧松法师作为由汉地前往西藏学法的僧人，除学法、译经外，其对西藏佛教文化的认识及理解也成为国民政府制定边疆教育政策的重要参考，在他的筹划和组织下进行具体实践成为在西藏开展边疆教育的重要成分。另外，碧松法师以佛教高僧的身份参与政治上的谈判，是国民政府在西藏政治权力式微缺失的情况下系牵汉藏佛教文化的纽带。碧松法师的成功范例成为中央政府在治理西藏的施政过程中反思宗教文化发展关系的历史积淀。

在入藏求法僧人的足迹中，从翻译撰写的经典著作中，可以在某种程度上追寻到对汉藏文化交流的解答，双方交流的历史选择与社会控制之间的结合过程始终是彼此接近又单独存在的两条曲线。从汉藏佛教界交往活动的诸多历史端绪中寻求凝聚的内在啮合点，审视民族宗教文化政策中推进汉藏文化交流的因素，进而客观认识汉藏佛教界在汉藏关系发展中的历史实践性，并通过文化互动行为分析文化交流对历史因素整合的适应过程，这些均铭刻在内地藏传佛教高僧讲经弘法的历史回音壁上。

第四章　汉藏佛学教育研究机构的建立

　　在汉地佛教界览阅的经典译本中，在历次法会的拥趸中，在讲学课堂的笔记中，在道场供奉的佛像中，在护摩的焰火和仪轨的诵念中，在文本的激烈争辩中，汉藏佛教界高僧弘传藏传佛教的个体行动从不同的思考和角度拯救着汉地佛教，每一位僧人的奔走呼吁都复合着汉藏佛学经典卷本的沉淀。个体行动的作用源自其行动的价值和承载的内涵，而行动的价值及其内涵则是基于最初的目的和行动方式，行为影响力源自信众对高僧弘法的支持和承认，对其演说和释经的聆听与了悟。汉地佛教界成立佛学教育研究机构，致力以建立组织的方式续写汉藏高僧的行动价值，尝试将个体行动融合为团体的力量。

　　太虚法师注重从佛教内部制度入手振兴佛教，曾创办武昌佛学院培养僧才，以佛教文化为主体，冀求以宏观视野将世界不同地域、不同派别的佛教联合起来，提出建立世界佛学苑的计划。汉藏教理院的建立和发展是太虚法师佛教改革复兴实践计划的一部分，是汉地佛教精英阶层长期为汉藏佛教交流耕耘的凝结。作为藏文和汉文佛学经典研究的基地，汉藏教理院是此后建立梵文、巴利文佛学研究机构的范本，是培养佛学导师弘传佛法的宗教学校，同时也是研究汉藏佛学理论的学术机构。在僧团建制上，汉藏教理院作为借鉴西藏佛教发展的平台，以佛学研究及佛教改革同属地的角色聚焦汉藏经论讲授，通过教育、研究和僧制建设等多层面尝试塑造和借鉴藏传佛教，并进一步传承汉地佛教的经典教育和佛学思想，逐渐发展成为民国时期体系最完备、运作影响力最突出的汉藏佛学研究机构。

蒙藏学院是由九世班禅呈请教育部建立、以发展边疆教育和培育文化人才为办学目的的学校。作为以繁荣边疆文化发展为思路的佛学教育机构，蒙藏学院的性质是由藏传佛教高僧主导建立、兼以佛教文化为主要教授内容的边疆人才培训学校，将佛教文化引入国民教育系列的实边模式。

菩提学会的建立是民国以来上海佛教居士界发展佛教、建立组织团体的再次尝试。学会建立的历史机缘源自九世班禅在杭州举办的时轮金刚法会，并基于佛教居士界对佛教团体的重新定位。在接触和认识藏传佛教的过程中，佛教居士界希望将藏传佛教在内地的传播固定为长期日常性的佛教活动，遂将迎请大德弘法列为学会章程和计划的重要内容，并尝试以在全国范围内设立分会、道场和茅篷的方式建成汉藏高僧长期共同研究佛学的场所。

第一节　汉藏教理院与汉藏佛学融合

20 世纪 30 年代组建成立的汉藏教理院是太虚法师佛教革新运动的阶段性成果之一，也是太虚法师奔走各地为培养僧才对佛教进行重新定位的尝试。太虚法师曾经在 20 年代建立武昌佛学院，会集留学日本的高僧前来讲学，包括"留藏学法团"团长在内的多位僧人曾经在此学习，后来法尊法师等离开武昌佛学院追随大勇法师来到北京佛教藏文学院。太虚法师在办学上曾经有成功的经验，但也经历学员纷纷离开重新选择出路的悲离。一方面太虚法师基于自身对藏传佛教在内地传播的重新认识，创建汉藏教理院是其复兴宏观佛教的计划内容；另一方面在 30 年代显密之争和多方不同评价藏传佛教的境况下，太虚法师从佛学研究的立场出发，以汉藏佛教文化培养僧人，寻回汉藏佛教各自的本原定位和共同的发展出路。对汉藏佛教的共同研究不是消弭彼此的特点和传承，而是努力找到双方可以构建世界性佛教的内在基础，将太虚法师的佛教宏观思维理论付诸实践，并拓展影响至其他语系地域的佛教发展。

太虚法师筹设汉藏教理院是在佛教改进运动中推进汉藏文化交流的集中体现。这一研修机构的设立不仅与太虚法师不断完善民国时期佛教复兴理论具有关键性的因果逻辑关系，而且在发展佛教的过程中太虚法师密切关注佛教与教育、佛教与制度等影响因素之间的关联，平衡并确立自身发展的方案和思路，形成内部可以有机运作、良性发展的机制。在民国时期政治和思想等诸多不确定因素此消彼长的影响下，太虚法师从建立世界佛教的理论观点出发，强调和重视汉藏佛教的结合，规范设置汉藏教理院的教授课程，制定符合汉藏佛教文化融合发展的长期培训规划，努力扩大汉藏教理院的社会影响。太虚法师在政策和局势变动中做出短线调整与主动回应，将追溯汉藏文化的历史渊源作为推拓佛教改进并建立以汉藏为中心的世界佛教的重要探索之途。

一 太虚法师的佛教改进尝试

太虚法师（1890~1947），法名唯心，字太虚，号昧庵，俗姓吕，乳名淦森，学名沛林，浙江崇德（今浙江桐乡）人。1904 年，太虚法师于苏州小九华寺礼士达上人为师，师为其取法名唯心。同年 9 月，士达上人携太虚法师往镇海拜见师祖奘年和尚，奘年和尚为其取法号太虚。11 月，奘年和尚携太虚法师往宁波天童寺，从寄禅法师①受具足戒。同月，寄禅法师介绍太虚法师至永丰寺从歧昌禅师学经。在此后两年中太虚法师除了从歧昌禅师学习诗文外，还研习《法华经》《楞严经》等，并览阅《指月录》《高僧传》等著作。其间，太虚法师还从谛闲法师等研习天台教观，并与圆瑛法师结交，互研经教。1909 年，太虚法师赴南京入金陵刻经处的祇洹精舍，从杨仁山居士学佛。1907 年，经同学华山、栖云等人介绍，太虚法师阅览"有康有为《大同书》，梁启超《新民说》，章炳麟《告佛弟子书》，严复译《天演论》，谭嗣同《仁学》，及五洲各国地图，中等学校各科教科书等。读后，于谭嗣同《仁学》尤爱不忍释手，陡然激发以佛学入世救世的弘愿热心，势将不复能自遏，遂急转直下的改趋回真向俗的途径"②。此后，随着诸种学说和思想的引入，太虚法师在对社会思潮和佛教之间关系等问题上逐步形成自己的理论框架和认识体系。

太虚法师"从佛教本身改革以建立新佛教为事，乃在南京临时政府成立后，即赴南京发起佛教协进会，就毗卢寺设筹备处"③，同时在镇江设立协进会，以"教理、僧制、寺产三种革命为号召"④。太虚法师确立起佛教应与现代国家相适应的理论，初步尝试建立佛教组织作为振兴佛教之解决方法。1912 年，在上海静安寺正式成立中华佛教总

① 寄禅法师（1852~1913），俗姓黄，名读山，字福余，法名敬安，法号寄禅，湖南湘潭人。1868 年，依东林和尚剃度出家。是年冬天，在南岳祝圣寺依贤楷法师座下受具足戒。1908 年，在宁波号召成立僧教育会，被推举为会长。僧教育会下附设僧众小学和民众小学各一所，为我国僧侣教育之嚆矢。1912 年 4 月，为保护寺产，安定佛教，联络江浙佛教人士，在上海成立"中华佛教总会"，亲任会长。10 月，以中华佛教总会会长的身份晋京，与北京法源寺道阶法师一起与内务部就寺产纠纷和保护寺产等问题进行交涉（于凌波：《民国高僧传三编》，台北慧明文化事业有限公司，2001，第 23~35 页）。

② 太虚：《太虚自传》，载于太虚大师全书编委会《太虚大师全书》第 31 卷，宗教文化出版社，2005，第 176 页。

③ 太虚：《太虚自传》，载于太虚大师全书编委会《太虚大师全书》第 31 卷，宗教文化出版社，2005，第 185 页。

④ 太虚：《三十年来之中国佛教》，载于张曼涛《现代佛教学术丛刊》（86），《民国佛教篇》，北京图书馆出版社，2005，第 321 页。

会，并由太虚法师出任《佛教月报》总编。

受庙产兴学维新思想的影响，佛教发展当时处于"占僧寺，提僧产，逐僧人"①的不利环境下，太虚法师于 1913 年"提出三种革命：一、教理的革命；二、教制的革命；三、教产的革命"②。关于教理革命，法师强调"佛教的教理，是应该有适合现阶段的思潮底新形态，不能执死方以医变症"③，指出佛学与宗教及科学的关系、佛学对政治及社会的适应等问题。在教制革命方面，法师主张改善佛教组织，整理僧伽制度。关于佛教的寺院寺产问题，法师向旧有的寺产继承和私有制度提出质疑，认为寺产应该为寺院所有。是年，袁世凯政府颁行《寺院管理暂行规则》，宣布取消中华佛教总会，组织构建上的被动和挫折迫使太虚法师的佛教复兴运动走向低谷。

自 1914 年 9 月起，太虚法师在普陀山锡麟禅院闭关 3 年。1917年，太虚法师前往中国台湾、日本。返回内地后，太虚法师著《整理僧伽制度论》，并"编辑《哲学正观》《教育新见》《订天演宗》《破神执论》《译著略辨》《佛学导言》六种，曰《道学论衡》，为以佛法对一般学说思想的评论集；另《大佛顶首楞严经摄论》，则专明佛学，先付印行"④。1918 年，太虚法师、陈元白、章太炎、张季直在上海组织成立觉社，"公开演讲佛学，并出《觉社》季刊（后改为《海潮音》月刊），自是汉口、北京、杭州、武昌、广州各地时有公开之讲经法会，由各界学佛居士为主体所组成之佛学会、佛学社、佛教正信

① 太虚：《我的佛教改进运动略史》，载于太虚《太虚集》，中国社会科学出版社，1995，第407 页。
② 太虚：《我的佛教改进运动略史》，载于太虚《太虚集》，中国社会科学出版社，1995，第412 页。
③ 太虚：《我的佛教改进运动略史》，载于太虚《太虚集》，中国社会科学出版社，1995，第412 页。
④ 太虚：《太虚自传》，载于太虚大师全书编委会《太虚大师全书》第 31 卷，宗教文化出版社，2005，第 208 页。

会、佛教居士林等团体渐多"①。1919 年，太虚法师为李锦章（大勇法师）剃度，此后又为法尊、密吽等知名僧人剃度。

1920 年，《海潮音》由上海中华书局印刷发行，太虚法师任总编。1922 年，太虚法师认识到佛教改进运动之必需，组建武昌佛学院。武昌佛学院"于僧教育开一新局面，不惟影响于青年僧甚大，且于学术文化及政治社会各方面，均有相当影响"②。此后，佛教学院在江浙、福建、广东、陕西、河南等地也渐次建立起来。1925 年 4 月，太虚法师与白普仁、庄思缄等于北京设立中华佛教联合会筹备处，呈内政部备案，以便推举选派代表出席东亚佛教大会，前往新加坡星洲讲经会讲经。太虚法师特为东亚佛教大会撰《敬告亚洲佛教徒》一文。1927 年 3 月，太虚法师与常惺法师分别担任闽南佛学院正副院长。1928 年 5 月，太虚法师在上海发起举办全国佛教徒代表会议。7 月，"大师于南京毗庐寺，成立中国佛学会筹备处"③，开设佛学训练班。

1928 年，太虚法师在《佛学源流及其新运动》一文中提出"人生的佛学""科学的佛学""实证的佛学""世界的佛学"的概念，并"拟具世界佛学苑的计划"④。法师坚持在佛教改进运动中以寺院为基础，融贯各佛教中心之间的联系，以僧教育培养僧才，"汉藏教理院之创办，在养成宏宣佛法之导师，演扬佛法之真理，使世人得闻佛法而改善其心地，以促进世界之大同，佛教得世人之拥护而发扬，以冀其弥久而弥光也"⑤。这是佛教不同传承体系增进联系和汉藏佛教历史

① 太虚：《三十年来之中国佛教》，载于张曼涛《现代佛教学术丛刊》（86），《民国佛教篇》，北京图书馆出版社，2005，第 325 页。
② 太虚：《三十年来之中国佛教》，载于张曼涛《现代佛教学术丛刊》（86），《民国佛教篇》，北京图书馆出版社，2005，第 323 页。
③ 释印顺：《太虚法师年谱》，宗教文化出版社，1995，第 140 页。
④ 太虚：《佛学源流及其新运动》，载于太虚《太虚集》，中国社会科学出版社，1995，第 55 页。
⑤ 满智：《世界佛学苑汉藏教理院之使命》，《海潮音》1932 年 1 月，第 13 卷，第 1 号，第 2 页。

发展的延承。因为汉地佛教与西藏佛教之间本源相依，在民国时期内地僧伽制度和丛林制度又多有流弊的情况下，"佛教在西藏的发展与西藏佛教教团组织的完善，都足为我们佛学上深造的资料，与改善中国僧制的楷模"①。在藏传佛教僧人前往内地初传藏密的历史背景下，内地系统的僧教育机构以研究汉藏佛教文化为基础和起点，注重开展以西藏密宗为中心的佛学研究，深入同汉地佛教之间的交流，致力改善内地佛教界存在的僧制弊端，将汉地佛教发展的重点转向汉藏佛学互鉴，形成显密之间融通发展的格局。

1928~1929 年，太虚法师游历欧美，宣讲佛教，并"在巴黎发起世界佛学苑及设通讯处于巴黎、伦敦、福朗福特、芝加哥诸处"②。1928 年，在武昌设立研究部。1932 年，在南京佛国寺创设世界佛学总苑。1931 年 4 月，太虚法师出席在上海召开的全国佛教徒会议，当选为会议执行委员，并在会议上发表《告全国佛教徒代表》一文。5 月，太虚法师"《上国民会议代表诸公意见书》，拟就保护寺产之建议，经班禅代表提出会议通过"③。1932 年 8 月，在重庆北碚缙云山创办的世界佛学苑汉藏教理院正式开学，由太虚法师主持开学典礼，以"澹宁明敏"为院训。汉藏教理院成为太虚法师推动世界佛教运动、实现世界新佛教计划的一部分，在其后的办学过程中联络北平柏林佛学院（1931 年被迫停办，1946 年恢复）的中英文系、闽南佛学院（1933 年被迫停办）的中日文系，"而实属世苑系统的，惟专为研究汉藏文佛学的汉藏教理院，及武昌佛学院改设之世苑图书馆"④。

---

① 满智讲，慧松记：《汉藏教理院开学演说辞》，《海潮音》1932 年 11 月，第 13 卷，第 11 号，第 25 页。

② 太虚：《三十年来之中国佛教》，载于张曼涛《现代佛教学术丛刊》（86），《民国佛教篇》，北京图书馆出版社，2005，第 328 页。

③ 释印顺：《太虚法师年谱》，宗教文化出版社，1995，第 176 页。

④ 太虚：《我的佛教改进运动略史》，载于太虚《太虚集》，中国社会科学出版社，1995，第 425 页。

二　政策利好组建佛学研究机构

汉藏教理院的建立与国民政府支持和保护佛教组织的政策相一致。太虚法师从历史层面和现实角度加以审视，追述文成公主入藏时携带的部分汉地经典，汉地佛教由此入藏，而民国时期对内地佛教兴起的研究则是汉藏佛教文化之间历史的续写。从民国时期汉地佛教和西藏佛教发展的具体状况来分析，研究西藏佛教对于汉地佛教的振兴具有重要意义，"四五百年来汉族之佛教日益衰，而藏族佛教则以宗克巴之振颓复兴，光化满蒙，迄今犹保隆盛。故重昌汉佛教之有资于藏佛教，殆为现时所必须，况乎藏佛教久为藏蒙满民族文化。与夫藏族之奠居西藏，遍布于康青宁诸省，实为构成大中华民族而建立大中华民国之柱石哉。夫佛教与汉藏民族文化之密切既如彼，而汉藏佛教与中华国族建成重要又如此，乌可不沟通阐发之耶"①。1931年，中国国民党南京特别市执行委员民众训练委员会训令南京居士林，嘱其应依照文化团结的原则组织佛教团体，这是国民政府对于佛教组织建立在政治上的承认与制度上的保护。汉藏教理院是在四川佛教发展的背景下，太虚法师基于对西康佛教状况认知基础上成立的交流平台，在四川地方政府政策倡议和资金支持下，以求藏传佛教获得汉地社会的认知与发展空间，以地域文化优势建立汉地佛教与藏传佛教之间的切近与理解。

国民政府颁行宗教管理政策支持藏传佛教在内地的弘传，拓展政府和佛教界对话空间的深度，而专门研究机构的创设是对政府治理西藏的有益补充，构建沟通和消弭对峙的另一渠道。"（A）以国家的立场言之，汉藏教理院负有精诚团结中国民族之使命。（B）以佛教的立场言之，汉藏教理院负有发扬光大整个佛法之使命。"② 以佛教文化之

---

① 《世界佛学苑汉藏教理院缘起》，《海潮音》1932年1月，第13卷，第1号，第67页。
② 满智：《世界佛学苑汉藏教理院之使命》，《海潮音》1932年1月，第13卷，第1号，第18页。

间的研究和交流为联络汉藏民族感情的基础，在双方彼此接近的范围
内消除历史累积的壁障和误读。同时，以研究机构为交流的媒介也避
免了对敏感问题的过多关注和纠绕，由研究机构出面延请西藏高僧和
由西藏返回内地的求法僧人讲学和任教，招收致力于汉藏文化交流的
僧俗各界学员，逐渐架设起以研究汉藏佛教、汉藏文化为内容的桥梁
纽带，成为与蒙藏委员会采取的世俗化教育、社会教育等开启西藏民
智政策互为补充的重要环节。从佛教与政治的关系来看，汉藏教理院
的设立也表现出明确的政治目的性，"然以见于蒙藏民族与佛教之历
史关系，蒙藏领土关系中国国防之重要，与党国朝野对于蒙藏之注意，
并有见于我国过去三十年来对于蒙藏政策之乖谬与纷争，以及前途之
黯淡……一言吾人创设之义旨，并促进我卫国利民之志士，与夫佛教
同人之注意也"①。

　　汉藏教理院在四川的成立不仅与川藏的历史渊源和比邻位置关系
相关联，而且与四川佛教的蓬勃发展息息相关。其缘起一则由于汉藏
关系紧张且西藏地方对入藏求法设立种种壁垒，太虚法师在与四川地
方政府的接触中达成先在内地研修后赴西藏佛法的迂回途径；再则，
西藏佛教在内地的影响已经远远超越佛教界本身，与政治的联系日渐
密切且成为政府施政的重要参考内容。1930 年 8 月，太虚法师应"川
省缁素邀请作巴蜀游"②，而国民革命军第 21 军军长刘湘拟选派僧侣
入藏弘法，以扬四川佛化。"内地佛法经典残缺不完，研究唯识因明
者，融会维艰，西藏经典宏富，师承递续。"③ 因此，以省县政府分担
出资推举比丘留康学法为第一步。太虚法师"闻刘督办之举而壮之，
谓与其派往游学，不如就川省设学院，聘请汉藏讲师，招收汉藏青年

　　① 满智：《世界佛学苑汉藏教理院之使命》，《海潮音》1932 年 1 月，第 13 卷，第 1 号，第 19 页。
　　② 《世界佛学苑汉藏教理院缘起》，《海潮音》1932 年 1 月，第 13 卷，第 1 号，第 67 页。
　　③ 《刘湘派僧入藏研经》，《海潮音》1930 年 10 月，第 11 卷，第 10 期，《佛教史料》第 24 页。

研习之，潘仲三、潘昌猷、何北衡、王旭东、王晓西诸公赞其议，申请于刘督办，遂筹定院址，指划经费，而有本院之成立"①。

三　内部结构与学研内容

汉藏教理院以"研究汉藏佛理、融洽中华民族、发扬汉藏佛教、增进世界文化"②为宗旨，1934 年 6 月，太虚法师延请法尊法师担任院长，整顿教务，增聘师资，扩大招生，并请苇舫任教务主任、密严任总务主任。1936 年 7 月，呈请四川省政府教育厅正式立案。1937 年，汉藏教理院设立翻译处。法尊、观空、严定、密严、本光、苇舫诸师分任主译、校对、润文等职。1938 年 7 月，在双柏精舍设立编译处，由法尊法师主持，教育部补助经费添置藏文书籍，编译汉藏合璧教科书。次年 9 月，设立刻经处，刊印汉藏教理院编译的书籍。1943 年 12 月，设立图书馆。1945 年 8 月，附设佛学研究会，分为四组：印度佛学组、西藏佛学组、中国佛学组、现代佛学组。③ 11 月，法尊法师、尘空法师分别任正副院长，增聘法尊、苇舫、尘空、海定诸师为院董。

汉藏教理院分普通科和专修科，1944 年，增设僧才训练班。"分预班、正班、专修班三班教授。专修班课程：藏文入中论、楞伽经、西藏文化史、国文、作文、体育、中国文化史、党义、菩提道次第。正班课程：党义、医学、农业、国文、国文文法、菩提道次第、音乐、算术、中国文化史、辨中边论、楞伽经、体育、作文、藏文。预班课程：印度哲学史、文法、心地观经、国文、党义、体育、作文、藏文。"④ 从课程内容和研究重点可以看出，汉藏教理院以客观认识汉藏

① 《世界佛学苑汉藏教理院缘起》，《海潮音》1932 年 1 月，第 13 卷，第 1 号，第 67、68 页。
② 《世界佛学苑汉藏教理院简则》，《海潮音》1932 年 1 月，第 13 卷，第 1 号，第 68 页。
③ 《汉藏教理院佛学研究会启事》，《海潮音》1945 年 9 月，第 26 卷，第 8、9 期合刊，第 18 页。
④ 朱煦群：《缙云寺——汉藏教理院》，《海潮音》1937 年 4 月，第 18 卷，第 4 号，第 88、89 页。

佛教文化的彼此影响为基础，在佛学和语言上的基础性研究与历史学的研究同步展开，综合比较分析汉藏佛教教理。在机构管理上，汉藏教理院重视学僧的道德训练，采取导师制和丛林管理方式。1938年，法舫法师任教务主任，强调"建立师资传承的信仰中心"①。在养成住持佛教的僧伽与加强藏文讲授教学目的和内容之外，提出"平等管教：教职员管教学僧，应当一律平等，不得有所偏倚……重视德行上之训练……注重佛法的教授教诫。……我们今后的僧教育，须注重佛法教育，从思想信仰到生活行为，不论教和学，都得合乎佛法、契合僧律"②；将佛法与僧制教育相结合，并且在现代教学的过程中防范脱离丛林制度弊制后而转入世俗化的僧制。1949年，汉藏教理院停办。汉藏教理院的毕业生除继续深造或留校任职外，一则在内地创办佛学院、佛教会，出版佛学刊物，讲经传戒，一则各自筹资或由蒙藏委员会资助游学西藏，学习西藏佛教，如碧松（汉藏教理院第一届普通科毕业，1938年入藏）、寂禅（汉藏教理院第三届普通科毕业，1944年入藏）、善化（汉藏教理院第三届普通科毕业，1944年入藏）等。汉藏教理院毕业生前往西藏留学，着力于翻译和研究西藏佛教经典。在1935年蒙藏委员会公布《汉藏僧侣游学办法》及多杰觉拔格西在哲蚌寺欢迎内地僧人前来学法之后，汉藏教理院专职教师如满月（1943年入藏）及其学生决定留藏求法。作为留藏学法的预备学校，汉藏教理院是推进汉地僧侣前往西藏的团体机构，同时也是蒙藏委员会考核选定学僧入藏求法的接洽服务机构。

汉藏教理院以学习藏文为主，并致力于探究汉藏佛教教理、文化和历史。在师资上，知名的留藏学法僧人和西藏僧人留驻汉藏教理院

---

① 法舫讲，性初、心月记：《汉藏教理院今后之教学》，《海潮音》1938年3月，第19卷，第3号，第13页。

② 法舫讲，性初、心月记：《汉藏教理院今后之教学》，《海潮音》1938年3月，第19卷，第3号，第14、15页。

从事教学和管理工作，如留藏东返的法尊法师任教务主任、严定法师任藏文系主任，同时延请阿旺堪布、诺那活佛、多杰觉拔格西、贡噶呼图克图、根桑活佛、悦西、东本格西和喜饶嘉措法师等前来学院讲学。太虚法师在欢迎喜饶嘉措法师讲学的致辞中表达汉藏佛教界对双方交流的期待和重视，他从佛教教理和喜饶嘉措法师在沟通汉藏佛教文化中发挥的作用谈起，不仅期待喜饶嘉措法师继续宣扬西藏佛教文化，而且希望法师能从内地佛教文化中汲取释放西藏传统束缚的成分，更多地了解内地佛教的发展、佛教经典的浩渺以及佛学研究的昌盛，以期西藏佛教能够从佛教文化海纳百川的博大中得以扩大与内地文化交流的范围和空间。同时，立足于汉藏教理院在汉藏佛教文化研究和政治社会责任中的历史使命，欢迎内地佛学界、政界等各界人士前来汉藏教理院指导。从社会各界对汉藏教理院在汉藏佛教文化交流中的政治、宗教和文化作用来看，体现出佛教文化交流在通达汉藏关系中的重要意义。

应太虚法师之邀，国民党中央委员戴季陶、邹海滨和张溥泉来院讲学，张溥泉在《中国文化与西藏文化》演讲中认为西藏的佛教文化是中印文化的结合点，边疆问题研究的展开不可或缺对藏文的系统学习，加强边疆语言的学习是蒙藏委员会治理西藏并通过对话缓解政治困境的方式之一。因此，汉藏教理院的学生集宗教责任、文化责任和国家社会责任于一身。[①] 1936 年，教育部徐逸樵视察汉藏教理院，肯定汉藏教理院学生研究康藏问题对消除汉藏隔膜具有重要作用。从日本、印度、土耳其等国家政治和宗教的关系来看，"任何国家的宗教都已和国家的理想相合流，都以全副精神贡献于民族国家"[②]。在民族

① 张溥泉讲，心月记：《中国文化与西藏文化》，《海潮音》1938 年 3 月，第 19 卷，第 3 号，第 10、11 页。

② 徐逸樵：《对于汉藏教理院学员们的希望》，《海潮音》1936 年 8 月，第 17 卷，第 8 号，第 39 页。

国家处于困难的境况下，汉藏教理院得到政府资助，以佛教文化研究为沟通汉藏的渠道，对有效治理边陲西藏具有重要的社会政治和地域文化内涵。

在研修方面，汉藏教理院注重加强同国内其他佛教组织及亚洲其他国家佛教团体之间的联络交流。在翻译、著述和出版方面，主要为太虚法师、法尊法师、大勇法师等编译的藏文经论、佛学历史著作和藏文学习读本，例如，太虚法师所著《佛学概论》《佛教各宗派源流》，法尊法师编著《西藏民族政教史》《现代西藏》《藏文读本》《藏文文法》、翻译藏文经典《现观庄严论》《辨了不了义》《菩萨戒品释》《苾刍学处》《入中论》，大勇法师译《菩提道略论》，尘空编写《缙云山志》和黄忏华编写《中国佛教简史》等。[1] 在翻译出版藏传佛教书籍方面，除了关注和引介西藏社会语言和历史等文化内容之外，汉藏教理院还是内地僧人得以览阅和涉猎藏传佛教经典的重要机构，在出版汉藏经典翻译研究成果，尤其是在显密问题的研究方面为其他内地寺院认识藏传佛教提供了无可替代的智力支持和参考借鉴。佛教界间的文化交流过程亦与社会各层面的交往相互促进，并且成为其他领域交往的借鉴与晓识径口。

四　递进汉藏佛学与世界佛教运动

太虚法师致力于提倡佛教改革运动，建立融会世界佛教的现代僧制和现代佛教。汉藏教理院的成立是太虚法师迫于国际形势、时代趋向和"中国文化之萎削……近代文明之落后"[2] 的文化窘境，以佛教救国昌明中国文化的重要尝试。在教学和管理上，汉藏教理院对教理

---

[1] 《本院编译处出版书籍流通价目表》，《世界佛学苑汉藏教理院特刊》1944 年 10 月，第54 页。

[2] 太虚：《建设现代中国佛教谈》，载于太虚《太虚集》，中国社会科学出版社，1995，第330 页。

的研究和僧制的整肃表明太虚法师在佛法源流、教理及行果上建立现代中国佛教的信心与责任；从课程的设立和研修翻译内容上，体现出译介出版汉藏典籍对沟通和拓展汉藏文化的重要作用。留藏求法毕业生以教育的模式切入西藏社会，在汉藏佛教文化交流的基础上承载政治关系的发展；知名的西藏高僧来汉藏教理院讲学，晓识内地佛教研究，表述与汉地佛教沟通和交流的愿望，可以更为直观地感知西藏佛教界对内地佛教政策的认识，消除双方由于隔阂而存在的疑虑和误解。汉藏教理院得到国民政府、四川省政府、教育部和蒙藏委员会的支持，经费资助较为充裕，有能力附设相关研究机构开展佛学研究。通过共同研究的文化领域建立彼此理解基础上的切磋与共信，发挥和挖掘文化交流所具有的空间，逐步寻求和制定消除隔膜的宗教政策。

从西藏政治和宗教与中央政府之间的关系来看，在民国时期政治影响不能顺畅通达的境况下，汉藏教理院的建立是尝试以宗教来弥合双方隔阂的佛教文化沟通实践。汉藏教理院的使命旨在从佛教的文化核心出发，在了解汉藏关系历史和现状的基础上，全面把握佛教与西藏民族、佛教与西藏政治、佛教与西藏地理之间关系的演变。"今日之中国国民，以太平盛世为最迫切之要求，更以抚绥蒙藏藩属为巩固国防之要务。汉藏教理院之创办，虽为陶铸僧才，发扬佛法，然以汉藏命名，并延聘西藏教师，及招收西藏僧侣，其寓意固将联络调和以屏藩中国，则又可知矣。契经言仁王护国，西藏主政教合一。吾侪佛徒，虽戒言政治，然一论及佛教与国家之关系，与夫西藏佛教之现状，则欲离政治而唯说佛教亦不可能也。"[1] 基于治理西藏的政策途径和方略应坚持"以抚绥为前提，以福利为归束，以切实为宗旨，以怀柔为政策"[2] 的

① 满智：《世界佛学苑汉藏教理院之使命》，《海潮音》1932 年 1 月，第 13 卷，第 1 号，第 2 页。

② 满智：《世界佛学苑汉藏教理院之使命》，《海潮音》1932 年 1 月，第 13 卷，第 1 号，第 6 页。

宗旨，以维持西藏宗教领袖现有政教权力以及政治现状为前提施以新政，汉藏教理院的成立是汉藏佛教界共同以佛教护国观念，从共同文化信仰角度建立彼此深入认知渠道与共同国家观念形成的心理基础。

汉藏教理院通过阐释历代统治者治理西藏的政策、蒙藏之间的政教关系，以及近代英国在西藏的殖民等历史过程，阐释"筹边贵在知治藩，治藩须先治藏"① 的重要结论。英国曾于清末派兵入藏，结果引起清政府的怀疑，1917 年川藏边界战事再起，川藏交通阻扼，英国伺机再次侵略，"苟得西藏，则不难东窥四川，而进取长江流域之各省……故西藏之与中国，关系绝大，而四川之对于西藏，则又祸福攸关"②。军力平定政策势必破坏西藏宗教并导致藏兵进犯，他们依赖英国训练军队，从宗教在西藏历史和政治中的地位可以认识到，"西藏之于近世，亦能顺潮流之趋势而徐求进步。……而藏人嫉恶汉人之原因，在清末之革除达赖名称，与汉军之蹂躏寺庙。……而最近一中全会，白云梯君亦有抚绥西藏等藩属之提议，但须注意者即在切实认识整个西藏民族之习尚与信仰，然后采取能适合藏人之信仰者与之联络，以先谋感情之恢复，而后徐图其他之改进，夫藏人所信仰者佛教也。汉藏教理院之目的，虽为集会汉藏佛教徒于一堂，互相研究各个佛教之特长，谋整个佛教之发扬，然其影响所及，则未始非恢复汉藏感情之要素，是汉藏教理院之创设，有裨于川藏前途之亲善者岂浅鲜哉"③。

"斯则振兴目前中国之佛教，诚有研究西藏佛教之必要，虽然我国佛教亦有特长，即能广摄化之门是也，故如禅那、净土、天台、华

---

① 满智：《世界佛学苑汉藏教理院之使命》，《海潮音》1932 年 1 月，第 13 卷，第 1 号，第 8 页。

② 满智：《世界佛学苑汉藏教理院之使命》，《海潮音》1932 年 1 月，第 13 卷，第 1 号，第 11 页。

③ 满智：《世界佛学苑汉藏教理院之使命》，《海潮音》1932 年 1 月，第 13 卷，第 1 号，第 14 页。

严、慈恩各宗派，均莫不有完密之系统，以佛法陶铸古今东西之文化，则西藏教徒又有研究中国佛教之必要也。复次，今日之世界为古近东西无量复杂思潮竞雄争长之日，一事一义，皆有异国殊族之种种文化交相涉入以为缘起。为适应时代之要求，与进为六洲文化之冠冕，则若西藏、锡南、暹罗、日本等之佛教特长，均为进行此计画之资粮，此又吾汉藏佛教同人所当恢宏志量而开拓其目光以相资助者也。"① 从印度、尼泊尔和内地传入西藏的佛教经典保存完整，尤其密法系统传承至今，未曾中断，并且经论修习研究深刻，次第严格，戒律谨严。汉地佛教在博采藏传、南传及其他国家和地区佛教基础上，逐步建立起现代社会佛教思想的话语体系。

第二节　蒙藏学院和菩提学会的组建

蒙藏学院不同于民国时期其他的蒙藏学校和西藏文化讲座机构，它是由九世班禅的弟子以藏传佛教喇嘛的身份在内地宣传时，于汉传佛教寺院上海龙华寺内建立的以内引外输方式培养蒙藏人才的学校。学院的建立得到佛教居士界民间资本的资助，是汉藏佛教界共同传承边疆文化和宗教的成果。虽然运作时间仅 1 年，但是作为藏传佛教僧人在边疆文化教育中的实践，也是藏传佛教僧人在内地寻求多元性文化交流途径的新探索。

基于对此前佛学机构的重新反思，上海佛教居士界组织建立上海菩提学会，尝试将汉藏佛教文化交流的内容主体从法事和佛教节日活动转向汉藏经典的翻译研究。上海菩提学会在北京、五台山建立分会，并组织翻译与语言研究班，是培养人才和组织汉藏高僧、佛教居士界

① 满智：《世界佛学苑汉藏教理院之使命》，《海潮音》1932 年 1 月，第 13 卷，第 1 号，第 18 页。

人士共同参与的佛学团体。译经处翻译的经典和阐释的文本为佛学研究提供珍贵资料。佛教居士界的佛学研究认识，以及对经典翻译的重视将汉藏佛学交流领域拓展至学术界和教育界，他们专注于对佛教哲学思想和语言学的研究，逐渐成为汉藏佛教文化交流的重要阶层。

一　蒙藏学院

1934 年 4 月，九世班禅弟子罗桑倾批拟设立蒙藏学院事宜向教育部报批，呈文追溯西藏与中央政府的历史关系，详细论析西藏近代以来的凋敝局面、中央政府在治理西藏上的偏颇，以及制藏政策的得失与教训，陈述西藏资源开发之必要、西藏屏藩固疆的地缘政治优势等多方面问题，认为振兴文化实为治理西藏之首要：教育兴，则文化盛，文化盛，西藏则可走上稳定和发展之路。随后，教育部批准在上海龙华寺成立蒙藏学院。

具体呈文内容："拟设蒙藏学院，培养专门人才，以开化蒙藏，而固疆圉，呈请备案事。窃我中华本合满蒙回藏以建国满族久以同化，回部亦与汉人错杂，悉泯界限，独蒙藏地域之大，几与本部埒，而语言、文字、风俗、习惯胥不与本部同，历来俱未为根本之计划；而内政外交乃发生种种之问题焉。……虽自政治方面言之，中国与蒙藏关系，已有千数百年；自经济方面言之，即就华茶一项，已为蒙藏二族生命之源，合则两利，离则两伤……我政府提倡革命，以扶持弱小民族为党纲以全民得自由平等为目的。今蒙藏二族，文化闭塞，历来设官治理，不外遥示羁縻，绝少设施，即有一二藉文章资粉饰，亦于启发之道无干。……然欲实行此政策，必也对于当地教育收相当之效果。语言、文字、风俗、习惯较有融洽之可能，政治秩序遵循轨道，将来乃能行之顺利而无阻，此对于移民殖边，应注意蒙藏问题者又其一。蒙古外屏苏俄，西藏西屏英印，荒沙横亘，高原阻隔，为我国一天然之屏藩……此对于国防关系，应注意蒙藏问题者又其一。综上种种，则蒙藏之经营，诚不容一日或缓，而经营之道，又非专恃武力抚绥，所能为功，而必有待诸开化之一途，将使车同轨、书同文。成巩固之团体，平等之民族，则又非恃教育之力不为功。诚能成一特殊教育机关，收罗各种人才，专事研究蒙藏文字、语言、风俗、习惯，为开化蒙藏专门人才，对于蒙藏宣以党义，施以教育，调其地利，导其自由，獉狉而文明之，浑噩而进化之，庶有豸乎？罗桑倾批曩奉班禅佛师意旨，联络中土名人，自行筹欸。在上海及普陀山地方设立蒙藏学院，期于最短时间，造成建设蒙藏人才，以为沟通蒙藏之准备。当兹西北赤氛常侵蒙境，英帝国主义之觊觎卫藏，今犹未息。整顿蒙藏以固我中华疆围，诣为近今切要之关，用将筹设蒙藏学院之必要，胪陈理由呈请鉴核备案，俾便即行筹办。应使沟通蒙藏文化之政策，早日实现，西北民族，咸得于青天白日，共谋种种建设，不再受赤俄之诱惑，与帝国主义之威迫，而我先总理扶助弱小民族之主义，亦因以贯彻，中国前途，实深利赖。"[①] 其言语之恳切，涵意之深远，溢于陈表。呈文分别论述蒙藏的历史和现状，九世班禅结合自身在边疆宣化的经历及蒙藏问题上的阻隔，希望通过人才的培养建立起彼此间的信任与认同。蒙藏学院以在内地培训蒙藏人才为办学目的，专注边疆文化的保护和传承，培养人员了解边疆的状况并熟悉边疆政策，传承包括宗教在内的边疆文化，增进边疆与内地之间文化互信。蒙藏学院定位为边疆、信仰和文化的融合体，旨在通过学习语言和发行民族期刊等柔性方式缓释文化间的陌生与偏视。

在学校具体筹设与组建方面，呈文认为，学院大纲"甲，旨趣：一、构成探讨蒙藏问题之中心；二、养成为蒙藏服务之人才。乙，目

① 季啸风、沈友益：《中华民国史史料外编——前日本末次研究所情报资料》（中文部分）
第九十三册，广西师范大学出版社，1997，第426、427页。

205

的：一、开发蒙藏；二、保全蒙藏。丙，工作：一、搜集有关蒙藏之资料，蔚成一大蒙藏图书博物馆；二、辑行传布蒙藏知识之期刊及专刊；三、传习蒙藏语言文字；四、指导与蒙藏交易或赴蒙藏旅行调查。丁，组织：一、设一干部主办全部工作；二、招致高中程度以上学生若干人，一方面专习蒙古语言文字或西藏语言文字，兼习英国语言文字，或俄国语言文字，一方面协助干部工作采用昔时书院制度之精神方式。戊，经费：一、由关心蒙藏人士每年认筹经常费若干；二、请国民政府补助。己，进行：一、与国民政府蒙藏委员会联络；二、与蒙藏重要人士联络；三、与蒙藏有交易往还之人士联络"①。

蒙藏学院分为训练班和专修班，其中以培养藏文师资的训练班为主，各寺院丛林可以保送大学师范毕业生来此研修。作为寺院以外的文化机构，蒙藏学院的设立是借助佛教文化以及佛教界的影响，以师资培训的方式推动佛化教育事业的发展。在教育内容和课程设置上，依赖固有的文化基础及佛教界在社会政治领域内的地位，提升佛教界对佛教文化的研究和边疆民众的关注。在内地创办研究蒙藏佛教文化的学院是藏传佛教文化在内地扩大传播与加深交流的重要组成部分，在文化方面与蒙藏管理和开发政策相一致，以之，从文化他者的身份审视汉地佛教和藏传佛教之间的差异外显特征及统一内涵体系所在。

作为民国时期唯一一所在上海建立的边疆教育学校，蒙藏学院在建立之初曾邀请太虚法师前往讲经。九世班禅弟子自备 8 万元旅费在全国各地游说寻求赞助，并采取设立董事会的管理方式运作边疆文化传承训练班。蒙藏学院的管理和课程安排复合宗教教育和世俗教育的内容，生源不局限于僧俗身份。后来由于经费问题，蒙藏学院董事会

① 季啸风、沈友益：《中华民国史史料外编——前日本末次研究所情报资料》（中文部分）第九十三册，广西师范大学出版社，1997，第 427 页。

函请上海菩提学会筹备会接办该会，菩提学会筹备会议召开后随即派冯仰山接收蒙藏学院，并拟将上海菩提学会会所及译经处迁往该院。① 先后经过一年时间的运作，蒙藏学院后来由上海佛教居士界佛学团体接收，其原初建立的目的和工作任务未能按照九世班禅的愿望实现，但是在内地以组建学校的方式培养蒙藏文化人才成为民国时期加强边疆和内地交流的有益尝试。

法舫法师曾从佛教在维系民族及开发边疆地区的角度谈及蒙藏学院的贡献，"西藏蒙古之边陲民族，甘心归向吾汉族者，厥因唯在佛教。盖蒙藏民族，无不信仰佛教，佛教是蒙藏民族的宗教，同时也是他们的教育文化，乃至政治军事民间风俗，都贯入佛教之意义与信仰力。他们全民族之思想，是实现佛教主义，他们一切事业之造作，都是为着佛教而造作。由此可见蒙藏民族是完全佛化，故今日办蒙藏学院，学习蒙藏文化事业……蒙藏民族全部信仰佛教，大分为两类：一、在家众……二、出家众……出家众有教育人民管理文化——佛教文化——指导官民之一切社会政治等事业的义务。由此观之，国人所谓开发西北，除利用国力，辅助经济，指导技术外，欲改建西北，舍佛教外，又无其他文化事业可言"②。信仰可视为共同依赖的思想凝聚载体，蒙藏学院的成立在一定程度上有利于汉地佛教界定位认识佛教文化的教化作用，促进边疆僧俗民众国族共向意识的建立。

二　菩提学会

20世纪20年代以来，留学日本修习密法的僧人和居士在对东密与藏密的思考与比较中渐悟藏文藏经之珍贵③，致力复兴中华佛教融

---

①　《菩提学会接办蒙藏学院》，《威音》1935年8月，第66期，《新闻》第1页。

②　法舫：《蒙藏学院与菩提学会》，《海潮音》1934年9月，第15卷，第9号，《佛教春秋》第2、3页。

③　显荫：《留东随笔》，《海潮音》1924年6月，第5卷，第5期，《附录》第17页。

洽汉蒙满藏关系以展佛教救世之功。① 在九世班禅资助下，1935 年 11 月 10 日，上海佛教界在觉园成立菩提学会，提倡组织整理翻译藏传佛教经典，不分派别引介藏传佛教经典和仪轨。从注重佛教济世救国的社会功用到凝集佛教文化的民族认同，学会呼吁政府尊重保护佛教发展。学会置创机构，分理弘传事务，专设语言学习和藏典汉译等科目培养学僧，致力翻译刊印单行本经典，弥补汉地佛教译本的缺失，推进佛典在内地的流传，以图恢复建立各宗派共荣同兴的中华佛教。

民国时期佛教复兴之初，上海佛教界自发成立佛教居士林②、上海佛教净业社③，旨在通过有组织的念佛课诵、举办讲堂、慈善收养和办理刊物等活动，以积极入世的操行重拾国民至善慈悲之德，共挽灾祸厄运之国势。菩提学会是 20 世纪 30 年代上海佛教界对佛教内部自身缺失性的自省与探求重塑的背景下创设组建的佛教团体。其时，佛教界人士以重建佛教自身理论体系和研习佛教系统性经论为切入口，通过完善和渐进补缺佛教经典和仪轨，思索考量佛教团体社会功用的转型和提升，探索汉藏佛教文化的互融、民族国家的观念涵摄，以及佛教理论经典回归的复兴途径。菩提学会的创立者王一亭、关絅之等曾参与世界佛教居士林④、净业社的创办，他们亲历清末民初佛教的衰败，尝试建立佛教组织聚合信仰群体，复苏低谷境遇中的佛教文化。菩提学会创设的初衷拟将翻译藏文经典补遗汉传佛教、引介融

① 显荫：《留东随笔》，《海潮音》1924 年 7 月，第 5 卷，第 6 期，《附录》第 18 页。
② 1918 年 11 月，由王与楫、沈辉等发起成立，王与楫任第一任林长。
③ 1925 年，"夏历十一月十七日，相传为阿弥陀佛圣诞良辰，赫海路德园佛觉净业，社于是日举行开幕礼"（寄沤：《觉园佛教净业社开幕观光记》，《净业月刊》1926 年 1 月，第 9 期，《特载》第 9 页）。
④ 1922 年春，王与楫居士邀同朱石僧、李经纬、曾友生等诸居士，发起组织世界佛教居士林，借锡金公所为林所，推周舜卿居士为林长（王震：《世界佛教居士林建立记》，《世界佛教居士林林刊》1933 年 12 月，第 36 期，《传记》第 16 页）。

通汉藏佛学作为机构及分部的工作基点，旨在复兴汉地佛教，丰富和繁荣中华佛教文化。

作为九世班禅在杭州灵隐寺举办时轮金刚法会的发起方，上海佛教界在筹备及启建时轮金刚法会的过程中，聆悉九世班禅开示依止西藏密法修持发菩提心的愿力殊胜①以及与显宗相续共果的修行利益②，闻识时轮教法在天文、化学和数学等物质和人文方面的学术哲理。1934 年 3 月，考试院院长戴传贤、行政院秘书长褚民谊因杭州佛教会邀请九世班禅前往啐经之机缘，共同祈请九世班禅在杭州启建时轮金刚法会。③ 由褚民谊前往上海与佛教界同人接洽筹建时轮金刚法会事宜，"沪佛教界王一亭、黄涵之、关炯之、屈文六等之同意，为时轮金刚法会之发起者"④，并在上海设立办事处。⑤

1934 年 6 月，菩提学会刊发筹立的缘起及主旨文章。首先，从佛教理论"我执"的角度出发，分析"人与人争，国与国敌"⑥并吞存亡交互局面的终极性因素在于彼此间的"贪嗔"，以优胜劣汰的进化

---

① "所谓密道者，断除所知烦恼二见，较上述菩提心等，虽无大别，然以秘密加持之故，吾人于修习时，效力宏大而殊胜，故去障较易，道根速生，亦是非常差别，故名为胜道。概括之言，理难曲尽，如欲洞悉此中蕴奥者，望于各显密经论本中，详细求之可也。"［班禅大师：《显密法要》，《时轮金刚法会专号》（《佛学半月刊》1934 年，第 78 期），第 9 页］

② "尔众信士，今为救度一切众生诸苦恼故，应入密乘。"［《金刚阿阇梨班禅大师时轮灌顶摄授弟子开示录》，《时轮金刚法会专号》（《佛学半月刊》1934 年，第 78 期），第 10 页］

③ "自征得班禅同意后，即在沪开始筹备。"（《时轮金刚法会》，《时代公论》1934 年，第 103 期，第 3 页）

④ 《杭州将建时轮金刚法会》，《佛学半月刊》1934 年 3 月 16 日，第 75 期，第 4 卷，第 6 号，第 15 页。

⑤ "假云南路仁济堂为办事处，组织理事会，公推段芝泉为理事长，许静仁、王一亭、戴季陶、鲁涤平、褚民谊、王晓籁六人为副理事长。……至常务理事，则推定王揖唐、吴铁城、杜月笙、张啸林、方声涛、闻兰亭、陶冶公、钟康侯、关炯之、赵炎午、冯仰山、黄涵之、韩大载、黄墨涵、林璧予、谢telecom陈、王允恭、曹let蘅、周企虞、陈圆白、李赞侯等二十一人。"（《时轮金刚法会近闻》，《佛学半月刊》1934 年 4 月 1 日，第 76 期，第 4 卷，第 7 号，第 16 页）

⑥ 《菩提学会缘起》，《佛学半月刊》1934 年 9 月 16 日，第 87 期，第 4 卷，第 18 号，第 10 页。

论理论为支撑，形成彼此对峙、无以共存的长期恩怨关系，只有彼此存有超越现世、"平等大悲"的菩提心才可以获得彼此共生的可能。其次，根据"三士道"思想叙述如何"依学发心、依学修行、依学取证"①，获得大悲正见。再次，比较分析密教在汉地的盛兴与各执一宗的残缺，藏地密教的传入、复兴与革新，菩提道、金刚乘先后次第，两者并重，"由凡入圣，修学次第，乃至成佛"②，且梵本藏译经典富有，派别之间不相争讼，20 年学习密法但不僭越学习次第，并举隅青海、蒙古藏传佛教修学方式。最后，从九世班禅弘法的利益提出菩提学会应"如桥续路，担荷正教"③，联结汉藏文化，可采取引入西藏佛教文化补救和纠正汉地佛教的方式挽回历史隆兴之制，"厥有四端：一曰传受，首重师承；二曰修学，慎集资徒；三曰翻译，宏宣正法；四曰利世，普济人天。多选英材入藏留学，择地修建根本道场，尤为目前第一急务"④。菩提学会是引入西藏佛教经典、戒律和修学方法的枢纽机构，致力于人才培养、翻译经典及讲授佛法，并在此基础上普及佛教知识以达到利益现世的目的。

1934 年 7 月 8 日，菩提学会"成立筹备委员会，十二日在仁济堂开第一次常务委员会议。出席者王一亭、王晓籁、屈文六、黄涵之、黄伯度、陈圆白、赵夷午、闻兰亭、李大超、关絅之、圆瑛、大悲、钱镜平、毛云等十余人"⑤，推选筹备委员会主席、副主席和各筹备组

---

① 《菩提学会缘起》，《佛学半月刊》1934 年 9 月 16 日，第 87 期，第 4 卷，第 18 号，第 10 页。

② 《菩提学会缘起》，《佛学半月刊》1934 年 9 月 16 日，第 87 期，第 4 卷，第 18 号，第 11 页。

③ 《菩提学会缘起》，《佛学半月刊》1934 年 9 月 16 日，第 87 期，第 4 卷，第 18 号，第 11 页。

④ 《菩提学会缘起》，《佛学半月刊》1934 年 9 月 16 日，第 87 期，第 4 卷，第 18 号，第 11 页。

⑤ 《菩提学会常务会议》，《佛学半月刊》1934 年 8 月 1 日，第 84 期，第 4 卷，第 15 号，第 20 页。

主任，根据办事细则筹建内部机构，负责规划、筹资、征员、护送九世班禅返京、延请荣增喇嘛赴上海翻译经典等事宜。① 11 月，筹备会简章获得委员会通过，刊发弘法利生宗旨及筹划工作等内容，"翻译：梵藏经典以急需者先之；传授：敦请大德主持传授显密诸法……讲辩：仿藏中大寺规则研究讨论俾明至教；修持：令发心者如法修持以期现证；流通：刻印典籍广为流通"②。

1935 年 7 月 21 日，举行菩提学会筹备会议，"由屈文六主席报告会务方面，征求发起人，已有一千二百数十人。译经处已译竣《菩提正道菩提戒论》，分登《佛学半月刊》，请诸方指示，预备印行"③。报告还告陈准备接收蒙藏学院及菩提学会成立计划等内容。11 月 10日④，"假爱文义路觉园举行成立大会，计到吴市长⑤代表李大超、班禅代表荣增堪布、段祺瑞、许世英、王晓籁、屈文六、毛云、黄庆澜、朱庆澜、闻兰亭、圆瑛、太虚等二百余人。由荣增堪布、段祺瑞、许静仁任主席团"⑥。会议主席段祺瑞在开会致辞中谈到建立菩提学会的目的，"集合各地研究佛学之人士，共同阐扬探讨中外佛学之真谛"⑦，以研究佛教为机构建立的缘起和发展的重心，在文化交流与拓展的碰撞中悟识佛教的精髓。"继由市党部代表毛云致训词，并由该会筹备委员屈文六报告筹备经过，汤住心报告译经处已译经六种，汉藏字典亦在编纂中，冯仰山报告蒙藏学院情形。随选举班禅为正会长，诸那及印光为副会长，段祺瑞为理事长，褚民谊、吴铁城、王一亭、屈文六、

① 《菩提学会常务会议》，《佛学半月刊》1934 年 8 月 1 日，第 84 期，第 4 卷，第 15 号，第20 页。
② 《菩提学会筹备委员会简章》，《山西佛教杂志》1934 年 9 月，第 1 卷，第 9 期，第 46 页。
③ 《菩提学会开会并接办蒙藏学院》，《佛教居士林特刊》1935 年 8 月 15 日，第 22 期，第10 页。
④ 阴历十月十五日，佛教结冬日。
⑤ 上海市市长吴铁城。
⑥ 《上海菩提学会成立大会》，《佛教居士林特刊》1935 年 12 月 15 日，第 26 期，第 10 页。
⑦ 《上海菩提学会成立大会》，《佛教居士林特刊》1935 年 12 月 15 日，第 26 期，第 10 页。

关絅之等一百零八人为理事，许世英、丁桂樵等四十八人为监事。"①

菩提学会的创建不仅得到班禅驻京办事处的资金资助②，而且受启于九世班禅在佛教经论阐析上的引导及经典的赐赠。《菩提学会章程》指明学会建立的机缘和主题，"第一条本会由班禅大师之倡导组织之定名为菩提学会；第二条本会以弘扬佛法利乐众生为宗旨"③。对主要的工作计划及相关负责分部加以具体管理，例如，教学部负责迎请大德、学院管理及选送学人等事项，而翻译经论、重理大藏、纂辑要典则由编译部负责，事业部从事建立道场、刻印宣扬、营造法具及利益世间等事务。④ 拟订建立分会计划，"本会设于上海，世界各市区、各名胜处所得设分会或办事处及教学道场或专修道场"⑤。颁行《菩提学会征求会员简章》⑥，明确征招会员的资格及会员的权利义务。⑦ 会员大会公举设立 108 人理事会，具体负责学会决议执行及弘法募款等事项，并由 48 人监事会稽核经费使用和事项办理情况。班禅驻京办事处发表《菩提学会工作计划大纲》⑧，阐明章程中所列事务并

---

① 《上海菩提学会成立大会》，《佛学半月刊》1935 年 12 月 1 日，第 116 期，第 5 卷，第 23 号，第 20 页。

② "佛座赐予拨助每月经常费若干，以资维持，而免中辍。"（《菩提学会函恳颁发藏文甘珠丹珠两部经论以便移译》，《西陲宣化使公署月刊》1936 年 4 月，第 1 卷，第 6 期，第 144 页）

③ 《菩提学会章程》，《微妙声》1937 年 3 月，第 5 期，第 89 页。

④ 《菩提学会章程》，《微妙声》1937 年 3 月，第 5 期，第 90 页。

⑤ 《菩提学会章程》，《微妙声》1937 年 3 月，第 5 期，第 89 页。

⑥ 《菩提学会征求会员简章》，《微妙声》1937 年 3 月，第 5 期，第 91 页。

⑦ "第五条凡崇信三宝者，不分性别、国籍，由本会会员二人以上之介绍，经常务理事会之认可，即为本会会员，会员分普通、赞助、特别、永久四种；第六条凡研究佛学、品性纯正、热心辅助本会者，由理事三人以上之提出，经常务理事会通过，得为本会名誉会员；第七条凡合团体及寺院等赞助本会宗旨者，得为本会团体会员推一人至三人为代表；第八条本会会员享有本会一切法益及选举、被选举之权，团体会员之选举、被选举由代表人任之；第九条本会会员有恪遵会章、缴纳会费之义务。"（《菩提学会章程》，《微妙声》1937 年 3 月，第 5 期，第 89 页）

⑧ 《菩提学会工作计划大纲》，《西陲宣化使公署月刊》1936 年 1 月，第 1 卷，第 3 期，第 93～96 页。

陈述具体实施办法，其中包括分批迎请高僧办法，分设道场选址，学院招考修学办法，选送学人的分配，经典译本的顺序，整理重订《大藏经》，编纂汉藏、汉梵字典和佛学辞典，并在印经、法器及慈善事业方面提出规范和要求。学会的章程和工作计划大纲旨在以上海为中心，建立多处道场学院，辐射全国名寺，培养并选送僧人留学藏地，组织僧人在译经处翻译整理汉藏经典，以公开流通的方式发行译本和法器，并筹办社会福利公益事业以结缘利世。

菩提学会筹备时致函征邀山西省佛教会作为学会发起人参加成立大会，信函附筹备会简章一份，明确学会成立的宗旨。[①] 因于五台山具备翻译和研究藏文经典的语言优势和传承基础，"山中藏文经典颇富，亦易借用"[②]。1936 年 6 月 15 日，"上海菩提学会，在五台山设办事处，同时成立译经处"[③]。办事处主任胡子笏居士负责分会筹备与成立，"假碧山寺十方广济茅篷开成立会。是日在广济茅篷设普斋及椽供众，并笺请诸方长老、护法居士及茅篷全体职事莅会指导。……译经处请能海法师为导师，常惺法师为译师，以胡子笏居士之女公子胡继罗、胡继木、胡继欧三女士为基本译员"[④]。在汉藏佛教同兴的文化氛围中，菩提学会五台山分会以经典传译的方式建立藏传佛教密法研究的平台，承袭续写五台山藏传佛教发展的历史，汉藏佛教以其文化张力彼此蕴染、交会，同质文化在扩散碰撞中形成共生的文化生态和衍生资源。

继设立五台山分会之后，1936 年 11 月，菩提学会在北平成立分

① 《菩提学会致山西省佛教会函》，《山西佛教杂志》1934 年 9 月，第 1 卷，第 9 期，第 28 页。

② 《致上海菩提学会朱屈汤三居士函》，《佛学半月刊》1937 年 1 月 1 日，第 142 期，第 7 卷，第 1 号，第 11 页。

③ 尘空：《上海菩提学会在五台山成立办事处》，《海潮音》1936 年 7 月，第 17 卷，第 7 号，第 8 页。

④ 尘空：《上海菩提学会在五台山成立办事处》，《海潮音》1936 年 7 月，第 17 卷，第 7 号，第 8 页。

会，分会辅承总会宗旨，"以办学译经、编印弘济为主要之事业"①，以股为单位负责教学、编译等事务。② 15 日，北平汤芗铭、何子培、高观如等居士及北京大学哲学系教授汤用彤、周叔迦等在西安门大街成立《微妙声》月刊社，创办《微妙声》月刊，由佛学书局发行，主要登载佛教通论、经论宗派研究、佛教学术史研究、佛教专题、古籍整理考据、佛学诗文、译文著述、争鸣、佛教史料等有关佛教学术研究内容的文稿。③《微妙声》虽仅出版 8 期，但对佛教历史、文献和佛学论说的研究颇有影响与收获。在提供经教历史和翻译资考的同时，也重现并镜鉴佛教曾经的历史隆兴与多元信仰，其中刊行包括许国霖《敦煌石室写经题记汇编》连载等在内的诸多佛教学术成果。

1942 年 3 月，北京菩提学会分会"为发扬梵文之学术价值起见，拟于最近成立梵文研究班"④，开设初、高级班。次年，增开梵藏文班⑤，以免费入学的方式开办专业性梵藏语言研究班，培养从事经典翻译的学员。梵文藏文学习班的开设益于译者比对经典造论印度文本与藏文译本，寻求文本翻译过程中的内容增减或变化，探究经论部分的阐释差异，尤其可以对咒语音译部分进行更为严谨的翻译对照。北京菩提学会分会在内地首开梵藏文班，专修梵藏文课程，成为培养梵藏文经典翻译人才的基地。

1936 年 4 月，菩提学会、上海净业社、世界佛教居士林筹办丙子

---

① 《菩提学会北平分会简章》，《佛学半月刊》1936 年 11 月 1 日，第 138 期，第 6 卷，第 21 号，第 18 页。
② "第十一条　本分会设总务、教学、编译、财务、事业各股。"（《菩提学会北平分会简章》，《佛学半月刊》1936 年 11 月 1 日，第 138 期，第 6 卷，第 21 号，第 18 页）
③ 《北大教授组织微妙声月刊》，《海潮音》1936 年 9 月，第 17 卷，第 9 号，第 98 页。
④ 《北京菩提学会将设立梵文研究班》，《佛学月刊》1942 年 3 月，第 1 卷，第 10 期，第 29 页。
⑤ 《菩提学会增辟梵藏文班》，《佛学月刊》1943 年 9 月，第 3 卷，第 3、4 期合刊，第 28 页。

息灾法会。菩提学会理事长段祺瑞先后两次函请能海法师莅临上海开示讲经①，并致函多杰觉拔格西前来上海修法②，后来由菩提学会理事汤住心、朱子桥携带邀请函前往北平迎请多杰觉拔格西和能海法师。在息灾法会上，"留藏学法团"学员能海法师、长期在内地弘法的西藏高僧多杰觉拔格西、九世班禅代表荣增堪布、太虚法师、赴高野山留日学密归来的持松阿阇黎、主张"性相融通、二而不二"③的圆瑛法师、倡大乘救世之论的常惺法师、持妙观修证之道④的静修法师及大悲法师，对汉藏佛学经典精髓的述解、学法和修行之道分别进行阐释，并按照发心、持咒、观想和回向的次第，共修藏密无上瑜伽密法。6 月 5 日，法会圆满。

法会"讲经六座，修法五坛"⑤，常惺法师讲《华严经普贤行愿品》，能海法师讲《菩提道次第及菩萨行愿戒》，圆瑛法师讲《楞严经》第五卷《势至念佛圆通章》，太虚法师讲《阿弥陀经》、《华严经》、格鲁派经典、两部净土经典，大悲法师阐发学佛入门之道《信心铭》，静修法师谈修持摩诃止观法要的《妙观初机》。高僧在法会上集中阐释汉藏佛教经典和修行之道，信众借此比较认识汉藏佛教信愿行解的不同路径，对照能海法师对阿底峡经典讲述并与净土法门修行比较，初步了解"三士道"修行次第、思维行持的步骤及功德，认识汉藏佛教在顿渐观修、理行成佛上的差异。信众与法师共修大威德法、绿度母法和尊胜佛顶法等密法法门，在修法的过程中理解密续所强调

---

① 《菩提学会初迎能海大师来沪讲经函》《菩提学会再迎能海大师来沪讲经函》，《佛学半月刊》1936 年 5 月 16 日，第 127 期，第 6 卷，第 10 号，第 6 页。

② 《菩提学会迎请觉拔上师函》，《佛学半月刊》1936 年 5 月 16 日，第 127 期，第 6 卷，第 10 号，第 7 页。

③ 圆瑛：《讲性相通说题义》，《北平佛教会月刊》1934 年 11 月，第 1 卷，第 1 期，《法语》第 1 页。

④ 静修：《妙观初机》，《微妙声》1937 年 6 月，第 8 期，第 15~18 页。

⑤ 《丙子息灾法会圆满后法器处置》，《佛学半月刊》1936 年 6 月 16 日，第 129 期，第 6 卷，第 12 号，第 18 页。

的次第及甚深的体验。法会所有无上瑜伽法器赠予菩提学会和净业社，并在此设立永久密法坛场。① 此后，持松法师再次在密法道场传授尊胜佛顶密法，"菩提学会、佛教净业社以及佛界闻人王一亭、简玉阶、朱子桥、屈文六、关炯之、黄涵之、胡厚甫、闻兰亭、赵朴初等居士，发起恭请持松阿阇黎，于觉园密坛，修建真胜佛顶大法护国息灾法会七永日，于一月二十日②（古历十二月初八）开坛，并由胡居士主持烧护摩，袁希濂、陈承辉居士等担任助修，夏继禹居士暨胡莫慧清、朱秀英两女居士等陈设供养，庄严道场"③。汉藏高僧在法会上传授经典，主持修法，信众听闻教授，并齐进七支供养。与之并行的文本经典研究，即由菩提学会译经处负责组织翻译刊行，将汉藏佛教的交流从信仰仪式拓展到理论补益，从集体性的殊缘共祈发展到个人依流通经文日常修持。

菩提学会除了联合其他佛学团体延请高僧在法会上讲经修法外，还迎请藏传佛教高僧或入藏学法法师驻锡学会讲经。1937 年 5 月 10 日，上海菩提学会派居士前往南京迎请喜饶嘉措法师讲法，"屈文六居士代表向大师致欢迎词……今犹欲恳请大师者有一大端，所谓翻译汉译经典，沟通汉藏佛化者是。直言之，即请大师将中土未有而西藏有者译出，并请大师对已有者加以整理，如宗喀巴之菩提道次第、金刚道次第，如智者大师之著作等，并请整理条贯，予吾人以种种指导，满吾人愿，满众生愿，此实为吾人所馨香祈祷者矣"④。致辞以汉藏佛化沟通为要旨，冀望喜饶嘉措法师整理业已翻译的藏文经典，并作为

---

① 《丙子息灾法会圆满后法器处置》，《佛学半月刊》1936 年 6 月 16 日，第 129 期，第 6 卷，第 12 号，第 18 页。

② 1937 年 1 月 20 日。

③ 《觉园修建密法》，《佛学半月刊》1937 年 2 月 1 日，第 144 期，第 7 卷，第 3 号，第 19、20 页。

④ 《喜饶大师到沪说法》，《佛学半月刊》1937 年 5 月 16 日，第 151 期，第 7 卷，第 10 号，第 18 页。

学会译经指导法师协助经典翻译工作。喜饶嘉措法师惜叹经典翻译和整理条件不足及人力限制①，他从西藏佛教源流讲到汉藏佛教的联系与交流，继而向信众阐释格鲁派经典著作《菩提道次第广论》的"三士道"和"缘起性空"思想。② 1948 年 9 月，能海法师在北平菩提学会分会讲《律海十门》。

菩提学会筹备期间，在亚尔培坊 12 号设立译经处，汤住心为主任。③"菩提学会主席王一亭等，为筹备翻译西藏各种经文，曾派员赴京恭迎西藏喇嘛荣尊大师来沪主持译务。"④ 1934 年 8 月 22 日，荣增堪布驻锡亚尔培坊开始译经，主要翻译西藏重要的典籍及九世班禅前往杭州时轮金刚法会所诵经典⑤，历时近两年，于 1936 年 5 月翻译完成《菩提正道菩萨戒论》《菩萨戒廿颂》《三十唯识释论》《西藏文典》《大威德金刚一尊略轨》《咕噜咕勒佛母成就法》《迁转心要》《光蕴迁转法》《加持舌法》。⑥ 以格鲁派显宗经典补充汉文戒律和唯识经典译本，介绍西藏文法为学习藏文的基础，并且翻译密法的仪轨和咒语，以文本译介的方式公开介绍藏传佛教密法，有利于藏传佛教在内地的弘传，减少显密之争冲突中对藏密的诋毁与攻讦，也成为汉地佛教界修持或研究藏传佛教密法的参照文本。

20 世纪 40 年代，菩提学会先后翻译出版唯识宗、宁玛派和格鲁派的相关著述，"一、汤住心居士译述有《戒品纂释》《贤行愿王释

---

① 《喜饶大师到沪说法》，《佛学半月刊》1937 年 5 月 16 日，第 151 期，第 7 卷，第 10 号，第 18 页。

② "讲西藏佛教源流后，继讲道之三要。于五月十五日讲毕，十六日讲皈依法，十七日传授长寿法灌顶。"（《喜饶大师在沪说法圆满》，《佛学半月刊》1937 年 6 月 1 日，第 152 期，第 7 卷，第 11 号，第 20 页）

③ 《菩提学会译经近闻》，《佛学半月刊》1934 年 9 月 1 日，第 86 期，第 4 卷，第 17 号，第 16 页。

④ 《荣增大师译经》，《威音》1934 年 12 月，第 60 期，《新闻》第 2 页。

⑤ 《荣增大师译经》，《威音》1934 年 12 月，第 60 期，《新闻》第 2 页。

⑥ 《菩提学会新译出版经籍略目》，《佛学半月刊》1936 年 5 月 1 日，第 126 期，第 6 卷，第 9 号，封底。

义》《五大愿文》《事法师颂释》等，已由菩提学会出版，并翻印有显密菩提道等。二、胡继欧三喇嘛译有嘉曹哲《入行论释》六卷"①。汤住心翻译章嘉国师译文《贤行愿王释义》，并"复合四种古译，校其文义"②，形成《普贤行愿品》第五译本出版发行，补阙汉文所译释论在造论之初的文义。新译本加入"何为愿前方便，何为所发正愿，其正愿中，何为地前菩萨愿，何为地上及各地菩萨愿，何名作意思惟此愿胜利，何名诵持此愿胜利"③ 等涉及普贤行愿名相含义解释和修行境地的详细阐述。《五大愿文》是宁玛派基道果理论的精髓，《事法师颂释》《入行论释》为格鲁派依止上师、入门修行的要籍。从佛教的因明、修习的次第到密法的法门翻译，有意识地将藏传佛教在系统理论上的优势及渐进修行的方法引入汉地佛教，从佛学研究和修证实修双向补充汉地佛教由于经典译本的缺失而出现的理论纰漏，弥补禅净修行过程的迷返。而胡氏三人翻译《入行论释》期间曾得到"业西上师讲授，前任扎萨克罗桑上师决疑，又有能海上师负责改正"④，精通汉文、藏文的业西、罗桑格西分别为胡氏讲授并解释法相。民国汉译本《入行论释》寂天菩萨的造论和贾曹杰的释论是汉藏佛教界人士共同翻译完成的经典文本，补添本论"中土向无良好译本"⑤ 的缺憾。

菩提学会以佛教学术研究为主，还在上海本部举办汉藏佛教界高僧共同参加的息灾法会，宣讲汉藏佛教经典，修习藏传佛教密法。菩提学会作为息灾法会的组织方，在法会结束后又建立密法法坛，成为

① 《北平菩提学会杨星森来书》，《海潮音》1946 年 1 月，第 27 卷，第 1 期，第 26 页。

② 《贤行愿王释义》《普贤行愿品五译合行》，《佛学月刊》1942 年 11 月，第 2 卷，第 6 期，第 30 页。

③ 《贤行愿王释义》《普贤行愿品五译合行》，《佛学月刊》1942 年 11 月，第 2 卷，第 6 期，第 30 页。

④ 《致菩提学会汤主任函》，《佛学半月刊》1937 年 1 月 1 日，第 142 期，第 7 卷，第 1 号，第 11 页。

⑤ 《复胡子笏居士函》，《佛学半月刊》1937 年 1 月 1 日，第 142 期，第 7 卷，第 1 号，第 11 页。

民国时期第一个建立密法道场的佛学团体。此后在北京、山西设立的分会主要进行经典的组织翻译，"寻此土未有之经教，而翻译之，弘传之，此学之属于启新者也"①。翻译内容涉及多宗派、多门类的经典，从显宗经典的新译到补充汉地译本的再译，从佛学入门的律仪到戒律文本的引介，从因明学、般若学的经典到密法的仪轨和咒语，注重校勘原始文本和汉地译本，并在此基础上进行藏文经典的择选翻译。菩提学会设立译经处负责经典的翻译与出版，也成为民国时期非官方组织机构翻译经典的典范之举。民间组织机构自发翻译藏文经典成为汉藏佛教文化交流的重要内容。

同时，汉藏佛教共同对佛教文物保护的关注联结着彼此的历史承载。1937 年，菩提学会致电南京军事委员会，力陈应着力保护蒙藏地区佛教寺院、佛经和佛像，"南京军事委员会钧鉴……近见报载边区军队有将某喇嘛庙中佛像毁坏者，窃以蒙藏人民多奉佛教，重视佛像有逾生命。若遭破坏不特当地人民引为深恨，且虑强邻借为煽诱之口实，使未复之地反坚助敌之心，附近之区或萌携贰之志，即于军事、政治皆有妨害。虽报端所传未必尽实，然不可不预为之防，拟恳钧会通令全国军队凡驻扎之处，及师行所至于寺、塔、佛像、经典、法器、壁画、碑记、雕刻物等皆应尽力保护不得毁损，实于国家之大计，文化艺术大有裨益，非独佛教之幸也"②。菩提学会以九世班禅会长、印光法师副会长、王震理事长与监事长和各部主任，联名致电军事委员会力图保护藏传佛教寺院法物，军事委员会饬军政部"通令各部队尽力维护不得毁损"③。菩提学会一一陈述佛教法物、宗教信仰、民族情感与地区局势之间的逻辑关系，切近个体归属与文化内涵的关系，将

---

① 《菩提学会第一次征求大会宣言》，《佛学半月刊》1937 年 6 月 16 日，第 153 期，第 7 卷，第 12 号，第 13 页。

② 《本会致军事委员会电》，《微妙声》1937 年 4 月，第 6 期，第 87 页。

③ 《国民政府军事委员会复电》，《微妙声》1937 年 4 月，第 6 期，第 87 页。

信仰的个体和民族国家联系在一起。九世班禅拟呈请国民政府将四月十五日定为佛教纪念日，菩提学会特致函中国佛教会征求意见。[①] 佛教界从佛教源流、历法差异、宗教情感和空观思想等方面展开讨论，引起争鸣，或考量宗教与民族之间的联系，或阐释文化的地域性和佛教的共生性，回溯汉藏佛教传承和彼此的历史承载。

菩提学会以汉藏佛教文化的大乘思想，"行解双崇，学弘并运，福智俱积，显密两融，汉藏交参，真俗无隔，同求觉道，并赞佛乘"[②]。学员秉持显乘密教学理无异，以共举成团的方式护持佛教。由于战争困境尤其是上海陷落，部分居士远赴东南亚佛教国家，学会未能进一步按照计划大纲[③]展开佛学研究和弘法利生事业，后期译本主要在五台山和北京分会完成。菩提学会及其分会在学院培养僧才、组织翻译经典、发行印经等方面推进汉藏佛学的互摄与圆融，在汉藏佛学的互相借鉴与共同研究中，以世俗谛的视角仁民爱物，利济世间，诠释现世的佛教衰败与国民疾苦，以胜义谛的守持流布经教，说法利他，阐明文化互浸弘展、国民相依共生的缘存之道，复兴中华佛教文化聚涵着拯救汉藏民族共同文化底脉与存在的学弘之途。

---

① 《释尊纪念日研究汇志》，《海潮音》1937 年 6 月，第 18 卷，第 6 号，第 92 页。
② 《菩提学会第一次征求大会宣言》，《佛学半月刊》1937 年 6 月 16 日，第 153 期，第 7 卷，第 12 号，第 14 页。
③ 计划大纲提到"一迎请大德……办法：第一期敦请十位，第二期敦请四十位，第三期敦请五十位。……二建立道场……办法：就南京、北平、上海、武汉、广州、西安、成都、昆明等处，各择原有名胜佛寺一座，增置法师住所，并学人寮房若干间，以为教学道场，先就上海一处开建，就五台、终南、嵩山、峨眉、南岳、庐山、云台、黄山、天台、鸡足、黄梅、曹溪等处，原有名胜佛寺，增置茅蓬若干处，以为学人专修道场，随顺因缘，次第兴举。择殊胜广大处，兴一大根本道场，建各种曼荼罗，各处道场，由其主管。……四选送学人……办法：第一期一百二十名，送拉萨各寺者五十名，札什伦布者十名，青海各寺者二十名，西康德格各寺者二十名，尼泊尔、锡兰、暹罗、缅甸者各五名。第二期二百名……"（《菩提学会工作计划大纲》，《西陲宣化使公署月刊》1936 年 1 月，第 1 卷，第 3 期，第 94、95 页）。

第五章　汉藏佛教界文化交流的内在张力与历史角色

　　民国初年，汉地佛教界寻求复兴和发展途径是汉地僧人入藏求法并与藏传佛教僧人进行交流的历史机缘。如何在现代政治制度中争取空间并探求适应新境况的可能途径以解决自身的社会定位问题，成为佛教在复兴过程中必须面对的历史难题。清末以来对寺产的褫夺、寺院的破坏，以及佛教丛林制度的流弊阻滞佛教的发展，民国时期汉地佛教界致力消除历史积弊对佛教的抑制与束缚。在各种新思潮不断涌现的社会背景下，佛教界自我反思，涤尘赋新，通过整顿内部机制，改进教理和僧制，力图与经历巨大变革的社会顺利接轨。

　　在汉地寺院内部失序、制度积弊难克的情况下，佛教的社会性功用受到新思潮的挑战，汉地佛教以自我审视的态度寻求复兴，同时，主动争取与佛教管理发展相关的政策条例的出台与修订，汲取其他语系和其他地区佛教文化发展的办法与模式。太虚法师整理佛教的改进运动逐步展开，办理僧教育机构，组织成立各省僧教育会，并成立僧教育会联合组织，与全国各地教育会相抗衡。虽然各地的僧教育会彼此分散，缺乏密切的联系，受到地方势力的限制与束缚，但是从组织和响应的角度来看，这是用行动回答和抵制庙产兴学、振兴国民教育、复兴佛教的有力主张和作为。依据《中华民国临时约法》规定的宗教

221

信仰自由政策，各地相继组织建立佛教会、佛教协会等机构。1912年，中华佛教总会在上海成立（1914 年被取消）。《管理寺庙条例》也逐步修正出台实施，成为维护佛教发展、解决寺产纠纷诉讼可以依凭的法律条文，佛教界为保护寺院寺产以及抵制各地强占寺庙的斗争也随着《管理寺庙条例》的规范化渐次平息。

随着各地佛教组织的建立与佛教在各省的复兴和发展（在某些省份还存在破坏佛教、毁灭寺产的举动，如河南省），杨仁山居士于1908 年在南京金陵刻经处创办祇洹精舍，太虚法师在南京毗卢寺筹组中华佛教协进会，寄禅法师倡议的全国统一佛教机构——中华佛教总会在上海静安寺组建，此后各地也相继成立不同规模、不同类型的佛教组织。其中，北京佛教藏文学院、上海菩提学会、汉藏教理院等研究藏传佛教的组织和机构成为汉藏佛教文化交流的承载者，"宗教也以其组织来推行它的意识文化，从而发挥出独特的意识影响力"①。在刊行佛教杂志方面，太虚法师负责主编中华佛教总会杂志《佛教月报》，由《觉社》季刊（1920 年改为《海潮音》月刊）的创办到各地附设刊物的发行，对汉藏文化交流与传播起到重要的推动作用，不仅为学术争鸣探讨、举办法会以及译介经典提供了无以替代的平台，而且也成为社会各界了解认知佛教发展态势的媒介，影响辐射社会各阶层。其中，作为佛教界共同切磋和探讨的重要平台，《海潮音》在介绍佛教理论、各地佛教发展、推进汉藏文化交流方面成为记录佛教发展、佛教与社会进行接轨的历史性刊物。从全国性和各地佛教组织、佛教报刊到各种佛学研究和翻译书籍的出版发行，再到佛教机构和佛教刊物交流媒介渠道的不断扩展，汉藏佛教界文化交流与互相引介成为佛教兴起过程中佛教自身发展和研究的重要组成部分，而如何顺应文化之间内在本质发展的导向，进一步扩充双方交流切磋的社会空

① 韩民青：《文化的历程》第一卷，广西人民出版社，1990，第 256 页。

间，与太虚法师等著名僧人对佛教的理解及其对佛教发展出路的分析具有密切关系。

太虚法师在佛教改进运动重整僧制方面，注重向西藏寺院学习，从藏传佛教修行的次第、严格的戒律和寺院的管理等方面参考规范内地佛教，整齐佛教寺院，建立现代僧制，促进汉地佛教的振兴。在汉地佛教凋敝的境况下，借鉴藏传佛教同质文化中可参照的制度性内容，主动引入自我提升意识进行改革，以在民国急剧变迁的社会中获得存续竞争的空间。

留日归国学僧在日本僧人的支持下翻译和传播日本密宗，20世纪20年代在内地佛教界掀起学习日本密法的风潮。因于汉地佛教文化与藏传佛教文化在历史上的渊源关系，在曾经的交往发展过程中留下彼此文化的润染。部分留日学僧比较认识藏密后重新反思日本密宗，他们和国内研究密宗的佛教界人士由对日本密宗的研究逐步转向关注发展完备的西藏密宗。其后，白普仁喇嘛和多杰觉拔格西等在内地的弘法活动催生了"留藏学法团"组建。佛教界从早期向日本东密学习的热潮转向学习藏密，以留学日本学密归来的大勇法师为代表，积极组建入藏学法团，这不仅与大勇法师悉知西藏密宗传承仪轨的谨严及经典保存的完整浩繁有关，而且与西藏作为佛教文化中心，以及前往内地的西藏僧人与汉地佛教界彼此的承认和融洽的关系密切相联。同时，对于西藏宗教神秘魅力的释解和感悟也促使越来越多的汉地僧人通过各种可能的方式接触和研究西藏佛教。

汉藏佛教界著名僧人在建立组织团体、研究机构、创办刊物和译经讲法等活动的过程中，主要从佛教与救世、佛教与救国、佛教与文化、佛教与政治、佛教与民族等理论纠正引导佛教发展的进程。藏传佛教僧人与国家和民族命运相维系的揣思，是附着在佛教界交往过程中醒目的历史符号和标签，"它在某种可测的程度上，赋予行为的连续进程以形态、方向、特性及意义"①，揭示出历史复杂因素之间的共同影响。前往内地的藏传佛教僧人从由于陌生而产生的社会和宗教解释上的差异过渡到行为规则和统一立场的建立，通过回溯汉藏历史的演进分析现世的佛教和边疆关系，从内地佛教政策及其对藏传佛教的支持中了明重新构建双方基础的因由。

以九世班禅为例，其在蒙藏民族中所享有的宗教地位、在内地讲经和政治表达上对国民政府政策的拥护等，推动汉藏佛教界文化交流逐步展开。又如，太虚法师作为在内地倡导建立现代佛教的第一人，秉持人生佛教的理念以建立世界佛教体系为目标，设立以藏文系为中心（包括梵文系）的佛教研究机构，深层次认识汉藏佛学，致力推进汉藏佛教文化之间的沟通。面临民国时期棘手的边疆问题和康藏纠纷，蒙藏政策缓慢推进实施的境况下，前往内地的高僧从佛教文化与社会发展的角度认识到佛教在改善蒙藏关系和建设边疆地区中的重要政治作用。而入藏求法的汉地僧人则通过对西藏历史、汉藏佛教关系的研究，通过对西藏风土人情的了解、蒙藏政策与汉藏关系发展走向的分析，理性认识到汉藏关系发展的历史源流与文化基础。

从汉藏佛教界文化交流的历史过程来分析，基于佛教自身发展的前提下，为促进受制于距离遥远、交通阻隔、语言文字迥异的汉藏佛教界之间的交流与联系，中央政府制定资助政策为汉藏佛教界给予接触共进的空间。由民国初期制定蒙藏政策的探索到南京国民政府时期边地治理机构的不断建立和完善，以及蒙藏宗教相关管理条例、边疆教育政策等的逐步完善，都成为双方佛教文化交流与发展的重要保障。

国民政府支持藏传佛教僧人在内地弘法活动是蒙藏政策的一部分，同时，补助汉藏僧侣游学办法的出台、遴选入藏僧人的考察和资助合同的拟定等，在客观认识与理性判断西藏佛教文化与政治社会境

---

① 〔美〕克利福德·格尔茨：《文化的解释》，韩莉译，译林出版社，1999，第 298 页。

况基础上，通过政策引导、经费补助等层面鼓励促进汉藏佛教间的沟通交往，以文化之间的往来、各项事业的开展逐步拓延政治上的对话空间。另外，边疆教育政策、宗教政策均体现出佛教聚合社会各阶层民众的重要作用，重视边疆文化的发展和推进边疆教育的繁荣是汉藏文化交流在社会政策环境中可以凭借的基础性支持。

在边疆教育和宗教文化政策实施过程中，注重引入现代文明的发展思路，政策制定以边疆文化为核心，在适应边疆宗教文化现实的客观基础上规划现代教育文化发展措施。藏传佛教在现代教育过程中不是作为对立或漠视的成分，而是以单列的社会教育事项，在传统寺院教育的基础上引入现代教育理念与文化知识，推进寺院教育与边疆文化教育同步发展。汉藏佛教界文化交流是民国时期佛教文化发展内在张力和政府政策有利因素相生相进的历史现象，是文化自身发展过程中对政策的主动适应，并适度寻求文化的自性与特质。文化的社会功用实现和文化与政治的适应并行推进成为民国时期佛教文化发展履迹鲜明而颇具特色之所在。

第一节　佛教界的文化交往促进汉藏
关系的赓续

民国时期，汉藏关系发展曲折多变，多边关系掣肘，多重关系叠加，双方疑虑忧惧的非互信状态难以有效纾解。而汉藏佛教界之间的文化交流在历史的罅隙中超越彼此政治隔阂，成为双方主动性不断延伸发展的联结。文化交流推促汉藏佛教文化的丰富和发展，不仅表现在佛教经典的翻译和佛教修习仪轨的借鉴方面，更重要的是在认识彼此文化发展中对他者文化优秀成分的肯定，进而促进对他者文化的理解与吸收。"文化的发展，是一种贮藏或堆积的历程，某种文化如能与他种文化常常接触，则其所贮藏与堆积的东西，也必愈多。"① 由于文化之间的交流以及汉藏佛教文化所具有的同质性，在文化接触过程中，"借用的范围与速度，受到相互接触的民族拥有的共同文化意义和文化内容的程度大小之影响"②。而基于同异兼有的汉藏佛教文化之间的接触，则呈现文化之间的一致与和谐，这种共融共生的意识进一步促进了汉藏关系的发展。

在改善汉藏关系方面，民国政府赋予政策和制度新的内涵，创立新的运作机制、设立专门机构、制定多项政策、以重大历史事件为契机展开谈判对话、优遇前来内地的喇嘛等。此前，治藏政策的实施未能呈现既定实效，政策的实践条件限制施行的有效性，康藏边界的冲突时有发生，彼此间的隔膜造成双方的谈判难以达成共识。国民政府多次强调边疆治理发展问题，重视西藏佛教文化的核心地位及其形成的独特地域文化内涵。藏传佛教高僧在内地进行弘法活动，筹设佛教机构促进双方的沟通与交往，长期在内地进行佛事活动，他们对中央政府政策的理解和认识从模糊疑虑走向信任理解。例如，九世班禅在筹设蒙藏学院的呈文和学院大纲中，明确表达为寻求双方关系的发展应注重文化上的沟通交流，陈明汉藏关系发展的重要环节是文化之间的接触和普遍发展。藏传佛教界高僧以其信仰和行为的结合表达出对国民政府政策的理解和认识。汉藏佛教界在文化交流活动中对彼此文化之间的介绍和传播，促使汉藏民族再次深入认识汉藏关系的发展，并在此基础上形成以民族国家为共同认知心理基础的同在感，彼此对于民族国家的认识逐步冰释过去历史的遗症，形成对现时政策和发展的积极认识与期待。同时，在具有影响的重大政治事件中依循历史旧例，寻找并达成政策中可以回旋的共识。汉藏佛教文化交流的发展不

---

① 陈序经：《文化学概观》，中国人民大学出版社，2009，第68页。
② 〔美〕克莱德·M. 伍兹：《文化变迁》，何瑞福译，河北人民出版社，1989，第36页。

仅体现在宗教领域彼此的文化选择和借用上，更是基于对现世和历史理解的基础上形成的共同国族意识，是宗教的社会性赋予汉藏佛教界文化交流在维系民族关系上的历史功用。

一 藏传佛教僧人弘宣佛教文化

白普仁喇嘛和多杰觉拔格西因长期驻锡内地，多次在北京弘法息灾，得到段祺瑞执政、地方政府和军政首脑的支持。作为藏传佛教在民国时期传播的肇始者，白普仁喇嘛前往多省从佛教护国的角度启建金光明法会。多杰觉拔格西在东北和西南举办和平法会，多次持诵绿度母咒和大白伞盖佛母咒，发布停战呼吁，希望信众共向和平。多杰觉拔格西翻译的《密海法乘》是民国时期最早翻译密法仪轨的文本。白普仁喇嘛和多杰觉拔格西亲自开示大勇、法尊、观空等法师入藏求法，并作为北京佛教藏文学院的导师讲授藏文和密法经典。在日本密法回传的情况下，藏传佛教密法开始在内地弘传，汉地佛教界得以近距离、小范围内认识藏传佛教。在比较和研究藏密和日本东密初始，汉地佛教界僧人即从文化比较的角度重新定位佛教发展的借鉴模式，部分僧众逐渐将视野由日本东密移向藏密，开始学习藏文，筹划入藏求法的预备工作。

在历史的坎坷与转折中，从中央政府政策的出台和调整，以及汉藏佛教界的行动轨迹中可以看到促进汉藏佛教文化交流的显在因素，而透过长期的历史进程也可以总结出隐性的社会复合因素。在九世班禅前来内地的历史因由中，似乎难以寻求其弘法的动因，但从其对汉藏关系发展的筹虑，与汉地信众和佛教界之间的信任关系，对国民政府宗教和优遇政策的理解，以及对汉藏同源文化因子在促进共同认知心理形成的信仰力量来看，九世班禅的弘法历程表达出其对民族、宗教和国家概念关系的阐发，涉及边疆、文化与统一问题上的政策实施与改进，并在参政议政的过程中予以体现。

九世班禅在内地启建时轮金刚法会，这是民国时期规模最盛、影响力最大的密法法会。时轮金刚法会作为无上密法的殊胜法门，信众与藏传佛教密法结缘，并在法会接受灌顶，参与共修。信众通过仪轨的汉文翻译法本流通、法会道场坛城的供养以及对密法造像的崇拜，逐渐晓识密法仪轨和造像的象征性意义，在参与护摩和绕塔等法事活动时理解发菩提心及仪式间符号与行动的关系。

九世班禅前往内地弘法、针对西藏佛教发展和现状发表讲演，为汉地佛教界架设起认识藏传佛教的重要渠道，成为促进汉地佛教界僧人赴藏求法复兴佛教的积极因素。在汉地佛教团体的建立及佛学机构的研习中多有九世班禅不遗余力的支持。九世班禅及其弟子罗桑倾批、荣增堪布在江浙沪等地修法并发起建立蒙藏学院，九世班禅驻京办事处支持菩提学会的建立。同时，九世班禅将《甘珠尔》《丹珠尔》带到内地，在译经机构翻译流通。九世班禅的弘法活动给汉地佛教界以启示，将佛教与民族、边疆与宗教联系认识定位推进佛教文化交流的意义。渐之，汉地佛教界对藏传佛教的认识从宗教层面拓延到民族国家建设的高度，共同推进递进汉藏佛教文化的纵深发展。

九世班禅在汉地佛教界的影响力也使汉地佛教界部分僧人感到藏传佛教传播挤压汉传佛教的发展空间，开始公开诋毁藏传佛教和藏密。在双方互相辩白的过程中存在难以避免的异见，但在文化传播和交流过程中采取不同的回应方式也正体现出外来文化的影响，以及对自身文化的思考与评价。文化竞争是文化适应新环境并被赋予新的发展方式的必然阶段，而且这也是文化获得发展根基的必经之途。太虚法师也曾经在藏密问题上提出异议，但是九世班禅与太虚法师之间的交流以彼此间的承认为前提，此后太虚法师建立汉藏教理院的行动也说明双方求同存异的发展理念。

在满蒙宣化及返藏途经甘青地区历次唪经的过程中,九世班禅从个人对国族的顾念、对国民政府政策的解读,以及边疆与内地政治文化的依存关系等方面抚慰边疆民众,将藏传佛教与边疆民族意识联系起来,宣达"五族共和""民族国家"概念。九世班禅弘法的足迹遍及内地十余省,其宗教影响力和佛法传播波及整个汉地佛教界,尤其是其在边疆地区问题上的考量、边疆国家依存关系上的阐释与对佛教传播的殷切愿景推动汉地佛教界逐步走向复兴。九世班禅对宗教、政治、民族和国家的认知与阐释标识在其内地活动的历史行迹中,蕴含着藏传佛教高僧对佛教文化的深度诠释,将民众信仰心理意识与民族国家意识相契合,以宗教首领的角色拓展信仰的边界概念,将以信仰为基础的文化认同延伸至民族认同和国家认同。

在酝酿政治提案和西康宣化的过程中,诺那呼图克图身处汉藏佛教文化中间地带的西康地区,以宁玛派和噶举派高僧的双重身份开展弘法活动,复合着其对川藏关系的切身见解和解决方案的思考。作为民国时期唯一一位前往内地传授宁玛派经典和仪轨的高僧,诺那呼图克图将大圆满法的咒语、法门和仪轨及超度接引破瓦法传承至内地,在内地政治和宗教领域具有很大的影响力。曾有记者撰文批驳诺那呼图克图在修法过程中诊病施药,在现代科学介入的情况下,对于佛教仪式的攻击及其功能的怀疑是理性判断和信仰心理之间的碰撞,但是神通神医是佛教神秘化的外在表现,对息灾、祈雨和求医的朴素期待也是汉地佛教和道教文化的内容,这种形式上的共通性是藏传佛教在内地传播的原因之一。贡噶呼图克图是噶举派的传承高僧,主要传授大手印和"那若六法",活动中心集中于西康及川渝等地。诺那呼图克图和贡噶呼图克图均曾赴香港传法,多次进行密法灌顶并将法脉传承延续到内地。

以官方名义迎请到内地的藏传佛教格鲁派格西喜饶嘉措法师,被聘为大学讲座讲师。在现代教育发展、佛教面临冲击、内地寺院教育断层的境况下，喜饶嘉措法师在大学开设专门课程讲授西藏的佛教文化和历史，这是国民政府主动普及藏族文化教育的积极作为，不仅体现出对边疆文化研究发展的重视，对藏传佛教高僧文化承载能力的认可，而且基于在内地大学、研究机构长期开展西藏文化教育的考量，有利于消除汉地民众对藏族文化的陌生与偏颇认识。喜饶嘉措法师复合僧人和学者的双重身份，前往佛学机构详细讲述格鲁派的经典和修习方式，并在高校讲授西藏佛教发展和历史文化。在汉藏佛学融合实践上，青海喇嘛教义国文讲习所是民国时期由藏传佛教高僧开设的汉藏教育复合学校，也是汉藏佛教文化教育界在藏族地区办学理念实践的开始。

藏传佛教僧人在内地弘法宣化和讲学，以促进藏传佛教在内地的传播和发展，增进内地对西藏历史和社会状况的理解。同时，在文化交流活动过程中，政治上的接触和交往也随之进行，例如九世班禅在内地弘法宣化的同时参加国民会议，喜饶嘉措法师作为国民参政会参政员参政议政，诺那呼图克图辗转前往内地维护民族国家的统一等。九世班禅在蒙古、甘肃、青海等地的宣化促进边疆民众对统一民族国家的理解和认识。喜饶嘉措法师在内地大学讲学，结合汉藏历史发展进程分析汉藏佛教交流、西藏佛教经典等内容，并在国民参政会上作为代表参加会议，提交有关边疆发展的提案，力促边疆教育政策、经济政策趋于合理化。在介绍汉藏文化发展的历史方面，例如，法尊法师著《西藏民族政教史》，九世班禅在中央大学讲《西藏政教始末》，喜饶嘉措法师在内地的讲座追溯汉藏关系的发展，前来内地的藏传佛教僧人以切身行动为促进汉藏佛教界文化的交流树立楷模。

二 汉地佛教界希求复兴入藏求法

藏传佛教高僧在内地的弘法活动在得到国民政府支持和军政领导

赞助的同时，他们也作为代表和委员参政提案，从历史往来、现实依存和社会局势等方面表达边疆与内地的依存与联系。汉地佛教界僧人面临来自寺院内外的压力，寺院内部管理制度衰败，教派传承乏人或法脉中断，寺院僧人经典研修能力薄弱，寺院财产世袭和所有权争夺严重，地方政府强行占夺寺院；寺院外部面临来自思想界和科学界的挑战，以及对佛教的社会性功用、僧人的经济自立、利用寺庙资源发展教育等诸多问题的考问与端视。在诸多压力的冲击下，佛教复兴之初必须思考自保存续、建立佛教哲学体系、将佛教与建国和救国相结合，以及自办教育与国民教育并存等问题。

佛教界在争取政治和社会空间的过程中，政府政策和寺庙管理条例趋于合理，佛教团体和研究机构相继建立，唯识宗、法相宗和天台宗等具有思辨性的佛教派别开始重振复苏。佛教教育、期刊和报纸的发行解锁其他社会文化领域对佛教朦胧的他者附加的概念，逐渐消除清末以来对佛教的刻板印象。从佛教发展的历史叙述曾经的繁荣，介绍不同派别的建立过程和思想体系，理解佛教中国化与儒家思想的结合，在佛教的源流中认识佛教的文化价值和生命力。从佛教与建国、佛教与民族和佛教与教育等角度，分析佛教与社会伦理、和平意识和德行心智的关系，找到佛教在现代社会中存在的价值。佛教界在寻求复兴道路的过程中，尝试在内部进行理论探讨和路径选择，外部争取法律的保护和信仰群体的支持，期望获得同其他宗教形式相同的法律地位以及地方政府的保护和资助。佛教自身的建设和价值回归是适应现代社会发展和保障寺院生存的基础。在佛教内部秩序的整顿方面，建立严整的佛教教理教义体系，完善僧团制度，设立专门的僧才教育学校。在多种尝试和探索的过程中，佛教界认识到存在和发展的最终依据源于自身的自立、自存与自续，必须在佛学体系、寺院与僧团、僧才教育体制等层面完善和发展。

如何改变衰败的寺庙管理体制并赋予持续规范佛教发展的内容，如何将溃散的僧团和各守山林的僧人组织起来建立具有佛教整体发展意识的僧团，如何通过佛学研究建立汉地佛教体系，如何传承教育佛学理论和宏博的经典学习，处于困惑且迫切需要解答的留日僧人大勇法师等尝试将拯救汉地佛教的视角转向对藏传佛教经典和制度的学习，以寻求参照和借鉴的内容。他们开启入藏求法之门，研究和修持藏传佛教的教理和传承，成为民国时期汉地佛教界转向求解的开始。大勇法师组建"留藏学法团"前往西藏，并在途中吸收僧人加入，入藏学法的僧人在滞留西康期间学习语言、译介经典，将汉地佛学研究领域拓展至对藏传佛教各教派历史、经典和仪轨的研习，在互鉴学习和研究过程中认识双方经续文本差异，探寻补充理论圆融的参考。通过译介经典梳理汉藏文化思考和表述的异同，在藏译与汉译梵文同一经典的不同论疏，以及经典思想论述的差异中分析教派依止经论及传承发展的特点，找寻彼此沟通理解的路径。同时，详细介绍藏传佛教尤其是格鲁派的经典、咒语及寺院教育状况，涵括经典研习的次第、大小乘经典兼修，以及般若、中观、唯识、律学和因明思想，尤其注重对密法的学习和修行，接受灌顶依止、法门观修等内容，涉及噶举派、宁玛派等在康区比较兴盛的大手印和大圆满法的仪轨、造像、修行内容，以及慈氏五论汉藏文不同经论等。

在佛教不同语系派别接触交流的过程中，彼此或为他者文化魅力所吸引，或对不同的语言文本有所存疑，或对母语文本重新认识。在不同语言传承之间抉择且多次反复的情况下，以何种方式和途径让自身及更多人接受差异文本与义理表达，取决于佛教文化的融合性和求法者对他者文化的包容心理与客观审视，回视自我文化时需要秉持中立与跳脱的精神境界。因此，在以讲经、法会和文本方式将藏传佛教经典阐释介绍到内地的过程中，需要以开放的心态面对质疑与挑战。

入藏求法的僧人是在为汉地佛教复兴寻求发展路径，是自发复合藏传佛教的知识体系和行动原则为汉地佛教寻到复兴的诊方。蒙藏委员会资助部分僧侣入藏，汉藏教理院派学僧求法，推助求法僧人返回内地后积极奔走于各地，以比较的视角阐述汉藏佛教的经典、制度和教育，希望通过外在的制度模式和发展启示来塑造散漫且派别分离的汉传佛教。在汉地佛教僧人自省自发行动的历程中，虽然有人中途退出，但是坚持入藏的僧人学法归来大多成为融通汉藏佛学的法师，也成为汉地佛教教育的导师、组建佛学机构及道场的核心人物，他们积极撰文在内地佛学报刊上讨论汉藏佛学，主持内地法会，传修密法，讲述藏传佛教经典。

在西藏游学的汉地僧人对西藏的认识不仅涉及西藏寺院、佛教经典，而且还包括了解西藏的政治状况及不同集团和社会阶层的政见等，并对西藏风土人情进行实地调查，阐析西藏与中央政府关系的发展走向，他们的见解和认识成为内地观察理解西藏地方社会的重要途径和政府制定政策的实际参考。例如，欧阳无畏教授以在大旺进行的调查为基础，写就《藏尼游记》和《大旺调查记》。法尊法师结合自己对西藏的综合研究，完成《西藏政教史》《我去过的西藏》《西藏与西藏佛教》等著述，详细叙述西藏佛教文化及西藏社会发展等方面的内容，在自己理解和分析的基础上，以藏地异乡文化求索者的身份立体认识西藏社会，并提出些许治理政策建议。碧松法师在第一次从西藏返回内地时，西藏地方政府托其将达札摄政信件带回并转给蒋介石，达札以信件的方式表达其政治上的倾向，碧松法师在西藏佛教界的才识与威望是达札对其信任的基础。碧松法师向蒋介石汇报西藏的具体情况，以其对西藏的了解为基础并结合太虚法师的建议，提出发展教育是治理西藏的重要途径，得到蒋介石的支持和教育部的专门批准。其后，碧松法师在蒙藏委员会的支持下创办国立拉萨小学，以蒙藏委员专员和格西的身份在拉萨发展教育，成为在西藏发展现代教育的典型范例。

三 建立组织搭建汉藏文化研究平台

汉藏佛教界僧人为加强双方的文化交流不遗余力，相关机构的设立促进并保障了汉藏交流的进一步加深。汉地佛教的复兴模式以佛教界组织信众举办法会活动、在各地建立佛教团体和组织为主，在佛教衰败的情况下，需要通过佛教自身努力扩大影响，聚合业已分散的力量，居士林和佛教会的声援增进出家众与在家众之间的理解和认识。汉地佛教界在组织团体的过程中未能制定出复兴发展的长期规划，在藏传佛教弘传内地的影响下，再加上入藏求法归来的僧人的积极推助，以对汉藏佛教文化的理性认知为基础，汉地居士界和佛教界开始系统研究汉藏佛教的联结共生之处，并将此作为汉地佛教复兴发展的途径。通过研究梵汉藏经典并从印度佛教发展历史中寻求汉藏佛教文化的融合共通，将汉地佛教复兴置于佛教文化发展的大历史进程中，摆脱语言、地域与民族的限制，从般若、中观等显教经典以及密法修行仪轨等入手，在内地建立研究汉藏佛教文化的组织团体。一方面因为随着汉藏佛教文化交流的深入，藏传佛教经典流通过缓和译介缺乏难以满足汉地佛教发展的需求；另一方面源于有组织的沟通可以聚集专门性人才系统从事研究。汉藏佛学组织的建立是汉藏佛教文化交流从个体性行动向组织性团体活动的过渡，从组织建立、运作及其影响来看，专门性研究机构的设立是民国时期汉藏佛学文化交流向纵深发展并辐射其他汉地的佛学组织、出版机构和信众个体的重要步骤。

菩提学会在上海建立后，又在北京、山西建立分会，设立译经处组织藏传佛教僧人和居士翻译出版经典，迎请汉藏高僧在菩提学会讲经，学会组织章程和计划大纲将派人游学作为重要内容。总会和分会均将经典的翻译和阐释作为主要佛学研究活动，并提案保护佛教文物和统一汉藏不同的佛教节日。在通过各种方式促进佛教发展的同时，以经典文本翻译和引介的方式研修不同语言佛教经典的尝试是一种集体性的佛教研究和佛学素养提升的过程。在全国范围内建立汉藏佛教理论研究和茅篷修行的分支机构，在经典研究的基础上注重实修，进而建立不区分汉藏佛教派别的道场，从经典引介和僧团实践层面将藏传佛教文化植根于内地。

汉藏佛教界文化交流的代表性机构是汉藏教理院。汉藏教理院以沟通汉藏关系的发展为宗旨，是藏传佛教僧人讲经弘法的重要场所。入藏求法返回内地的僧人作为汉藏教理院的教员开设西藏佛教、文化、政治等课程，西藏社会文化内容的教科书随之在内地刊印发行。其间，汉藏教理院在蒙藏委员会的支持下培养僧才，资助内地僧人前往西藏求法，成为了解和认识西藏的窗口，对推进汉藏关系的发展具有重要的借鉴意义。汉藏教理院的设立推促学术界关注西藏文化，政界和佛教界在汉藏教理院的演讲和讲学亦始终以联系汉藏关系发展为核心内容，述写出汉藏教理院不容忽视的历史角色。

组织的行动相比个人的活动而言更具内容的多元性和地域的广泛性，而且可以集中信众、学者和其他热衷汉藏佛学的人士，开展多种形式的文化交流活动，更为深入地讨论和研究问题。国内其他佛学机构在期刊上发表文章讨论汉藏佛学，设立特刊报道藏传佛教僧人的弘法活动，以专栏讨论藏密和藏传佛教的历史和经典。民国时期汉藏佛学有组织性的文化交流活动将佛学研究的范围从专注某一派别的历史传承、注重本地寺院的活动和地域性佛教文化发展，拓展到对不同语言系统的文本、不同民族间的信仰、不同寺院教育模式多层面和多维度研究的高度。组织团体所推进的讲经、弘法和课程学习将汉藏佛学交流从单向一维的输入与借鉴过渡到双向多途的切磋、评价与选择，以其多层面、多角度的活动内容和方式诠释着汉藏佛教文化的同源性和佛学思想的同质性。

第二节　汉藏佛教界主体间文化交流的历史特征

历史在不同的发展阶段赋予不同社会群体以不同的历史角色，不同历史角色因其社会分工不同，在对文化的传承、发展和交流中的作用也显为不同。佛教界文化交流作为民国时期汉藏文化交流的重要组成部分，从历史的侧面再现汉藏文化交流的曲折发展过程，是对汉藏双方历史关系的重续与承继。集中在汉藏佛教界进行的文化之间的对话，是双方在关系不平衡时期寻求彼此接近的契缘。汉藏文化之间的共同因素以佛教文化为基础，虽然从佛教派别、传承形式以及修习过程等方面双方各具特点、各存一极。

一　文化交流的主动趋向性

文化在新的社会环境和人群中的存续需要制度、信仰与自性发展的空间，文化的流动与移迁因于文化类型的非局限性元素，文化性格不局限于民族与地域联系的附着性，而且具有结合异文化的括容与调适性。由于信众个人的选择、政府法律空间的容纳，以及宗教政策的颁布与推行，不同地域与语境下的佛教文化传承可以相互交流和影响。佛教文化交流中涉及僧人和居士社会群体与派别的师承关系，与非信仰文化交流移植的波及向度与辐射层面不同，佛教文化交流的内涵和交流过程有其自身否定和重新选择的过程，而不同佛教派别间的差异涉及佛教思想的定位、选择修行皈依上师与修持方式等问题。

不同传承体系佛教之间的交流不牵涉文化的优劣和历史积淀的薄

厚，而是如何在现代社会中守持佛教发展的理论支撑和社会功用价值。在遇到文化割裂和坚守护持的对峙心态时，汉地佛教界精英阶层不回避现实和困境，应时而动，不图安求存苟活于偏远的寺院，不耽于主动呈现佛教面临的危难和内在弊端，以整体性的认识来定位汉地佛教界的历史颓势以求改进复兴。太虚法师提出"人间佛教"的思想，欧阳渐"以阐扬佛教，养成弘法利世之才，非养成出家自利之士为宗旨"① 建立支那内学院，提倡法相和唯识学研究，王弘愿以居士教团方式回传日本真言宗密教。

针对汉地佛教现状而制定的各项政策，太虚法师等著名僧人推进佛教复兴运动的作为，以及汉地佛教界与藏传佛教高僧之间对话的机会等，每一个重要社会端点的交会都成为汉藏佛教界重要的历史联结。太虚法师等著名僧人在中国、日本、南亚和欧美等地佛教界的威望成为佛教改进运动开展的前提和基础。太虚法师分析佛教和社会制度的关系以及各国佛教的发展态势，提出佛教的发展应该超越地域限制加强联系，从而构画出建立世界佛教学苑的蓝图，并付诸实践，后又在南亚和欧洲一些国家建立佛教研究机构，得到多国佛教界人士的支持。

内地驻锡的白普仁喇嘛和多杰觉拔格西结合佛教救国和息灾的思想，前往多地讲法，表述佛教与人心之间的关系可以息战和减少自然灾害。虽然其中感应的内容存有佛教神通和功利性的成分，但是在社会动荡的局势下，将佛教、人文和自然加以结合的问答思路也可以成为安抚民众心理、劝导军政要员以利他之心放弃战争，以及推促地方政府允许佛教发展的有利因素。在民国时期宗教信仰自由政策的荫护下，藏传佛教寺院、寺产得到保护。白普仁喇嘛和多杰觉拔格西作为藏传佛教僧人频受政府要员之邀，他们走入各省寺院和佛学团体讲经

---

① 太虚：《关于支那内学院文件之摘疑》，《海潮音》1920 年 3 月，第 1 期，《商论》第 7 页。

弘法，在佛教藏文学院向入藏求法的学员开示，表达对汉地佛教复兴的关注及对汉藏佛教文化交流的期待，希望通过佛教思想提升国民意识，凭依共同的信仰和价值取向缓解地区冲突。他们的举动是在目睹叵测时局与危难国运下佛教发展的衰败之象以后，以僧人的身份和责任通过佛教传播的方式吸引社会各界关注佛教的价值。

另外，前后藏之间紧张的关系迫使九世班禅离开西藏前往内地，诺那呼图克图在川藏冲突失利后辗转来到内地，这些历史起伏段落将人物因缘际遇联系在一起。在经历政治或军事挫折的境况下，他们选择来到内地并成为国民政府的参政委员或代表，源于国民政府对藏传佛教高僧政治影响力的肯认，希望通过高僧对边疆形势问题的认识和判断，提出更具操作性和实践性的对策。前来内地的藏传佛教高僧与希望通过参照西藏佛教发展模式复兴佛教的汉地僧人之间的文化契合，成为内地邀请高僧弘法的历史机缘，并得到当地军政官员和居士的支持。同时，九世班禅和诺那呼图克图也希望内地更多地了解西藏的社会现实和佛教文化，他们不仅从政治上表述边疆发展的建议与途径，而且注重介绍藏传佛教的文化魅力，让内地了解认识边疆不是因于落后而荒蛮的异域他乡，而是相似于内地信仰文化积淀的同源同行者。时轮金刚法会和大白伞盖佛母法会传授的部分内容、藏传佛教经典在内地的传布亦与九世班禅和诺那呼图克图在政治上的冀望相契合。文化与政治之间不是单方的利用与依赖，在佛教文化交流中传递着包括政治内容在内的信号。九世班禅和诺那呼图克图在多地弘法并以宣慰使身份前往边地，各地诚邀及高僧奔走弘法的过程是彼此间的主动接近和应答，不仅表明国民政府对其影响力的信任和客观评估，更为重要的是源于边地蒙藏民众对佛教文化的信仰。

喜饶嘉措法师以受教育部和蒙藏委员会官方之邀的身份前往内地，抵达南京后随即表达在内地讲学弘法的热望。他在文化讲座中以本土文化者的身份向内地介绍西藏文化，详细阐释藏传佛教的历史、西藏的风土人情、社会政治局势，以及格鲁派的经典思想和修行内容等。在内地5所大学的讲座由于战争原因并没有全部开设，但是在中央大学的讲学表达出喜饶嘉措法师对佛教文化交流的信心。喜饶嘉措法师先后在汉藏佛学研究交流机构如菩提学会、汉藏教理院讲经授课，以文化沟通者的身份将汉藏佛学研究与僧才培养联系在一起。此后，喜饶嘉措法师筹办开展的汉藏佛教教育实践体现出内地文化发展的自觉性，通过反思和评价藏族地区的文化教育水平，结合民族宗教及教育的实际状况，将汉藏佛学教育纳入藏族地区喇嘛教育的实践中。喜饶嘉措法师主动以汉藏文化教育并举、改善边疆现状创办学校的行动体现着文化共进的取向与意识。

汉地组建佛学研究团体、注重翻译经典和培养僧才，将文化补充与文化传承相结合，在内地创设佛学研究平台的思考是以平等的文化视角审视汉藏佛教文化。不同文化之间的认识角度与文化团体运作及发展渠道密切相关，佛教界和居士界在认识汉地佛教界存在问题的同时，以文化自信致力于建立汉藏佛学研究机构。通过共同探讨和研究佛学，减少彼此间存在的误解与疑问，并以佛学发展的学术思路和佛教复兴的现实为基础和起点，用集体性文化回归的思维推促汉藏佛学研究。彼此切近研究的内容、问答社会的方式书写在汉藏佛教交流的过程中，凝聚成共同的文化融合共通意识。

汉藏佛教界文化交流的个人、团体和组织的行动中存有不同的思考与机缘，包含不同的线索和反复，行动的目的和过程的对接也有历史的转折与承载的再次赋予。梳理串联行动的表达及履迹，无以寻出被动与牵强，或不经意地被利用或劝诱的痕迹。汉藏佛教界文化交流是共同的文化自觉与文化自信，是对彼此文化的认同与期待，也是对文化涵蕴内容的理性认识并以行动再次表达信仰的力量。

二　精英阶层的文化肩负

作为传统文化的组成部分，佛教成为民国时期新文化冲击的目标靶，传统史学、国学和旧文学连同文字一起成为旧社会的符号，社会制度变革中文化的冲击也引起文化阶层的自省或自弃。汉地佛教界除制度变革的影响外，还受到世俗学校教育的冲击，地方自治政府对寺院地产和财产的占有，僧人内部各取自利的狭隘思想与面临比争的恐惧等内外部问题。佛教文化在现世功用和拯救社会责任承担问题上面临压力，佛教界在自保过程中曾经以建立全国性组织的方式抵制抗争，但是中国佛教会等全国性佛学组织的解体表明困境中的佛教界内部尚未统一共同发展的意识，而且长期的历史沉淀和地域区隔的疏离状态，使得暂时性的生存与维系成为民国早期佛教界应对社会变革进行自我拯救的思路选择。

佛教界对于民国制度和法律的解读，留日归来的居士和僧人对中日佛教发展的表述，以及藏传佛教僧人在内地弘法活动的影响，从桂伯华、杨仁山、寄禅法师的组织与请愿到太虚法师提出整顿汉地佛教，佛教界从争取外在的政策保障到获得地方政府保护以及对抢占寺院者进行集体声讨和诉讼，认识到佛教界自身联合争取法律和制度保障的必要性所在。缺少僧人共同行动的分散诉求和仅仅在小范围内进行的地方性抗争难以达到预期目的，无法获得对自身利益的有效保障。汉地佛教界僧人逐渐将视野从个人所属寺院与派别转移到汉地佛教界共同的存续与佛教文化的生命力承继。

集体性的文化肩负有历史沧桑留下的无奈，也有文化诉求时吁请和愿望的一致。在阶层性的自省与文化责任的主动承担方面，佛教居士界在法会举办、刊物发行和资助佛学团体上成为佛教活动得以展开的经济和人力后盾。佛教居士界与僧人之间有时也存在竞争和彼此非议，居士痛感僧人佛学文化的缺乏和戒律的松弛，僧人对居士在法会和佛教传承中的地位也产生怀疑。虽有部分僧众与居士之间理解角度存在差异与不相融洽的成分，但佛教居士林的建立和佛学团体的创办显示出在弘法和佛学复兴的活动中佛教界作为信仰文化的整体彼此配合、相互援助的信仰守护与意识凝聚。

为肩负文化复兴的责任和寻求拯救汉地佛教发展的出路，当个体性的思考成为集体性共同探讨的焦点问题时，组织性团体随之建立。遴选僧人陆续入藏求法、启建法会尤其是时轮金刚法会和和平法会，佛学书局和佛学团体附属出版机构发行佛教经典单行本，各类法器、佛教造像的流通等，每项活动的背后都聚合着佛教界团体的力量与僧众共向延承的自觉意识。佛教界人士以不同的行动方式参与组织汉地佛教复兴与汉藏佛教文化交流，居士界后援接济入藏求法僧人，组织、宣传、举办法会；僧人翻译经典、讲经说法，佛学书局出版经典是汉藏佛教界共同翻译的结果。佛教界集体认知的形成不是彼此间以会议方式进行协商，或以宣传动员的方式进行规劝，而是在共同的佛教文化活动中主动积极地参与和付出。

藏传佛教僧人在内地的弘法是联合社会各阶层信仰群体、超越佛教信众团体的佛事活动。由汉地佛教界发起法会和讲经，弟子共同参与修法，接受灌顶，短暂的法会机缘和庄严仪式成为参与者接触汉藏佛教文化的切入口，并通过法本流通、报刊宣传介绍法会的内涵。九世班禅及其弟子从汉藏文化发展的全局意识出发，在弘法过程中将信仰藏传佛教的边疆各族文化联系在一起；诺那呼图克图以西康僧人的身份将宁玛派和噶举派的法脉传承到内地；喜饶嘉措法师以藏传佛教格西和学者的双重身份弘法讲学，综合阐述藏传佛教文化。藏传佛教僧人在内地的活动肩负着政治、民族、宗教和文化的责任，在文化交流过程中与汉地佛教界信众融汇成共同的文化使者。

在多元文化并存的情况下，因于佛教文化在民国社会的有限空间，佛教界在社会中的地位和影响成为推进汉藏文化交流的重要社会因素。从活动主体交往的方式、主要内容及历史环境来分析，可以发现汉藏佛教文化的融会是佛教界精英阶层的知名僧人与政治相适应的主动选择，他们在政治上的地位与其在佛教界的活动影响相联系，"一个群体的集体功能和某种地位体系相一致"①。高僧在社会变革时期的地位和威望对于群体性文化行为的社会内涵及影响具有他者不可替代的作用。这些僧人的活动勾勒出民国时期汉藏佛教文化交流的脉络和主线，在宗教与社会关系的演进中可以认识双方文化融会的历史线索和特征。

民国时期，佛教文化交流的精英主体行动的历史特征与社会发展的主线相联系，并随着双方文化理解的深入推进而调整行动进程，在社会局势处于困境的状况下，主动以佛教利益国族的思维举办弘法、译经活动。首先，汉地佛教界僧人客观认识和分析汉藏佛教的不同特点及彼此可以借鉴的成分，以适应文化发展的角度为交流方式选择的依据；其次，在对佛教与汉藏关系的理解上，汉地佛教界僧人认识到佛教隐含的系牵和潜化功用，在政策主导因素之下客观理解认识佛教文化的社会维系作用；再次，藏传佛教界僧人支持汉地佛教重建，在尊崇汉地佛教发展特点基础上结合内地实际举办佛事活动，使汉地佛教界逐步接纳和认知藏传佛教，拓宽双方对接的渠道；最后，汉藏佛教界超越政治发展，面对战事纠纷和谈判等历史羁绊，能够从政策主体、形势动向和群体意识中建立不间断的文化交流关系，书写民国时期汉藏佛教界文化交流的历史内容。

---

① 〔美〕罗纳德·L. 约翰斯通：《社会中的宗教》，尹今黎、张蕾译，四川人民出版社，1991，第16、17页。

三 政治退守中的文化拓延

经由民国时期各级政府核准批复后，内地成立和创办了诸多佛教组织和佛教协会，政府均在某种程度上予以支持筹建佛教组织、发行佛教刊物及重建修缮寺院等活动。不同省份在不同时间节点的佛教政策各不相同，或在寺产争夺事件中倡议保护寺院，或限制和抵制地方政府诋毁佛教，或积极发起筹建佛教研究机构，例如，戴季陶表态支持河南佛教重建、汉藏教理院得到四川总督刘文辉的资助等。虽然有些省份的某些条令会对佛教发展造成障碍，或者导致解散全国性佛教组织，或者在寺庙管理上出现越权等诸多问题，但以政府为依托、以条例为保障、以地方政府捐资建立佛教组织与僧教育学校，政府对佛教界影响的理性认知构成特殊历史时期佛教界文化事业开展的契机。佛教界在组建和创立佛教组织的过程中，呈请政府批准合法的活动场所和空间，组织的合法性是自身发展及与其他组织进行交往的基础。

民国时期由政界和地方政府出资举办的时轮金刚法会、护国息灾法会、设坛诵经等佛事活动较为普遍，在政府支持下开展的佛教活动具有更为广泛的社会影响力与示范导向性。前往内地的藏传佛教僧人在西藏社会中的地位明显影响到其在内地的文化交流活动、在内地佛教界的影响，以及双方交往的深度。他们在政治上屡获优崇，经费上待遇优厚，而且还被赐以名号以示优异。政府的积极作为不仅给予藏传佛教僧人充裕的活动空间，而且作为一种政治信号表达出政府在汉藏文化交流上的定位和态度。政府不是以旁观者的姿态审视双方的交往行动，也不是以参与者的角色来着染佛教文化的色调，而是在文化交流的过程中允承佛教界自发地交往，自身则作为辅助而又依赖的成分存在。佛教文化在内地的不断发展依赖与其时社会形势的有机结合，政府对于汉藏佛教交往活动虽未附加超越其文化本身的外在条件，但是其活动的政治依托性在活动曲线的每一点上都对应着构成坐标的文化和政治规划的区域及空间，给予文化充分延伸的机会要素。汉藏佛教界以佛教文化为基础，争取和利用政治空间开展文化交流体现出其与政治之间捭阖的历史特征。

佛教在汉藏关系发展过程中不断被提起和讨论，而汉藏佛教界僧人在文化交流中的重要历史角色与其调和平衡汉藏关系的能力是否一致，也一直为政府和社会所关注，尤其是在施政处于间或梗滞的境况下更是如此。民国时期政府或者利用新的契机，或者遵依历史惯例，或者回避对峙寻求谈判等相机而行的政策均未能彻底消除双方的隔阂，特别是西藏地方在思想意识上对中央政府政策理解的效果并不显著，尚未实现真正意义上的信任理解和认同融通。因此，关注佛教文化，寄希望于佛教界文化交往达到预期的政治目标是社会各界对汉藏佛教界期许的重要内容。

首先，汉地佛教的发展和僧人社会地位的提升是在文化交往过程中与藏传佛教僧人构建对话平台的前提。人们在社会中的地位及其影响力与其在文化交往中所能涉及的范围密切关联，文化交流不是历史的偶然可以促成的投机应时活动，而是赋予特定社会阶层和群体适应文化发展轨迹的积极活动与付出。个人在社会中所归属的群体的规范影响着个人行为，"至于社会地位对个人行为的影响到底有多深，则取决于社会的同一和整合"①。佛教界文化交流活动不仅是汉藏佛教界基于共同文化基础上的对话，而且体现僧人的社会地位与参与文化交往机会的重要性。藏传佛教界僧人奔走于内地，合乎汉地佛教界对藏密的研究需要，便于政府依凭佛教宣化劝导以稳固边疆政治，在蒙藏政策难以有效施行的情况下，通过支持藏传佛教在内地的活动弥补政

---

① 〔美〕P. K. 博克：《多元文化与社会进步》，余兴安、彭振云、童奇志译，辽宁人民出版社，1988，第146页。

治在凝聚民众心理上的缺位。其次，在政局动荡、国家危急的形势下，现代佛教密切关注局势的发展和政治动向。九一八事变后，在内地弘法的藏传佛教高僧积极参与抗日救亡运动，拥护抗战救国的国策，为抗战胜利祈祷，表达出对国家和民族命运的关切，并向日本佛教界发出共向和平的呼吁，抨击日本部分佛教徒暗中参与侵略活动。因此，汉藏佛教界的文化交流是西藏与国家政治关系发展的交流活动，也是汉藏精英阶层对佛教救国理念的实践，汉藏佛教界共同从佛教救国呼吁和平的现世内涵出发来组织抗战，为佛教文化在和平和向善概念上的行为进行注解。再次，佛教界的文化交流是在西藏地方政府消除对人员往来政治敏感的前提下展开的。虽然佛教界文化交流本身或许并不牵涉政治的敏感问题，然而从某一政治问题出发可能衍生出诸多难以避逃的磕绊和缠结，在现实壁障和攘纷中找到可以贯通的缘契，在不平坦乃至或许会暂时中断的激荡中找到切入点，不仅需要文化最小化自身特质而求得交往的延续，还需要在政治敏感问题上形成不偏不倚的态度和见解。最后，不同文化在交流过程中虽然有碰撞和认识的差异，但是，没有因文化上的冲突而引起政治上的摩擦。汉地僧人得以在西藏朝拜神山寺庙、实地调查，他们在西藏拥有自由的活动空间是因其信仰身份在西藏社会得到尊重和承认，从而使文化在交往过程中相生发展，没有导致彼此文化特质的消逝。

第三节　文化交流映证民国时期宗教
法规与政策

民国时期的汉藏佛教界文化交流是双方文化交流和政治关系发展的重要历史环节。从佛教界活动特征及其历史纽带作用来分析，可以反思与之紧密联系的核心政策的适应性、可操作性以及其中所蕴有的利好促进因素。在民国时期汉地佛教界复兴过程中，寺庙管理条例的相继出台、修订与补充，宗教文化政策适时性调整的过程亦是逐渐认知宗教社会作用并进行理性引导的过程，信仰个体的社会弥散性存在与意识层面的内在关联性是相关政策制定的内应力。边疆宗教教育政策制定之初即强调世俗文化的发展，尊重藏传佛教在藏族社会中信仰的普遍性，在具体实施过程中结合藏传佛教在藏族社会中的地位，逐步调整现代教育政策和宗教文化政策之间的关系。

一　制定条例承认佛教的文化价值

清末以来，佛教受制于社会局势困境与文化张力退缩的影响，佛教界自身表现出难以维系既有文化和社会承载角色的生存态势，而且在某些省县出现毁灭性的衰势。清末佛教的发展缺少可以依赖的制度和政策空间，且内部争取求生的动力和能力匮乏。清末新政的教育救国方案希望通过廉价的占有和取代将寺院的房屋和财产作为学校教育发展的基础，试图以文化改写的方式来改变落后的国族与受辱的国民的教育水准，"庙产兴学"风潮在思想领域内掀起对佛教界价值的讨论。大量寺院成为学校，寺庙的文物造像或被变卖或遭到焚毁，僧人被驱逐。佛教界面临灾难性政策的碾压，寺院、僧团、经典和造像的既有文化空间和内涵丧失。清末政策的影响延续至民国初年，多省占夺寺院、侵夺寺产的做法时有发生。同时，政策的连锁效应发酵、对佛教功用的质疑、僧团身份的价值等皆成为佛教界逼仄生存的窒息因素。

民国政府建立后，宗教信仰自由政策成为汉地佛教界寻求法律保护的依据，《中华民国临时约法》规定人民有信教的自由，以宪法的形式保障公民的信仰自由、言论自由和创建社会团体的自由，成为汉地佛教界开始复兴发展的起点。中华佛教总会于约法颁布短短3个月后即在上海静安寺成立，并在湖南设立分会，在北京设立办事处，为争取保障寺产请愿。未久，太虚法师创办《佛教月报》，月霞法师创办华严大学，欧阳渐主持金陵刻经处。约法中的信仰自由条款不仅是在文本上对权利享有的表述，而且在具体实践中亦未增设与约法相违背的办法或条例，或在实际审批、运作中增加附加性的否定内容，但是，涉及寺庙的具体条款的修订和制定颇费周折。

宪法条款的保护成为民国初年佛教界争取权利的重要资赖。1913年6月，《寺院管理暂行规则》规定寺庙财产的所有权和归属问题，不得进行强取、变卖、抵押、赠与等①，寺庙财产的保护及住持权力的强化可以限制防范外部的非法占有和内部的不合理分配与财产转移。1915年颁布的《管理寺庙条例》规定，"第九条寺庙财产由住持管理之。……第十条寺庙财产不得抵押或处分之，但为充公益事项必要之需用禀经该管地方官核准者不在此限。……第二十四条凡寺庙住持违背管理之义务者，由该管地方长官申诫或撤退之"②。再次规定保护寺庙财产的同时，条例内容也给地方政府插手寺庙管理留下了借口。在寺庙内部管理出现问题的情况下，应依照寺庙管理和佛教戒律的规定加以约束，情节严重者应交由法院进行司法裁决，而不应由地方政府任命或撤销住持。可见，在寺庙管理条例的制定方面，北洋政府将地方政府的权力超越于寺庙之上，且未依照法律对寺庙予以平等的保护，抢夺寺庙财产的行为并未停息。

佛教界继续请愿抵制已有的寺庙管理条例。1921年5月，北洋政府公布《修正管理寺庙条例》，删除地方官员以公益事业充公为由使用寺院寺产的条文。寺庙管理条例内容不断修正并与《中华民国临时约法》的原则保持一致。以法律的方式予以确认寺庙的自主发展和主

---

① 张羽新、张双志：《民国藏事史料汇编》第一册，学苑出版社，2005，第81页。
② 《司法公报》1915年11月15日，第45期，第42~46页。

体性地位，佛教界对条例修订的争取及政府对佛教管理意识的逐渐调整相结合，促使条例内容渐趋合理化。条例的修订是政府对佛教文化影响力的重新判断及对佛教自主发展权利的重新确认。在条例制定过程中，佛教界的争取与诉求上升为文本内容，政府关注条例所管理对象的群体性要求，对佛教界的社会影响力及文化承载力的认识有所变化。

1929 年 12 月，《监督寺庙条例》"第六条寺庙财产及法物为寺庙所有，由住持管理之。……第八条寺庙之不动产及法物，非经所属教会之决议，并呈请该管官署许可，不得处分或变更"① 明确寺庙管理权的内容，同时也阻塞了外在非法占有与干预。纵向分析条例内容及其所列的权利事项，可以发现政府对寺庙的管理从直接插手部分事务向回归寺庙自我管理的过渡，按照社会团体的管理方式统一支配寺庙的财产、税收，并在住持选任、宗教事务上依照佛教的历史成例自主管理。

尽管北洋政府和国民政府在寺庙管理的法律文本上存在需要完善之处，但是寺庙管理从内部无序、外部挤压逐渐走向有法可依，其管理内容从调解寺庙内部的经济纠纷和管理弊端调整到抵制来自地方政府的经济占有。随着寺庙内部垄断封闭管理的终结和寺庙自主有序管理模式的形成，佛教界逐步掌握自身发展的话语权。寺庙管理条例法律化的过程体现出政府对佛教发展价值的重视，寺庙不仅是信仰和供奉神灵的场所，也是联系民众心理和地方社会传统维系的文化纽带和主轴，与寺庙相关联的问题可以辐射社会的整个层面。同时，在将寺庙权力交还给寺庙自身的同时，条例也规定寺庙参与社会宣传和文化活动的范围，尊重并发挥佛教文化的社会参与性与宗教价值理性。以政府条例的方式承认佛教的文化价值是佛教界得以自主发展、保护寺

---

① 《立法院公报》1930 年 1 月，第 13 期，第 38~40 页。

院、建立组织团体等各项佛教文化活动开展的法律基础和复兴起点。

从历史的逆向分析认识汉藏佛教界文化交流的活动，其中体现出中央政府民族宗教政策中的理性因素。虽然，民国初年寺庙管理条例的出台是为消弭寺庙争夺而造成的社会动荡，政策的萌发具有临时性和解决具体问题的后发性，但是，寺庙管理条例在实施和回应中不断予以调整的过程是政策理性因素的渐次表达。寺庙管理政策与内地佛教复兴和佛教文化发展逐步适应，全国性寺庙褫夺寺产的破坏行动得以平息，寺庙作为佛教文化交流活动开展的平台被保护下来。民国时期制定专门条例保护和监督寺庙，以扭转清末以来地方对寺院的非法占有和干预，这是尝试性寻求地方政府对寺庙管理与寺院求得自身发展的结合点。从"寺庙管理条例的颁行—佛教组织抵制—条例的修订出台"的过程可以看出，民国时期宗教政策虽然没有形成系统的管理方案，但是僧人在寺庙管理上的话语权得到了尊重。在政策的修订过程中，僧人的联合主张和抵制成为政府反思政策缺陷的重要推力，在新的政策机制中予以参考和采纳，并对内地喇嘛寺庙的管理、经费开支、修缮等内容加以明确。寺庙管理条例的修订过程表明民国时期中央政府在佛教管理中能够参照作为被管理对象的意见和建议，政策的理性因素在制定实施条例的过程中不断得以完善。因此，在有法可依的状况下，民国时期汉地佛教界对于复兴路径的思考、选择与尝试逐步开展，佛教界在现代社会框架下的适应性与法律框架下的自我审视成为汉藏佛教界文化交流展开的关键因素。

二　适时颁行优待补助政策

民国时期藏传佛教僧人在内地的弘法活动促进了汉地佛教的复兴，部分汉地佛教僧人在比较认识东密与藏密的过程中转向借鉴引介藏传佛教。藏传佛教僧人在以弘法宣化呼吁关注国家民族命运的历史过程中，中央政府认识到佛教文化与高僧在内地的活动对于稳定民众心理、推进与西藏关系发展的重要作用。因此，在民国时期政治局势发展和汉藏关系政策实施的过程中重视发掘汉藏佛教界之间活动的积极性因素，并且作为政策的一端加以引导。在实施引导的过程中，给予汉藏佛教界政治、文化上交流发展的空间，并且以政府为主导开展宗教活动，推助汉藏佛教文化的交流。例如，白普仁喇嘛和多杰觉拔格西在中央政府的邀请下前往多地弘法。多杰觉拔格西在东北和平法会返程时除由政府提供经济资助外，在护照发放上亦被予以协助。九世班禅在内地进行宣化活动，举办时轮金刚法会，设立办事机构及返藏事宜等均得到中央政府在政治和经济上的支持。诺那呼图克图以西藏地方逃犯的身份来到内地，不仅受到段祺瑞执政的接见，而且得到西康军政首脑刘湘的布施与支持，长期在西康弘法。喜饶嘉措法师前往内地弘法、办理喇嘛讲习学校也得到政府政策支持与资金资助。

藏传佛教僧人在内地的活动得到政府在政治、政策、资金和活动组织等方面的优待，而汉地佛教界僧人前往西藏求法、在内地弘法翻译经典也得到政府的支持。蒙藏委员会鼓励汉藏僧侣游学是民国时期汉藏佛教界文化交流中最具有典型代表意义的政策。在汉地僧人自发组织前往西藏求法尝试之后，蒙藏委员会以官方名义支持入藏学法活动，不仅促进汉地佛教的复兴和发展，而且推动内地佛教组织和团体对藏传佛教文化的关注。政府支持下的汉地僧人在西藏三大寺的学法活动、内地佛教组织团体开展的文化交流，成为汉藏佛教界从佛学义理研究深入切磋的基础，例如，汉藏教理院的教员和毕业的学生在入藏学法方面取得的成绩尤为突出。同时，以寺院为基础研究汉藏佛教文化、翻译佛教经典和西藏历史文化著作、刊印佛教刊物。国民政府在寺庙管理上主动干预，保护佛教文化，多层面保障以寺院为结合点的汉藏佛教界文化交往，在政策允承的政治空间中文化具有外溢释放发展的特征，不同文化发展的探索和尝试与政策之间的吻合和彼此的切近是文化交流多形式、多维度纵深发展的关键。

多杰觉拔格西返回西藏后，蒙藏委员会出台支持汉藏僧侣游学的办法，西藏随后实施欢迎内地僧人前往西藏学法并免除劳役的条例。根据合同规定拨付专款资助僧人前往西藏静心研修游学是发展蒙藏教育的重要组成部分。从蒙藏委员会制定的边疆教育政策的主体来分析，西藏的学校教育政策以引入现代文化为目标，通过文化教育开启西藏文化的新发展。支持汉藏僧侣游学的政策虽仅仅是政策的一端，但是在政策实施办法中详细规定严格的遴选考试程序、合同签订、经费核算和学习期限等内容。从蒙藏委员会和驻藏办事处对游学西藏僧侣的资助、学习和考核的情况来看，政策的一贯性和连续性是学僧在西藏潜心研修的重要保障。支持汉藏僧侣游学政策的颁行实施不仅因应汉地佛教界前往西藏求法的热潮，也成为在汉地佛教发展过程中具有促进作用的重要之举。同时，在政策具体施行上，政府在管理、经费和外交办理等方面均予以切实执行，政策的实施是蒙藏委员会逐步扩大内地与西藏佛教界接触交往的理性行动。在国内战争困境之下，政府根据既定政策方案如常推进僧人专项资助，从对僧人在西藏研修的实际效果来看，汉藏教理院的一些毕业生和教员得以实现抵达西藏求法的愿望。西藏地方尽管没有依照资助规则遴选僧人前往内地求法，但是没有淡化这一政策在汉藏佛教界文化交流中的积极效用。

汉地佛教界作为社会边缘阶层，其文化活动之所以能够得到来自政府的政治和经济支持，原因有三。首先与民国时期佛教文化的影响力及其在地方社会中的聚合作用密切相关。其次，民国时期中央政府对汉藏关系、边疆社会现状，以及宗教在边疆政治发展中的作用进行了较为客观的评估，并将宗教文化作为边疆问题政策依赖因素和具体实施的切入口。最后，民国时期中央政府对佛教界主动开展的文化交流活动的政治和社会功用加以理性的评价，在政策上予以调整或支持，不限制法律范围内的社会文化活动，且注重发掘文化的社会驱动性，贴近认知宗教的社会功用。

因此，民国时期中央政府设立专门机构实施与运作民族宗教政策、寺庙管理政策和资助优待僧人政策。蒙藏院和蒙藏委员会的管理涉及边疆政治、经济、文化等事务，内务部和行政院负责制定宗教管理政策，教育部和最高法院负责宗教教育、司法的内容。首先，在权力事务管理上避免多重交叉、复合叠加的管理模式，明确各相关部门的责权。政策不仅停留在卷本中而更应具有实践性，同时注重政策的有效性和可行性。涉及藏传佛教僧人在内地活动及僧侣往来资助的事宜由蒙藏委员会直接负责制定办法并加以实施，不采取层层审批、多头管理的方式，减少政策具体实施环节，旨在有效推进政策的合理性适用及其对僧众群体的效用性带动。部门之间的权力责任明晰，涉及寺产诉讼的案件由各级法院依照法律进行裁决，不推诿到政府或其他部门以行政干预解决寺院诉讼案件。其次，由于各省地方政府保护寺庙寺产的方式和态度存在差异，佛教界以中央政府条例为依据进行诉讼且得到政府支持，并敦促地方政府不得违背寺庙管理条例。政府给予在内地弘法的九世班禅及其随员补助，在九世班禅圆寂后其行辕和办事处仍得到政府的经济支持。诺那呼图克图前来内地的川资问题，参照政府制定王公往来的川资发放方式予以补助。藏传佛教僧人前来内地具有历史的偶然性和自发性，政府从高僧固有的宗教地位出发，不限于他们当下的政治身份落差，按照内地待遇给予他们相应的政治地位，体现出政府政策的灵活性和开放性。例如，诺那呼图克图前来内地时中央政府接受其政治庇护的要求并让其参政议政。政府对诺那呼图克图和九世班禅的政治信任有在康藏问题上的现实考虑，同时也表明政府活动对边疆宗教领袖的开放性，希望在边疆政策制定上听取边疆代表的意见，强化政策适应本土利益的合理性特征。

三　政策的连续性与可行性

宗教政策制定的过程中涉及不同的宗教信仰群体、不同类型的宗教问题，以及相应事务的管理，还包括与宗教发展相关的新闻出版和教育活动等内容。在民国时期佛教复兴发展过程中，政策的连续性和可行性程度关系到佛教界全局长远的规划，长期性的发展规划要以连续性的政策为依据。从寺庙保护来看，历经政局的变革和政府的改制，政府颁行的寺庙保护条例渐趋合理化，新的条例出台后即废止旧有条例，条例未曾因为政府更迭而出现取消或中断的状况。宗教保护和资助政策的非投机性成为汉藏佛教界弘法活动纵深推进的政治保障，从资助藏传佛教在内地弘传来看，未因国内的困境与西藏态势的逆转而中止政策的实施，对政策的文本内容和实施的连贯性都予以重视。从补助汉藏僧侣游学来看，按照僧人的意愿及其学习情况设定选拔程序，不考虑其宗教地位、所属寺院或地域分布等附加性因素，政策实施的纯粹性及公开性成为资助汉藏僧侣游学条例得以长期实施的保障。

政策连续性的保障和可行性的维系基于政府的积极作为与依法行政的政治约束，需要政策制定前期的调查研究和准确定位，以及政府在宗教管理上的自信与诚恳及其对汉藏佛教界文化交流活动的全面解析。在边疆事务处理上，注重本土文化和宗教的特色，并以换位思考的角度来实施政策。例如，在补助汉藏僧侣游学问题上，即是结合蒙藏委员会对西藏的调查、康藏问题的判断以及西藏宗教的社会角色现状而做出的判断。同时，在汉藏关系紧张的情况下，资助僧侣往来而且汉地僧人可以在西藏顺利学法，这也是对西藏宗教发展以及僧人生活情况微观调查的结果。虽则是在现有法律框架之下制定政策，而连续性政策的内在因素是政策制定的前期准备，适用的过程中未因暂时性困难而改变政策，各级佛教团体的组建、刊物的发行出版、各类佛教会议和佛教交流活动的举办等，皆是符合其时法律框架与制度容限内的宗教活动，佛教团体具有与其他团体同等展开交流活动的权利。政策的普遍性使佛教团体得以在全国建立，并成为民国时期佛教发展的重要特色。喜饶嘉措法师参照教育部办学政策及蒙藏委员会边疆教育政策，在青海创办喇嘛教义国文讲习所，未因办学人的身份、办学课程内容及地域因素而受到特殊的鼓励或限制。

在边疆危机的境况下，九世班禅和诺那呼图克图以宣慰使的身份前往边地宣化，抚慰边民，宣传政府政策，表达民族国家的概念和政府在边疆问题上的立场。战争状态下的暂时性政策具有非连续性的特征，但是从宣慰的内容和政府在边疆问题立场上的政策内涵来看，这是民国时期中央政府长期以来对边疆政策的坚持作为，是对边疆民众信仰的尊重，也是对藏传佛教高僧在处理边疆民族问题事务上的信任。

北京佛教藏文学院的建立、"留藏学法团"的组建是汉地僧人前往西藏求法的先声；诺那呼图克图、喜饶嘉措法师等高僧的演讲是汉藏教理院融汇汉藏佛学研究的精彩片段；九世班禅在内蒙古等地的宣化活动维系边疆民众团结；多杰觉拔格西在内地弘法及返藏后争取并促成西藏对内地僧人入藏学法的支持，典型厚重画面的每一次闪现都凝结着历史得以续写的独特魅力。藏传佛教僧人在内地弘传密法的同时也介绍西藏显密修习的次第、西藏佛教经典和律论等。中央政府蒙藏佛教政策的实施与边疆的形势发展相契合，在社会局势受到外部因素限制的情况下，从文化层面聚合边疆和内地社会各阶层进而形成共同的依存意识是被动历史环境中的主动作为。历史在记录所发生事件的同时，也预示着与之相关事态的发展和历史的走向。汉藏佛教界之间的文化交流和藏密在内地的兴起成为这一历史记录的浓墨，藏传佛教高僧对于政策的感触和理解表达是其主观判断与政策实施的有机结合。中央政府旨在消除西藏地方对中央政府政策的疑惧，通过多层面政策促进藏地僧侣阶层更为直观地认识和理解汉藏佛教文化政策的实践性。因此，佛教界的行动不仅表明汉藏文化交流政策的历史合理性，而且成为汉藏关系发展的历史缩影和彼此切近无以分割的恢宏图景。

参考书目

一 史料典籍

重庆市政协文史资料研究委员会、中共重庆市委党校：《国民参政会纪实》（上、下），重庆出版社，1985。

重庆市政协文史资料研究委员会、中共重庆市党校、中国第二历史档案馆：《国民参政会纪实续编》，重庆出版社，1987。

黄夏年：《民国佛教期刊文献集成》，全国图书馆文献缩微复制中心，2006。

黄夏年：《民国佛教期刊文献集成·补编》，中国书店，2008。

季啸风、沈友益：《中华民国史史料外编——前日本末次研究所情报资料》（中文部分）第九十三册，广西师范大学出版社，1997。

青海省政协文史资料委员会：《青海文史资料选辑》第二十三辑，《喜饶嘉措大师》，中国人民政治协商会议青海省委员会文史资料委员会，1994。

荣孟源：《中国国民党历次代表大会及中央全会资料》（下），光明日报出版社，1985。

太虚大师全书编委会：《太虚大师全书》第31卷，宗教文化出版社，2005。

西藏社会科学院、中国社会科学院民族研究所、中央民族学院等：《西

藏地方是中国不可分割的一部分》（史料选辑），西藏人民出版
　　社，1986。

张曼涛：《现代佛教学术丛刊》（86），《民国佛教篇》，北京图书馆出版
　　社，2005。

张双志：《民国治藏法规全编》，学苑出版社，2008。

张羽新、张双志：《民国藏事史料汇编》，学苑出版社，2005。

中国第二历史档案馆、中国藏学研究中心：《九世班禅内地活动及返
　　藏受阻档案选编》，中国藏学出版社，1992。

中国藏学研究中心、中国第二历史档案馆：《民国治藏行政法规》，五
　　洲传播出版社，1999。

中国藏学研究中心、中国第一历史档案馆、中国第二历史档案馆等：
　　《元以来西藏地方与中央政府关系档案史料汇编》，中国藏学出版
　　社，1994。

二　中文论著

陈序经：《文化学概观》，中国人民大学出版社，2009。

韩民青：《文化的历程》第一卷，广西人民出版社，1990。

吕铁钢：《藏密修法秘典》卷一～卷四，华夏出版社，1995。

吕铁钢、胡和平：《法尊法师佛学论文集》，中国佛教文化研究所，
　　1990。

牟钟鉴：《民族问题与宗教政策》，载于中央民族大学宗教研究所《宗
　　教与民族》（第一辑），宗教文化出版社，2002。

南怀瑾：《南怀瑾选集》（第5卷），复旦大学出版社，2003。

释定智：《能海上师传》，台北方广文化事业有限公司，1995。

释妙舟：《蒙藏佛教史》，江苏广陵古籍刻印社，1993。

释印顺：《太虚法师年谱》，宗教文化出版社，1995。

太虚：《太虚集》，中国社会科学出版社，1995。

吴信如：《大圆满精萃》，中国藏学出版社，2005。

邢肃芝口述，张健飞、杨念群笔述：《雪域求法记——一个汉人喇嘛的口述史》，生活·读书·新知三联书店，2003。

徐迅：《民族主义》，中国社会科学出版社，2005。

牙含章：《班禅额尔德尼传》，西藏人民出版社，1987。

于凌波：《民国高僧传三编》，台北慧明文化事业有限公司，2001。

于凌波：《民国高僧传四编》，台北慧明文化事业有限公司，2002。

于凌波：《中国近现代佛教人物志》，宗教文化出版社，1995。

张骏逸：《欧阳无畏教授逝世八周年纪念论文集》，台北蒙藏委员会，2000。

赵云田：《中国治边机构史》，中国藏学出版社，2002。

周开庆：《新编中国名人年谱集成》第十五辑，《民国刘甫澄先生湘年谱》，台湾商务印书馆，1981。

卓新平：《宗教理解》，社会科学文献出版社，1999。

三　译著

〔德〕黑格尔：《历史哲学》，王造时译，上海书店出版社，2001。

〔德〕马克斯·韦伯：《学术与政治》，冯克利译，生活·读书·新知三联书店，1998。

〔德〕马克斯·韦伯：《社会学的基本概念》，顾忠华译，广西师范大学出版社，2005。

〔德〕尤尔根·哈贝马斯：《交往行为理论：行为合理性与社会合理化》，曹卫东译，上海人民出版社，2004。

〔美〕P.K.博克：《多元文化与社会进步》，余兴安、彭振云、童奇志译，辽宁人民出版社，1988。

〔美〕哈洛德·伊萨克:《族群》，邓伯宸译，台北立绪文化事业有限公司，2004。

〔美〕克莱德·M. 伍兹:《文化变迁》，何瑞福译，河北人民出版社，1989。

〔美〕克利福德·格尔茨:《文化的解释》，韩莉译，译林出版社，1999。

〔美〕罗纳德·L. 约翰斯通:《社会中的宗教》，尹今黎、张蕾译，四川人民出版社，1991。

〔美〕威廉·詹姆斯:《宗教经验种种》，尚新建译，华夏出版社，2008。

〔英〕约翰·布洛菲尔德:《西藏佛教密宗》，耿昇译，中国藏学出版社，2012。

附　录

《管理寺庙条例》

第一章　总纲

第一条　本条例所称寺庙以属于左列各款者为限：一 十方选贤丛林寺院；二 传法丛林寺院；三 剃度丛林寺院；四 十方传贤寺院庵观；五 传法派寺院庵观；六 剃度派寺院庵观；七 其他习惯上现由僧道住守之神庙（例如未经归并或改设之从前习惯上奉祀各庙是）。其私家独力建设不愿以寺庙论者不适用本条例。

第二条　凡寺庙财产及僧道，除本条例有特别规定外，与普通人民受同等之保护。前项所称财产指寺庙所有不动产及其他重要法物而言，所称僧道指僧尼道士女冠而言。

第三条　凡著名丛林及有关名胜或形胜之寺庙，由该管地方官特别保护。前项特别保护方法由内务部参酌地方情形定之。

第四条　凡寺庙在历史上有昌明宗教陈迹或其徒众恪守清规为人民所宗仰者，得由该管地方官开列事实，详请该管长官咨由内务部呈请大总统分别颁给左列各物表扬之：一 经典；二 法物；三 匾额。

第五条　各寺庙得自立学校，但其课程于经典外，必须授以普通教育。寺庙创办学校时，须禀请该管地方官立案，其从前已设立之学校亦同。

第六条　凡寺庙之创兴、合并及改立名称并现存寺庙，须向该管地方官禀请注册。

第二章　寺庙之财产

第七条　凡寺庙财产应按照现行税则一体纳税。

第八条　凡寺庙现有财产及将来取得财产时，须向该管地方官禀请注册。

第九条　寺庙财产由住持管理之。寺庙住持之传继从其习惯，但非有中华民国国籍者不得继承之。前项住持之传继须向该管地方官禀请注册。

第十条　寺庙财产不得抵押或处分之，但为充公益事项必要之需用禀经该管地方官核准者不在此限。

第十一条　寺庙财产不得借端侵占。

第十二条　凡寺庙所属古物合于左列各款之一者由住持负保存之责：一　建筑雕刻绘画及其他属于美术者；二　为历代名人之遗迹者；三　为历史上之纪念者；四　与名胜古迹有关系者。前项古物保存规则另定之。

第十三条　凡寺庙久经荒废无僧道住守者，其财产由该管地方官详请该管长官核准处分之。

第三章　寺庙之僧道

第十四条　关于僧道之一切教规，从其习惯，但以不背公共秩序及善良风俗者为限。为整顿或改良前项事宜，得由丛林僧道举行教务会议。举行前项会议时，须由发起人开具会议事项场所及规则，禀请该管地方官核准其议决事件须禀由地方官，详经该管长官咨报内务部查核。

第十五条　凡僧道开会讲演或由他人延请讲演时，其讲演宗旨以不越左列各款范围者为限：一 阐扬教义；二 化导社会；三 启发爱国思想。前项讲演须于开讲五日以前将其时期、场所及讲演人姓名、履历禀报该管地方官。

第十六条　凡僧道有戒行高洁精通教义者，准照第四条规定办理。

第十七条　凡寺庙僧道受戒时，由内务部预制戒牒发由地方官转交传戒寺庙，按名填给造册报部。凡从前业经受戒及其他未受戒之僧道，由内务部分别制定僧道籍证发交地方官清查，按名填给造册汇报内务部。无前项戒牒及僧道籍证者，不得向各寺庙挂单并赴应经忏，各寺庙亦不得容留。关于第一项及第二项事宜之办理规则另定之。

第四章　寺庙注册

第十八条　本条例规定应注册之事项须向寺庙所在地之该管地方官署为之。

第十九条　业经注册之事项该管官署应即公告并发给注册证。

第二十条　凡应注册之事项非经注册及公告，该管地方官不任保护之责。

第二十一条　业经注册之事项如有变更或消灭时，须随时禀请该管官署注册。

第二十二条　关于注册之规则另定之。

第五章　罚则

第二十三条　各寺庙僧道或住持不守教规时，该管地方官得申诫或撤退之，其情节较重者并得加以相当处分，但关于民刑事件仍由司法官署依法处断。

第二十四条　凡寺庙住持违背管理之义务者，由该管地方官申诫或撤退之，寺庙因而受损害者并任赔偿之责。

第二十五条　违背第十条规定，抵押或处分寺庙财产时，由该管地方官署收回原有财产或追取原价给还该寺庙，并准照第二十三条规定办理。因而得利者并科所得总额二倍以下之罚金，若二倍之数未满三百元者并科三百元以下之罚金。

第二十六条　依前三条规定撤退住持时，应即由该寺庙僧道另行公举。

第二十七条　违背第十一条规定侵占寺庙财产时，依刑法侵占罪处断。

第二十八条　各寺庙违背第十七条第三项规定容留无戒牒或僧道籍证之僧道时，处该住持一元以上十元以下之罚金。其有形迹诡异隐匿不报者亦同。

第六章　附则

第二十九条　本条例所称地方官指县知事而言。

第三十条　自本条例公布之日起，内务部颁行之寺院管理暂行规则及曾经立案之佛道各教会章程一律废止之。

第三十一条　木条例自公布日施行。

（《司法公报》，1915 年 11 月 15 日，第 45 期，第 42～46 页。）

《修正管理寺庙条例》

第一章　总纲

第一条　本条例所称寺庙以左列各款为限：一 十方选贤丛林寺

院；二 传法丛林寺院；三 剃度丛林寺院；四 十方传贤寺院庵观；五 传法派寺院庵观；六 剃度派寺院庵观；七 习惯上现由僧道住守之神庙（例如未经归并或改设之从前习惯上奉祀各庙是）；八 其他关于宗教各寺庙。其私家独立建设不愿以寺庙论者不适用本条例。

第二条　凡寺庙财产及僧道，除本条例有特别规定外，与普通人民受同等之保护。前项所称财产，指寺庙所有不动产及其他重要法物而言，所称僧道，指僧尼、道士、女冠而言。

第三条　凡著名丛林及有关名胜或形胜之寺庙，由该管地方官特别保护。前项特别保护方法，由内务部参酌地方情形定之。

第四条　寺庙不得废止或解散之。

第五条　凡寺庙在历史上有昌明宗教陈迹或其徒众恪守清规为人民所宗仰者，得由该管地方官开列事实，详请该管长官咨由内务部呈请大总统分别颁给左列各物表扬之：一 经典；二 法物；三 匾额。

第六条　各寺庙得自立学校，其课程于经典外，须酌授普通教育。寺庙创办学校时，须呈请地方官立案，其从前已设立之学校亦同。

第七条　寺庙须向地方官署呈请注册，其应行注册事项及关于注册之程序，由内务部另以规则定之。

第二章　寺庙之财产

第八条　凡寺庙财产，应按照现行税则一体纳税。

第九条　凡寺庙现有财产及将取得财产时，须向该管地方官呈请注册。

第十条　寺庙财产由住持管理之。寺庙住持之传继从其习惯，但非中华民国人民不得继承之。前项住持之传继，须向该管地方官呈请注册。

第十一条　寺庙不得抵押或处分之。

第十二条　寺庙财产不得借端侵占，并不得没收或提充罚款。

第十三条　寺庙所属古物，合于左列各款之一者，依照现行保存古物法令办理：一 经典；二 建筑、雕刻，绘画及其他属于美术者；三 历代名人遗迹；四 为历史上之纪念者；五 与名胜古迹有关系者。前项物品之保存，由住持负其责任。

第十四条　凡寺庙久经荒废无僧道住守者，由该管地方官查明保护，另选住持。

第三章　寺庙之僧道

第十五条　关于僧道之一切教规从其习惯，但以不背公共秩序及善良风俗者为限。为整顿或改良前项事宜，得由丛林僧道举行教务会议。

第十六条　凡僧道开会讲演或由他人延请讲演时，其讲演宗旨以不越左列各款范围者为限：一 阐扬教义；二 化导社会；三 启发爱国思想。

第十七条　凡僧道有戒行高洁、精通教义者，准照第五条规定办理。

第十八条　凡寺庙僧道受度时，应由其度师出具受度证明书，载具法名、年貌、籍贯及受度年月交付该僧道，并由度师呈报该管地方官备案。其在本条例施行以前受度者，由该僧道请求度师或相识寺庙之住持或僧道二人以上为其出具证明书，并由该度师或住持或为证明之僧道呈报地方官备案。

第四章　罚则

第十九条　各寺庙僧道或住持不守教规，情节较重，该管地方官得申诫或撤退之，但关于民刑事件仍由司法官署依法处断。

第二十条　凡寺庙住持违背管理之义务者，由该管地方官申诫或撤换之。寺庙因而受损害者并任赔偿之责。

第二十一条　违背第十一条规定抵押或处分寺庙财产时，由该管地方官署收回原有财产或追取原价，给还该寺庙。并准照第十九条规定办理。因而得利者并科所得总额二倍以下之罚金，若二倍之数未满三百元者，并科三百元以下之罚金。

第二十二条　依前三条规定撤退住持时，按照第十条第二项之规定，另立住持。

第二十三条　违背第十二条规定，侵占寺庙财产时依刑律侵占罪处断。

第五章　附则

第二十四条　本条例自公布日施行，其以前教令公布之管理寺庙条例废止之。

（《司法公报》，1921 年 6 月 15 日，第 141 期，第 13~16 页。）

《修正寺庙条例第五条及第十七条施行细则》

第一条　修正管理寺庙条例第五条所称寺庙在历史上有昌明宗教之陈迹者，凡左列各款者皆属之：一曾受国家之表彰者；二为著名僧道所开创或中兴者；三原由庵观改为丛林者；四曾经开坛传戒模规宏远者；五曾举办公益慈善事业确有成绩者。

第二条　修正管理寺庙条例第五条所称寺庙之徒众皆能恪守清规为人民所宗仰者，凡左列各款皆属之：一戒律精严从无一人受地方之指摘者；二功课整肃对丛林规则确能遵行者；三研习经律确能发挥精义传播十方者；四对于宗教规律或习惯确能改良实行者；五关于布教或导化社会事业皆能担任或合力进行者。

第三条　修正管理寺庙条例第十七条所称僧道有道行高洁者，凡左列各款皆属之：一以感化之力振兴寺庙或大昌宗风者；二以感化之力募资建立或重修寺庙者；三管理寺庙表率徒众确有成绩者；四尽力教务或导化社会事业确有成绩者；五苦行焚修不预外事十年以上或至诚奉教感应有征者。

第四条　修正管理寺庙条例第十七条所称僧道精通教义者，凡左列各款皆属之：一阐发教义确有著述者；二自立法会或应社会之请求讲演经论确有阐发者；三历主丛林讲席十年以上夙著声望者；四校刊经典传布社会确有成绩者。

第五条　寺庙有合于本细则第一、第二两条规定各款之一者，左列各项人民均得呈请表扬之：一附近或同派各寺庙之住持；二附近地方之绅民；三信仰该宗教之人士；四曾经立案之宗教团体。

第六条　僧道有合于本细则第三、第四两条规定各款之一者，前条各款之人民及本寺庙之徒众均得呈请表扬之。

第七条　信奉宗教之居士其行谊有合于本细则第三、第四两条规定者，准照本细则办理。

第八条　凡表扬寺庙或僧道须向地方官署呈请之，但取具同籍在京荐任以上实职文官或北京官刹住持二人证明书者，得径呈内务部。请求表扬寺庙或僧道，须将受表扬者之简明历史或履历及应受表扬之确实事迹造具清册随文附呈之。

第九条　地方官受前条之呈请，应按照册载事迹考查明确，呈请该管长官转咨内务部核办。其未经人民呈请由该地方官访查明确者，该地方官得径行造具清册依照前项办理。

第十条　内务部审核册载事迹合于本细则第一至第四各条所规定时，据其事迹呈请大总统分别颁给物品表扬之。

第十一条　寺庙事迹于本细则第一、第二两条中仅各在一条范围以内者，由内务部分别拟具字样颁给匾额，其于两条中各有相合者，则按其款数酌量加给经典或法物。前项经典以国家特刊之单行本为限，法物以衣钵钟磬等件为限，其种类及件数由内务部酌量加给，呈请人不得自行指定。

第十二条　凡呈请表扬寺庙或僧道须照左列规定随文分别缴纳表扬费：一事迹仅在一条范围以内者，一款缴费二十元，每多合一款递加十二元；二事迹仅在两条范围以内者每条一款缴费二十元，每多合一款递加十二元。

第十三条　内务部审核事迹有与本细则不符经驳回者，依其所驳部分退还表扬费。

第十四条　内务部收受表扬费时须发给收据，在京具呈者径交具呈人收执，其在地方官呈请者咨发地方官转交该具呈人收执。

第十五条　凡领取表扬物品时由内务部发给证书，其应记载之事项如左：一寺庙之名称及所在地或僧道之职名及籍贯；二奉令表扬之年月日；三颁给匾额之字样；四加给之经典或法物其种类件数。

第十六条　发给证书须由领受者遵章购贴印花票，并依照颁给物品每项各缴纳证书费三元，收授前项证书时，内务部给予收据。

第十七条　凡颁表扬物品均由具呈人或受表扬者至内务部具领，其在地方官署呈请者由部咨发单据，令地方官转交原具呈人或该受表扬者至内务部具领。前项具呈人或受表扬者如因远道或特别障碍不能来部具领时，得将部发凭单连同应缴之证书费，并每项物品各附加邮费一元，呈请该地方官署转呈该管长官咨部代领。

第十八条　曾给予表扬之寺庙或僧道不得再请表扬，但以前并未加给经典、法物者，得补具事迹呈请加给或改给之，呈请加给经典、法物暨应缴规费与初次呈请表扬者同。

第十九条　表扬物品或其证书有遗失或损坏时，得向内务部呈请补领，但须遵照左列规定补缴规费：一补领证书或全部表扬物品时，须依照原案缴费；二补领表扬物品之一部时，每项须缴费二十元。呈请补领之程序与呈请表扬同。

（《司法公报》，1924年2月29日，第188期，第10~13页。）

《监督寺庙条例》

第一条　凡有僧道住持之宗教上建筑物，不论用何名称，均为寺庙。

第二条　寺庙及其财产法物，除法律别有规定外，依本条例监督之。前项法物，谓于宗教上、历史上、美术上有关系之佛像、神像、礼器、乐器、法器、经典、雕刻、绘画、及其他向由寺庙保存之一切古物。

第三条　寺庙属于左列各款之一者，不适用本条例之规定：一由政府机关管理者；二由地方公共团体管理者；三由私人建立并管理者。

第四条　荒废之寺庙，由地方自治团体管理之。

第五条　寺庙财产及法物，应向该管地方官署呈请登记。

第六条　寺庙财产及法物为寺庙所有，由住持管理之。寺庙有管理权之僧道，不能用何名称认为住持。但非中华民国人民，不得为住持。

第七条　住持于宣扬教义修持戒律及其他正当开支外，不得动用寺庙财产之收入。

第八条　寺庙之不动产及法物，非经所属教会之决议，并呈请该管官署许可，不得处分或变更。

第九条　寺庙收支款项及所兴办事业，住持应于每半年终报告该管官署，并公告之。

第十条 寺庙应按其财产情形，兴办公益或慈善事业。

第十一条 违反本条例第五条、第六条或第十条之规定者，该管官署得革除其住持之职。违反第七条或第八条之规定者，得逐出寺庙或送法院究办。

第十二条 本条例于西藏、西康、蒙古、青海之寺庙不适用之。

（《行政院公报》1929年12月11日，第107号，《法规》第16、17页。）

《蒙藏委员会派遣与补助内地僧侣赴藏游学规则》

第一条 本会为沟通文化起见，每年年度开始时决定派遣与补助内地僧侣各若干名赴藏游学。

第二条 凡经国内合法佛教社团保选，由本会核准赴藏游学之内地僧侣称公费生，其自行赴藏游学，未经本会事先核准者称自费生。

第三条 受本会派遣或补助之内地僧侣，以思想纯正、国文晓畅、学行优良、而又身体强健、具有忍苦耐劳之精神者为标准。

第四条 公费僧之往返旅费及游学期内之生活费由本会核给，自费僧符合本规则第三条之规定，经本会核准者，由本会酌予补助之。

第五条 游学期限，公费僧以五年为限，其有成绩优异，研究佛学精深部门尚未卒业，经本会特予核准者得延长之。自费僧一次补助以一年为限，但经本会驻藏办事处于每年终了考查成绩优良，呈报本会核准者，得继续补助之，最多不得过五次。

第六条 公费僧与受补助之自费僧均应缴呈志愿书、保证书、详细履历及最近二寸半身相片各二份。

第七条 公费僧与受补助之自费僧应于抵藏或离藏之日呈报本会

驻藏办事处转呈本会备案。

第八条　公费僧与受补助之自费僧在游学期间应受本会及驻藏办事处之指导监督，并遵守所在地方政府及寺庙之一切规律。

第九条　公费僧与受补助之自费僧在游学期间除因病或其他特别情事经事先呈准者外不得中途辍学，否则向社团或保证人追缴其已领公费或补助金。

第十条　公费僧与受补助之自费僧在游学期间如有违反本规则之规定者，停止其公费或补助，并向社团或保证人追缴其已领公费或补助金。

第十一条　本规则如有未尽事宜得随时呈请修改之。

第十二条　本规则呈奉行政院核准公布之日施行。

（杨嘉铭：《民初游学西藏的汉僧及其贡献》，载于张骏逸《欧阳无畏教授逝世八周年纪念论文集》，台北蒙藏委员会，2000，第 62、63 页。）

《寺院管理暂行规则》

第一条　本规则所称寺院，以供奉神像，见于各宗教之经典者为限。寺院神像设置多数时，以正殿主位之神像为断。

第二条　寺院财产管理由其住持主之。

第三条　住持之继任，各暂依其习惯行之。

第四条　寺院住持及其他关系人不得将寺院财产变卖、抵押或赠与于人。但因特别事故，得呈请该省行政长官经其许可者不在此限。行政长官为前项许可后，须呈报内务总长。

第五条　不论何人不得强取寺院财产。依法应归国有者，须由该省行政长官呈报内务总长，并呈请财政总长交国库接收管理。前项应归国有之财产，因办理地方公益事业时，得由该省行政长官呈请内务总长、财政总长许可拨用。

第六条 一家或一姓独力建立之寺院，其管理及财产处分权依其习惯行之。

第七条 本令自公布日施行。

（张羽新、张双志：《民国藏事史料汇编》第一册，学苑出版社，2005，第81页。）

《补助汉藏僧侣游学规则》

第一条 本会为沟通汉藏文化起见，依本规则之规定、补助汉藏僧侣，分别赴藏或前来内地游学。

第二条 补助汉藏僧侣名额，暂定每年各二名，于年度开始时行之。

第三条 游学汉藏僧侣，以年在二十五岁以上，四十岁以下，品行端正，熟习经典者为合格。

第四条 赴藏游学汉僧，由佛教总会于每年六月以前保送本会考核派遣之，其游学内地之藏僧，由西藏地方政府遴派之。

第五条 游学汉藏僧侣均应具备志愿书保证书及详细履历最近二寸半身相片各二份。

第六条 经本会核准游学之汉藏僧侣除每人补助往返旅费各二百五十元外，并每年补助汉僧生活费八十元外，藏僧生活费一百二十元。

第七条 赴藏游学汉僧，应于到藏或离藏之日，呈报中央驻藏办事人员转报本会备案，藏僧之到京或离京，则由西藏驻京办事处转报本会备案。

第八条 汉藏僧侣游学期间、均以五年为限、期满有愿自费延长者听。

　　第九条　在游学期间，无论汉藏僧侣、不能无故退学回籍，倘有重病或其他特别情事必须退学回籍者，须先期呈经本会核准，否则追缴其补助费。

　　第十条　无论汉藏僧侣，在游学期间，均应受本会指导，并遵守各该地方及寺庙一切规律。

　　第十一条　本规则如有未尽事宜，随时呈请修正之。

　　第十二条　本规则呈奉行政院核准公布施行。

　　（张双志：《民国治藏法规全编》第二册，学苑出版社，2008，第496页。）

图书在版编目（CIP）数据

融融和应：民国时期汉藏佛教界文化交流 / 王海燕
著 . --北京：社会科学文献出版社，2025. 1. --ISBN
978-7-5228-3810-6

Ⅰ. B94

中国国家版本馆 CIP 数据核字第 2024A27T42 号

· 西藏历史与现状综合研究项目 ·

融融和应：民国时期汉藏佛教界文化交流

著　　者 / 王海燕

出 版 人 / 冀祥德
责任编辑 / 周志静
责任印制 / 王京美

出　　版 / 社会科学文献出版社 · 人文分社 （010）59367215
　　　　　 地址：北京市北三环中路甲 29 号院华龙大厦　邮编：100029
　　　　　 网址：www. ssap. com. cn
发　　行 / 社会科学文献出版社 （010）59367028
印　　装 / 三河市东方印刷有限公司

规　　格 / 开　本：787mm × 1092mm　1/16
　　　　　 印　张：18.5　字　数：237 千字
版　　次 / 2025 年 1 月第 1 版　2025 年 1 月第 1 次印刷
书　　号 / ISBN 978-7-5228-3810-6
定　　价 / 98.00 元

读者服务电话：4008918866